A sessão nazista

Arthur J. Magida

A sessão nazista

A curiosa história do vidente judeu no círculo de Hitler

Tradução: Rafael Longo

GLOBO LIVROS

Título original:
The Nazi Séance

Texto fixado conforme as regras do novo
Acordo Ortográfico da Língua Portuguesa (Decreto Legislativo nº 54, de 1995).

Editor responsável: Carla Fortino
Editor assistente: Sarah Czapski Simoni
Tradução: Rafael Longo
Preparação de texto: Matheus Perez
Revisão de texto: Carmen T. S. Costa e Ana Maria Barbosa
Paginação: Eduardo Amaral
Capa: Marcelo Martinez / Laboratório Secreto
Imagem de capa: Ullstein bild / Glow Images

1ª edição, 2014

CIP-BRASIL. CATALOGAÇÃO NA PUBLICAÇÃO
SINDICATO NACIONAL DOS EDITORES DE LIVROS, RJ

M174s
Magida, Arthur J.
A sessão nazista : a curiosa história do vidente judeu no círculo de Hitler / Arthur J. Magida ; tradução Rafael Longo. - 1. ed. - São Paulo : Globo Livros, 2014.
264 p. : il. ; 23 cm.

Tradução de: *The nazi séance*

Inclui índice
ISBN 978-85-250-5651-1

1. Hanussen, Erik Jan (Hermann Steinschneider), 1889-1933. 2. Hitler, Adolf, 1889-1945. 3. Chefes de Estado - Alemanha - Biografia. 4. Nazismo. 5. Alemanha - Política e governo - 1933-1945. I. Título.
14-10042 CDD: 923.5 CDU: 929:356.21

Direitos de edição em língua portuguesa para o Brasil
adquiridos por Editora Globo S. A.
Av. Jaguaré, 1485 – 05346-902 – São Paulo –SP
www.globolivros.com.br

Não se conclui que o que é misterioso
tenha que necessariamente ser miraculoso.
— Johann Wolfgang von Goethe

Duas coisas preenchem a mente
com crescente maravilhamento e espanto...
o céu estrelado acima de mim e a lei moral dentro de mim.
— Immanuel Kant

Sumário

Preâmbulo

"Ele não pode duvidar que sua missão é genuína"

Os alemães sabem aproveitar o tempo quente, pois entendem que ele não vai durar. Assim, sob o sol a pino e uma temperatura agradável, um iate particular navegou na direção sul de Berlim pelo rio Spree, passou por um grande castelo que existe numa ilha em frente à cidade de Kopenick, onde virou para leste no rio Dahm e seguiu lentamente seu cruzeiro de lazer em direção ao lago Scharmützelsee, a uns sessenta quilômetros dali. O Scharmützelsee — com onze quilômetros de extensão — é o maior de uma série de trinta lagos da área. A maioria deles está ligada aos outros por meio de canais como se fossem um colar de pérolas. E lá, não longe dos spas e bangalôs, e das casas de campo que pontilham sua margem, atracou o *Ursel* IV. O pequeno grupo de pessoas que estava dentro daquele barco não dava a mínima para os habitantes do local — elas estavam em seu próprio mundinho. O *Ursel* tinha tudo o que seus passageiros poderiam desejar — cabines, painéis de teca, candelabros, mobília feita à mão, vinho gelado e comida deliciosa. Poderiam permanecer ancorados no lago por vários dias e não ficar sem comida. Ou diversão. Alguns dos convidados do *Ursel* gostavam de nadar sem roupa, o que era bastante comum na Alemanha daquela época: banhistas podiam ser vistos nus às margens de rios e lagos por todo o país. No começo dos anos 1930, a Alemanha havia se tornado uma nação de adoradores do sol. Já que a República de Weimar não estava conseguindo salvá-los da hiperinflação dos anos 1920 e do desemprego da Grande Depressão, o restante do universo — ou pelo menos o lado ensolarado dele — talvez o fizesse. Entretanto, quando a noite começou a cair, algumas das mulheres no *Ursel* começaram a dançar nuas no convés. Os moradores da região ficaram escandalizados: eram pessoas do campo que gostavam de paz e de desfrutar sua propriedade. Ainda assim, eles não conseguiam largar os binóculos que usavam para espionar a embarcação, especialmente depois de um dos homens no *Ursel* ter sugerido a uma linda loira que se estirasse sobre uma espreguiçadeira no convés. Ela fechou os olhos enquanto o homem passava as mãos pouco acima de seu rosto, e se deitou, imóvel, enquanto ele lhe sussurrava algo e gesticulava. Para as pessoas na margem, parecia que ele a estava enfeitiçando. Ela começou a se mover lentamente, aumentando o ritmo até que passou a se contorcer como se estivesse sendo abraçada por um amante. Mas não havia nenhum amante por perto, e o homem vestido de branco em pé, ao seu lado, não a havia tocado. Ninguém tinha encostado nela.[1]

As pessoas que viviam à beira do lago não sabiam que o homem de branco era Erik Jan Hanussen, o mais famoso vidente da Alemanha, um conhecido hipnotista que fazia shows nos maiores teatros de Berlim. Desde que um tribunal tcheco o absolvera das acusações de fraude, dezoito meses antes, a fama de Hanussen crescera a um nível nunca visto. Sua fama lhe havia garantido vários prêmios: o iate, algumas limusines, um amplo apartamento em Berlim, próximo ao Bendlerblock, um complexo de prédios cinza que era o centro nervoso das Forças Armadas alemãs — ou algo parecido a um complexo militar dadas as limitações do Tratado de Versalhes —, e mulheres, sempre as mulheres, já que Hanussen as amava e elas o amavam. De volta a Berlim, tinha uma mulher diferente ao seu lado todas as noites e adorava desfilar com elas nos cafés e boates logo após seus shows.

Hanussen havia percorrido um longo trajeto desde suas humildes origens como um judeu pobre em Viena — seu nome verdadeiro era Hermann Steinschneider. Agora ele era proprietário daquele incrível barco — um brinquedinho que ia muito além dos sonhos da maioria dos meninos judeus que sobreviveram aos guetos da Áustria — e tinha amigos interessantes (a maioria ligada ao *show business*, à política ou às artes) que eram sempre convidados a acompanhá-lo a bordo do *Ursel*. Hanussen era um ótimo anfitrião, além de muito divertido, mesmo fora dos palcos. Adorava dizer a seus convidados que a diversão que tinham no barco era, na verdade, uma forma de adoração a Sarasvati, a deusa hindu da música, arte e criatividade. Hanussen sabia que confundir-se com o misterioso Oriente fazia dele um sujeito um tanto quanto exótico. De fato, entendia que essa era uma das razões pelas quais seus amigos — e fãs — o achavam tão fascinante.

Naquele dia, no *Ursel*, Hanussen estava dando atenção especial a um convidado em particular, um homem alto e loiro de olhos azul-claros, quase translúcidos — o conde Wolf-Heinrich von Helldorf. Helldorf vinha da nobreza alemã. Também liderava as tropas de assalto (*Sturmabteilung*) em Berlim, o exército particular dos nazistas. Com suas camisas pardas, essa tropa de choque tomava as leis em suas próprias mãos, espalhando o terror e os pogroms em nome de seu Führer e messias, Adolf Hitler. Diferentemente de outros membros das tropas de assalto, Helldorf não tinha o rosto de um assassino, as feições de um brutamonte. Em vez disso, ele aparentava possuir certa retidão de caráter — fruto do sangue azul de sua descendência. Seus bons tratos eram úteis aos nazistas: garantiam aos financistas, industrialistas e nobres, cujo apoio Hitler precisava para subir ao poder, que os nazistas eram de confiança, que eram tanto sensíveis quanto ambiciosos.

Era improvável que Helldorf pudesse ter um barco como o *Ursel*. Mais improvável ainda era que fosse amigo de Hanussen. Mas os dois precisavam um do outro. Berlim era uma cidade perigosa, o crime estava em alta, sem contar os frequentes — e às vezes fatais — confrontos de rua entre os nazistas e os comunistas. Helldorf garantia a segurança de Hanussen. Em troca, Hanussen socorria Helldorf: o conde sempre devia dinheiro para alguém, e sua vida particular era uma confusão. Ele havia se separado de sua mulher e não se dava bem com a mãe, a quem havia prometido pagar uma pensão. Às vezes, atrasava até o próprio aluguel. Certa ocasião, "esqueceu-se" de pagar sua nova Mercedes. Também sempre atrasava seu alfaiate e o treinador que havia contratado para seu cavalo de corrida. Havia outras dívidas, também, todas fruto do vício do jogo do qual Helldorf não conseguia se livrar. Ainda bem que podia sempre contar com a ajuda de Hanussen. Tudo o que precisava fazer era assinar uma promissória, a qual Hanussen juntava à crescente pilha que guardava num cofre em seu apartamento.[2] Dizia-se, em certos círculos de Berlim, que Hanussen providenciava a Helldorf mais que apenas dinheiro: arrumava-lhe drogas e mulheres, se bem que no *Ursel*, naquele dia, de acordo com os boatos que logo circulariam em Berlim, Helldorf e Hanussen tinham outros prazeres em mente. Depois de ver Hanussen hipnotizar aquela adorável mulher até a beira do orgasmo, Helldorf sussurrou algo para Hanussen, que sorriu e chamou um lindo garoto de catorze anos, Kabir. Os pais do jovem — amigos de Hanussen — achavam que o filho adoraria um cruzeiro com o famoso médium. "Kabir", disse Hanussen, "o conde disse que você precisa ser punido por ter tocado as moças onde não devia." Os homens agarraram Kabir. "Amarrem-no", ordenou Hanussen. "O próprio conde será responsável pela punição." Helldorf bateu em Kabir com uma chibata. Quanto mais Kabir chorava, mais forte Helldorf o açoitava, espancando-o até que desmaiasse.[3]

Essa era apenas uma das histórias de como Hanussen se portava com as pessoas com as quais convivia. Os rumores a respeito do vidente eram, com frequência, extravagantes, alimentados pelo ressentimento e pelo medo advindos de sua amizade com alguns dos nazistas mais poderosos. Tal resposta aos feitos de Hanussen não era algo novo. No começo dos anos 1930, ele já havia se metido num ciclo vicioso de alianças dúbias, espúrias e de interesse próprio. Aproximou-se tanto dos nazistas que chegou a declarar que seria "o primeiro, se preciso, a devotar tudo o que tenho e sou [...] ao altar da Alemanha. Posso testemunhar da disposição de vários que apoiam a bandeira do Conceito Nacional [Nazista] a se sacrificarem. Sei que Adolf Hitler deu tudo de si por essa ideia. [...] Tenho observado o desprendimento, a integridade e o verdadeiro patriotismo entre os milhões que apoiam Hitler [...] de modo que [...] não tenho escolha senão demonstrar meu respeito e minha gratidão, sem nenhuma hesitação, a serviço da verdade".[4]

Tais confissões só viriam à tona mais tarde. E, é claro, elas soariam impossíveis, dado o antissemitismo dos nazistas — e o fato de Hanussen ser judeu. Mas, por ora, Hanussen se contentava em sentar-se calmamente à noite no convés do seu barco para discutir a natureza humana com seu amigo, o conde Helldorf. Se, por um lado, concordavam que alguns homens haviam nascido para ser superiores, por outro, Hanussen declarava que pessoas comuns "precisam da ameaça da punição. Isso lhes faz bem. Sem o temor elas não saberiam o que fazer". Helldorf defendia a seguinte ideia: "A *Herrenmenschen* [a raça superior] tem que governar. A *Untermenschen* [a raça inferior] tem que obedecer. Com as tropas de assalto, vamos atacá-los de forma brutal e sem misericórdia. Acima de tudo, não daremos trégua aos judeus".

Voltando-se, com confiança, para Hanussen, Helldorf disse: "Como membro da aristocracia dinamarquesa", já que Helldorf conhecia Hanussen apenas por seu nome dinamarquês falso, "você concorda com a atitude da nossa raça nórdica, certo?"."Claro", disse Hanussen. "Claro".

Helldorf ficou satisfeito. Esses estrangeiros... nunca se sabe se são camaradas ou moralistas. Depois, subitamente preocupado com seu anfitrião, perguntou a Hanussen: "Está cansado?"."Estou", disse Hanussen. "Sempre me canso ao hipnotizar pessoas. Isso acaba comigo."

"Esse tempo com você me tem feito muito bem", disse Helldorf, conforme se dirigiam para suas cabines. "Espero que continuemos amigos."[5]

E continuaram amigos, ambos agindo segundo suas próprias ilusões: Helldorf acreditando que Hanussen era dinamarquês e Hanussen satisfeito com as enganações que havia criado. Outra disparidade os separava: com seus modos nobres e corteses, Helldorf representava a velha Alemanha. Já Hanussen, com seus olhos penetrantes, sobrancelhas espessas, orelhas um pouco grandes, altura mediana e sempre cheio de energia, refletia os ecos de um mundo distante da aristocracia e da riqueza — do mundo que protegia e produzia um homem como Helldorf. E lidar com esse mundo, do qual Hanussen agora fazia parte, era uma das ilusões na qual havia se especializado, já que, como todo ilusionista, ele constantemente negociava entre o mundo que havia criado e o mundo real. A maioria dos ilusionistas consegue separar os dois. Não era o caso de Hanussen. Ele, com persistência, confundia sua ilusão com a realidade, apesar de ser possível dizer que ele se esforçava tanto para criá-la que, ao final de seus shows, sempre ficava ensopado de suor. Não era fácil ser "O Maior Oráculo da Europa desde Nostradamus", mas a persistência de

Hanussen era crucial na busca de seus sonhos e na sedução de seu público. Quase tudo que o homem fazia ilustrava o quanto ele desfrutava seu drama secreto e sua certeza de poder manipular não apenas os seus mais devotos admiradores como também as personalidades mais incendiárias de seu tempo. O prazer de Hanussen crescia, sem dúvida, com o fato de que só ele sabia que a persona que ele havia inventado de forma tão engenhosa se baseava numa rede de segurança frágil e dúbia: sua audácia incansável e descarada.[6]

Ao observar a carreira de Hanussen como um todo — desde os pequenos espetáculos na Áustria e na Tchecoslováquia até se tornar o mais controverso vidente da Europa —, um traço surpreendente se destaca: uma honestidade esporádica, uma brecha nas fraudes em que havia se especializado. "Não passo de um caixeiro-viajante", disse Hanussen a um repórter em Viena nos anos 1920, "mas eu mesmo escolho os meus clientes. Escolho aqueles que mais facilmente irão comprar meu produto. Eu os observo cuidadosamente. Suas características mais importantes, para que meus 'experimentos' deem certo, são a imaginação e o desejo que tudo no meu show dê certo. [...] Eles nem sequer se importam se é verdade [...]. Depois que meu primeiro 'experimento' [num show] obtém sucesso, todos eles compartilham a fé no meu poder e sabem que de nada serve se oporem a mim."

E quem era o público de Hanussen? "Idiotas", dizia ele. "Imbecis." "Histéricos loucos e viciados no fantástico." "Pessoas infelizes e desafortunadas" — todas desesperadas por sabedoria, mesmo que viesse dele. "Mais que tudo", dizia Hanussen, "são crianças. Sua tristeza advém do fato de não terem um mestre, um pai, um patrão, um amigo que os impressione a ponto de poderem confiar nele. Por que as pessoas vêm até mim? Porque sou mais forte que elas, mais audacioso, mais energético. Porque tenho uma vontade mais forte. Por serem crianças, enquanto eu sou um homem."[7]

"Jamais sonharia", disse Hanussen, "ser aquele que fala aos pobres-diabos que vêm a mim por causa de suas ilusões [...]. Que acreditem em seus próprios milagres [...]. Com coragem, força de vontade, energia e impertinência, é possível manipular 2 mil pessoas sentadas à sua frente."[8]

Essas afirmações foram feitas durante uma entrevista que Hanussen deu a um repórter em Viena quase uma década antes de sua carreira atingir o ápice. Ainda ingênuo, e não tão polido, sua arrogância era clara ao mostrar-se presunçoso frente a seus admiradores. Nos anos seguintes, Hanussen disfarçou essa característica com um verniz de charme e sofisticação. Algumas pessoas, em especial as senhoras, o achavam irresistível. Mas ele acabou dizendo uma verdade durante aquela entrevista em 1922: muitas pessoas que vão atrás de videntes *gostariam* que sua vida fosse mais simples, fácil, menos pesada, com menos perguntas e mais respostas. Hanussen, porém, foi tolo ao desdenhar das pessoas que vinham até ele. Elas colocavam o pão em sua mesa. Sem elas, talvez ele tivesse realmente se tornado um *verdadeiro* caixeiro-viajante, indo de cidade em cidade, de teatro em teatro vendendo não milagres e maravilhas, mas bugigangas — um mercador de inutilidades, não de impressionantes ilusões e discursos sedutores. Ao se revelar ao repórter em Viena, Hanussen manifestou toda a sua tolice. Mais tarde, aprendeu que o charme, a polidez e a discrição eram a sua melhor defesa contra os céticos e os críticos. Tais traços o ajudaram a solidificar sua amizade com os nazistas. E o dinheiro também.

A estratégia de Hanussen de se autovalorizar acabou por metê-lo em encrencas. Especialmente porque ele gostava de tomar aquilo que não era seu — dormia com as mulheres de outros homens, copiava performances de outros ilusionistas e conquistava a confiança de muitos. Alguns desses problemas foram resolvidos nos tribunais — tantos, de fato, que talvez nenhum outro artista do século XX tenha se envolvido em tantos processos.

A pior das aventuras de Hanussen talvez tenha sido seu pacto faustiano com Hitler e com aqueles próximos a ele. Hanussen tinha tanta certeza de que os nazistas estavam a seu favor que um de seus últimos atos talvez tenha passado dos limites ao testar a paciência deles. O que não era uma escolha sábia — para começar, a paciência nunca foi um forte dos nazistas. Nesse teste final de seus poderes, Hanussen meteu-se nas engrenagens do novo Reich — uma tolice para um homem tão ignorante em política, alguém tão confiante de poder seguir adiante somente por meio de sua personalidade, persuasão, carisma e autoconfiança. Ao lançar mão do oculto — ou pelo menos de sua visão do oculto — de forma tão egoísta, Hanussen adentrou uma esfera escura da qual não havia volta ou chance de fuga. Outros impulsos o levaram a esse momento errante e singular no começo de 1933: Hanussen não apenas havia subornado os chefes das tropas de assalto, patrocinado orgias em seu iate, emprestado suas limusines, como também lhes arrumou um armazém cheio de botas numa época em que seus suprimentos eram tão escassos que, às vezes, até se deixavam fotografar descalços. E, no início do verão de 1932, o jornal semanal de Hanussen em Berlim — parte jornal, parte coluna de fofocas, parte almanaque de astrologia — mantinha frequentes elogios aos nazistas, tendo manchetes como "Os astros nos dizem que os maiores dias de Hitler estão próximos", e "As leis cósmicas apoiam a escolha de Hitler". Pouco depois disso, Hanussen começou a se reunir com o próprio Hitler no hotel favorito do Führer, o Kaiserhof, garantindo-lhe que o cosmos e as massas estavam do seu lado.[9]

Politicamente, Hanussen era muito inocente. De fato, seu único interesse em política era medir qual o poder ou a influência que ele conseguiria domar para proveito próprio. A ideologia de Hanussen não era política. Seu credo se fundava pura e simplesmente na autopreservação, na sede pela fama, no desejo pela riqueza e numa ignorância consciente da ambiguidade moral em que habitava sua alma. Se Hanussen conhecesse melhor seu mundo interior, talvez tivesse se comportado de forma diferente. E se entendesse melhor o mundo ao seu redor, talvez soubesse que as tropas de assalto, os brutamontes comandados por Helldorf em Berlim, haviam espalhado o terror na cidade — especialmente entre os judeus e os comunistas — por muitos anos.

Em fevereiro de 1927, os nazistas ganharam seu primeiro grande destaque na imprensa de Berlim quando fizeram uma reunião nas vizinhanças de Wedding, um reduto comunista. Na hora que Joseph Goebbels, o chefe da propaganda nazista, estava a ponto de falar, os comunistas chegaram perto do palanque para protestar. Foram atacados pelas tropas de assalto armadas com correntes, socos-ingleses, paus e ferros. Oitenta e cinco comunistas ficaram gravemente feridos, e três membros das tropas de assalto foram hospitalizados. No mês seguinte, Goebbels ordenou a quatrocentos deles que agredissem qualquer judeu que encontrassem em cafés ou trabalhando nas ruas. Mandaram centenas para o hospital. Quatro anos mais tarde, em 1931, o conde Helldorf pessoalmente mandou 1.500 membros das tropas de assalto agredirem judeus na saída de sinagogas durante o Rosh Hashaná, o Ano-Novo Judeu.[10]

As tropas de assalto — oficialmente conhecidas como *Sturmabteilung*, ou SA — foram formadas em 1921 para manter a ordem durante os encontros nazistas. Mas isso não os satisfez por muito tempo, pelo menos não a sua autoimagem viril. O nome das tropas não foi escolhido ao acaso: *Sturm* quer dizer "tempestade" ou "ataque" — exatamente o tipo de rolo compressor com o qual esses homens fantasiavam. Pouco tempo depois, passaram a invadir encontros de outros partidos políticos — táticas que agradavam Hitler, que se gabava que os nazistas haviam sido "nos últimos tempos descritos como uma horda selvagem e brutal, sem medo de usar todos os meios. Estou muito feliz em ouvir isso, já que espero que tal comportamento ajude a fazer com que meus objetivos e meu partido sejam temidos e conhecidos". No começo dos anos 1920, depois de liderar pessoalmente a SA contra um encontro em que os federalistas da Bavária discursavam, Hitler passou três meses na prisão. Ele ficou um mês preso e saiu da cadeia como um mártir do movimento que estava construindo. "Tudo bem", disse à polícia. "Conseguimos o que queríamos." Também podia dizer que conseguiu cumprir a promessa que havia feito alguns meses antes: "O Movimento Nacional Socialista (o nome oficial do Partido Nazista) conseguirá prevenir de forma implacável — se necessário, até pela força — todos os encontros e palestras capazes de distrair as mentes de nossos caros conterrâneos.[11]

A visão nazista da violência e da disciplina falava diretamente aos veteranos da Primeira Guerra Mundial, que rapidamente formaram as primeiras fileiras das tropas de assalto. Eles apreciavam a obediência total dos nazistas a um líder, a fusão plena de seu partido com sua pátria, a quase absoluta negação do indivíduo, que existia apenas para servir a comunidade. Conforme a economia na República de Weimar deteriorava, e o desespero se espalhava, juntaram-se a eles os desempregados que não tinham a quem mais recorrer. Também atraíram brutamontes e criminosos. Não era necessariamente a ideologia nazista que os atraía — entre 50% e 70% das tropas de assalto jamais se filiaram ao partido. Na verdade, as bandeiras nazistas — os judeus, o Tratado de Versalhes ou mais terra para os alemães — raras vezes apareceram nos pequenos ensaios escritos por vários membros da SA nessa época explicando o porquê de terem se alistado. Afinal, ao fim de 1933, mais de 1 milhão de alemães estavam sem emprego, vivendo na penúria já havia alguns anos. Os nazistas sabiam que se tratava de homens dispostos a fazer qualquer coisa por casa e comida. A SA gerenciava "sopões" e abrigos para os pobres e os sem-teto — adaptavam celeiros, armazéns abandonados, depósitos, enfim, qualquer lugar que pudesse abrigar uma cama para alguns homens por uma ou mais noites. Eram acomodações espartanas, mas gratuitas. Entrar na SA significava que a pessoa teria a barriga cheia e um teto. Conforme mais pessoas ficavam desempregadas, muitos mais se uniram à SA até que ela chegou a 60 mil homens em 1930, 170 mil em 1931 e mais de 4 milhões em 1934.[12]

Ser um membro das tropas de assalto também era uma chance de brincar de soldado num país que havia sido humilhado pelo Tratado de Versalhes — o documento vil que acabou com a Grande Guerra mas ultrajou a pátria. As marchas das tropas de assalto, escreveu um alemão, eram "um substituto das paradas do kaiser", enormes e infindáveis levas de gente, valorizando Adolf Hitler por sua alteza e orgulho, mas também o terror e o medo usados para restabelecer a glória à nação. "Com toda a certeza", escreveu Hitler, "somos capazes de chegar aos limites da desumanidade para trazermos de volta a felicidade ao povo alemão."[13]

Estaríamos especulando fortemente se disséssemos que Hanussen estava alheio a essa violência. Ninguém em Berlim poderia ser tão cego. Mas isso não o incomodava nem um pouco. Acostumado a enfeitiçar a outros, ele parecia contar com seu contagiante carisma para seduzir qualquer um que surgisse em seu caminho, mesmo os nazistas. O que ele não entendia era que os nazistas eram imunes ao seu charme. O ímpeto nazista — que se assemelhava mais a uma marreta do que a um bisturi — lhes dava pouca tolerância com a sutileza, especialidade de Hanussen. Quando um amigo lhe perguntou sobre Hitler no começo da década de 1930, Hanussen respondeu: "Adolf se parece mais com um cabeleireiro desempregado que com um César". Naquela época, qualquer um com o mínimo de bom-senso teria mantido a boca fechada. Mas para Hanussen a vida era uma ilusão, uma brincadeira, uma charada. Pouco antes de sua morte, ele finalmente viu a farsa na qual havia se metido. Conforme escreveu para um amigo: "Sempre achei que a questão dos judeus era apenas um truque eleitoral para eles. Não era". Hanussen não era apenas o mestre do engano, mas também o mestre do autoengano. De alguma forma ele queria convencer os nazistas de que nem *todos* os judeus eram capitalistas, comunistas ou escória. Seu fracasso em fazer isso pode ser atribuído à inocência de Hanussen. Mais que isso, ela refuta qualquer argumento que defenda Hanussen como vidente: até mesmo o europeu menos paranormal era capaz de intuir o ódio de Hitler pelos judeus.[14]

Assim como Hanussen, Hitler também era um mago. O mais radical de todos. Gritava e urrava em seus discursos, seus olhos se encharcavam com os encantos do reino demoníaco, certo de que conseguia ver um futuro em que só ele poderia liderar o povo alemão rumo à glória nobre e triunfante. Entre as guerras mundiais, a Alemanha estava propícia a acreditar nesse tipo de raciocínio mágico, e ninguém era mais encantador do que Hitler, muito embora um judeu ambicioso e ridiculamente inocente, que iludia as massas com seus truques, tentaria manipular tanto o povo quanto o Führer, pois acreditava que, se Hitler fosse o novo Deus, ele deveria ser seu profeta favorito.

No começo, Hanussen era um mentalista tradicional — ele sabia que estava apenas simulando possuir poderes mentais, abertamente *fingindo* ser capaz de ler a mente das pessoas, adivinhar o futuro ou avaliar o caráter de alguém, tudo a serviço do entretenimento e da confusão de seu público. Mas, ao final da década de 1920, Hanussen passou a apresentar-se como um vidente genuíno, garantindo a seus fãs que comungava com forças misteriosas que moldavam o destino, e que era capaz de dizer verdades e revelações que iluminariam suas pobres e tediosas vidas, encolhidas pelas limitações além das quais não conseguiam enxergar. Como disse um alemão nos anos 1930, "um vidente, cara a cara com seu público, entra em certo transe. É esse o seu momento de maior grandeza. [...] Ele acredita no que diz, e, levado por uma força mística, não é capaz de duvidar de quão genuína é sua missão". Esse alemão, um dos primeiros a apoiar o nacional-socialismo, estava falando de Hitler. Mas poderia também estar falando de Hanussen.[15] No fim das contas, o que Hanussen oferecia era o maravilhamento, sem o qual a vida poderia ser vazia e sem graça: ainda há o livre-arbítrio, mas ele é ponderado pela repetição de responsabilidades tediosas e danosas. O maravilhamento nos leva além do cotidiano. Ele nos diz que o ordinário é demais para suportarmos. À sua maneira, Hanussen teve essa sacada que quase beira a verdadeira sabedoria.

Do começo ao fim, mesmo quando hospedava seu amigo conde Helldorf nos longos cruzeiros de seu iate, a vida de Hanussen era movida a pensamentos mágicos. E não estava só. Milhões de pessoas na Europa e na América tampouco se davam conta da conflagração que se daria diante delas. Diferentemente de Hanussen, elas não declaravam ser videntes ou ter superpoderes capazes de agir alheios ao tempo e ao espaço. Pessoas comuns, com visões comuns, não eram capazes de abrir mão de sua esperança na bondade essencial dos seres humanos. Com o tempo elas mudariam; afinal, não tinham outra escolha. Hanussen era diferente. Ele se dividia entre as lealdades tribais e as aventuras pessoais, entre o fascínio dos nazistas pelo oculto e o racionalismo do pensamento judeu, entre o submundo da Berlim dos anos 1920 e o iminente pesadelo nazista. De certa forma, Hanussen era um típico judeu europeu que operava nas margens da sociedade. Agia assim pela necessidade, não pela escolha: havia limites até onde podia chegar na sociedade. Mas o que poderia ser mais marginal do que ler mentes e fazer mágica, oscilando sobre a tênue linha que separa a razão da lógica? O judeu já era o *outro*. Hanussen levaria essa *alteridade* a uma nova direção, ao enfatizar menos sua diferença dos cristãos do que sua habilidade em expandir seu universo, canalizando visões e profecias para um povo sedento de um futuro onde se ergueriam fortes, como uma torre sobre os pigmeus que os humilharam e emascularam, garantindo-lhes que a Alemanha ressurgiria das cinzas e que só um homem — obscuro e apagado a maior parte de sua vida — seria capaz de liderá-los a esta terra sublime e sagrada.

Parte Um

A maravilhosa terra do faz de conta

Se perdermos a sensibilidade pelo misterioso,
a vida não será mais do que uma vela apagada.
— Albert Einstein

Capítulo I

Um dos melhores mentirosos da Europa

Em 1930, aos 41 anos de idade, Hanussen publicou sua autobiografia, *Meine Lebenslinie* [Minha linha da vida], o único registro de seus primeiros anos. *Meine Lebenslinie* se parece com um romance de Horatio Alger recheado com uma metafísica amadora e lendas rançosas do mundo do entretenimento. Apesar de ser nossa única fonte sobre a vida de Hanussen antes de ele ficar famoso, devemos nos achegar a ela com um olhar cético. Se a considerarmos como um álbum dos caprichos e imaginações de Hanussen, é uma leitura agradável. De outra forma, não passa de notas de um vaidoso showman se vangloriando ainda mais de seu sucesso.

Por toda a *Meine Lebenslinie*, Hanussen nos diz que sempre foi um gênio em manipular pessoas, até mesmo quando bebê. "Fiz meus pais se casarem", declara orgulhosamente Hanussen, descrevendo o enlace de seus pais em 1889. Sua mãe, Julie Kohn, de vinte anos, estava grávida de Siegfried Steinschneider, onze anos mais velho que ela. Enfurecido, o pai de Julie, um rico comerciante de peles, perseguiu o casal até conseguir prendê-los por vadiagem, relata Hanussen sem nenhuma explicação. Por pouco Hanussen não nasceu numa cela de cadeia em Viena: sua mãe foi solta quinze minutos antes de seu parto.[1]

O evento seguinte nas manipulações infantis de Hanussen foi "reaproximar meus pais". Seu pai havia escapado da prisão, pulado o muro do jardim da casa dos sogros e invadido a casa de campo atrás de sua esposa e filho. Quando o jovem Hermann começou a chorar desesperadamente, Siegfried aproveitou o barulho para localizar Julie e o bebê. A família de Julie estava tão ocupada acalmando Hermann que nem sequer percebeu que o genro havia invadido a casa. Usando o choro do bebê como distração, o pai de Hermann agarrou "a mão de minha mãe e sumiu com ela". Algumas horas mais tarde, Siegfried voltou, "me pegou pelas fraldas e me sequestrou. Como era um garoto esperto, não fiz nenhum barulho".

Esse bebê era muito esperto para a idade. Reaproximou seus pais, depois ajudou o pai a salvar a mãe das frias mãos de sua vil família. Ele já era um sábio, mesmo com as fraldas sujas.

Os pais de Hanussen viajavam com frequência: seu pai era ator e sua mãe, cantora. Vagando pela Áustria e Itália junto a trupes baratas, nunca ganharam muito dinheiro, mas sempre levaram o bebê Hermann consigo. Quando fez três anos, seus pais trabalhavam num teatro em Hermannstadt, cidade na parte central da Romênia. Os Steinschneiders viviam nos fundos de uma casa, em frente à "Viela do Cadáver", uma ruela estreita que dava num cemitério. Todos os dias, os cortejos fúnebres passavam por ali, enchendo o ambiente com músicas graves, sofrimento e tristeza. Uma noite, o jovem Hermann acordou do nada e começou a correr "como que guiado por uma mão invisível" até o apartamento próximo dali onde morava sua coleguinha favorita, Erna. Depois de levá-la até o cemitério, fez com que se agachasse atrás de uma lápide. Segundos mais tarde, escreveu Hanussen em sua *Meine Lebenslinie*, "houve uma terrível explosão" no apartamento dos pais de Erna. Por sorte, ninguém ficou ferido. Essa foi, segundo Hanussen, "minha primeira experiência de clarividência".

A segunda experiência se deu pouco tempo depois. Todos os dias ele pegava carona até o campo com um homem chamado Martin, que costumava juntar estrume dos estábulos da cidade e o levar, em sua carroça, até os campos dos fazendeiros locais. Um dia, foram pegos por uma tempestade enquanto Hermann espalhava o esterco em um campo. Tomando as rédeas, Hermann gritou: "Vai!", e, segundos depois, um raio atingiu a árvore debaixo da qual estava a carroça.

Revendo esses incidentes com Erna e Martin, Hanussen afirmou, em *Meine Lebenslinie*, que o "dom da clarividência é reconhecido desde cedo na vida de alguém". Pode ser que sim, mas talvez o fato de que desde jovem Hanussen não confiava em mulheres nos revele mais sobre ele. Pouco depois de ter salvado Erna, "ela me decepcionou. Um vidraceiro mudou-se para nosso prédio com seus dois filhos. Daquele momento em diante, ela nunca mais olhou para mim. As mulheres são más!". Para Hanussen, como menino ou homem, as mulheres eram volúveis e não inspiravam confiança. Era melhor deixá-las que ser deixado por elas. Segundo as contas de Hanussen, Erna foi a primeira de muitas mulheres a lhe encher a vida de dores de cabeça.

Depois de alguns meses em Hermannstadt, a família de Hanussen voltou a Viena, sempre à beira da miséria, espremida num apartamento tão pequeno que Hanussen o chamava de "armarinho". Eles não eram os únicos judeus pobres em Viena, mas parecia que eram. Os Rothschilds viviam lá. A maior parte dos médicos e advogados da cidade era de judeus, e os profissionais judeus eram tão integrados à sociedade vienense — em todas as camadas sociais — que até mesmo as mulheres da nobreza se consultavam com um obstetra judeu. Até certo ponto, um enorme ímpeto pela assimilação foi a chave do sucesso para esses judeus. A cidade tinha uma taxa de conversão de judeus maior do que qualquer outra comunidade no mundo. Ali também moravam alguns dos judeus que mais odiavam suas origens: o segundo judeu mais rico de Viena — o banqueiro e construtor de ferrovias barão Maurice de Hirsch — jurou "evitar que os judeus obtivessem muito sucesso", e um crítico influente, Karl Kraus, também judeu, encorajava os judeus a abandonarem suas crenças, rituais e maneirismos — *qualquer coisa* que os distinguisse e os separasse do restante.[2]

Os Steinschneiders raramente tinham tempo de pensar em como se adaptar ao mundo exterior. Sua vida era uma constante batalha, em parte porque Siegfried não tinha nenhuma ocupação de onde pudesse obter uma renda estável. Numa coisa era bom: na conversa. Foi assim que conseguiu conquistar Julie e foi assim que, agora, ele tentava sobreviver como vendedor. Mas os Steinschneiders nunca esqueceram que eram judeus, e tampouco deixavam o jovem Hermann esquecer. Ainda assim, não há indícios de que a comunidade local se lembrasse deles, e nenhuma entidade assistencial judaica chegou a ajudá-los. Nem que Siegfried ou Julie tivessem buscado sua ajuda. Estavam sós e a caminho de um esquecimento que só se aprofundou quando Julie morreu, em 1899. Ela tinha trinta anos e já havia estado doente por meses. Hermann só tinha nove anos.

Para tentar fugir de sua pobreza e sofrimento, Siegfried e seu filho se mudaram para Boskovice, uma pequena cidade tcheca a uns 250 quilômetros dali. Estavam felizes por terem deixado Viena. Aparentemente, foi lá que o jovem Hanussen aprendeu a aperfeiçoar as pegadinhas que seriam a base de seus truques mais sofisticados décadas depois.

Certa vez, depois de ler a respeito do imperador romano Nero, Hermann teve a ideia de fazer em Boskovice a mesma coisa que Nero havia feito em Roma: atear fogo. Numa manhã bem cedo, ele e alguns amigos roubaram um pouco de tinta e pincéis e pintaram "Roma é aqui" na maioria das casas da cidade, e atearam fogo a um velho moinho. Conforme os moradores se juntaram para ver o fogo, Grasel, um famoso ladrão, saiu correndo do moinho. A polícia o estava procurando havia meses. A filha do alfaiate local também saiu correndo do moinho: o dom de Grasel era seduzir mulheres. Hermann ficou extremamente contente consigo mesmo. "Boskovice, entre todas as cidades", escreveu em *Meine Lebenslinie*, "teve a honra de prender Grasel. Virei um herói e, em tempos normais, poderia ter exigido a recompensa."

Mas o tempo não é normal quando alguém é um incendiário. Hermann ganhou cinco, e não os cem ducados que o governo havia oferecido pela captura de Grasel. O garoto também foi disciplinado por um de seus professores — 25 golpes de vara. Depois de adulto, Hanussen tentou não se incomodar com toda essa história. "Deus sabe", escreveu, "que sempre há dois lados nas coisas. Num lado estavam a cidade amiga e os ducados; do outro, o professor severo com a vara." Conforme o moinho era destruído pelas chamas, assim também se foi a fé de Hermann na justiça. Grasel havia aterrorizado cidades e vilas. Hermann o pegou. Aqueles cem ducados eram dele, achava, mesmo tendo começado o incêndio que ameaçou toda a cidade. Mas, em vez disso, foi punido com uma vara. Se ficou alguma lição para ele desse episódio foi que a justiça tem seus limites. Seguir a lei pela metade, no máximo, era melhor que observá-la completamente. Depois de sua mãe morrer e de seu pai quase não conseguir sustentá-lo, depois de receber cinco ducados em vez de cem, e depois de apanhar de vara de seu professor, Hermann concluiu que a única pessoa em quem podia confiar era ele mesmo.

Ou pelo menos assim pareceria — *se* Hanussen tivesse dito a verdade. *Houve* um bandido chamado Grasel. Infelizmente ele foi enforcado em 1818 — oito décadas antes de Hanussen ter dito que ele fugiu do moinho em chamas em Boskovice. O Grasel verdadeiro vinha de uma família de ladrões: seu avô, seus pais e pelo menos um de seus primos haviam sido presos por roubo. Grasel foi para a cadeia pela primeira vez quando ainda tinha nove anos. Quando a polícia conseguiu pegá-lo algumas décadas depois, acusaram-no de 205 crimes, incluindo alguns assassinatos. Sessenta mil pessoas viram seu enforcamento. Poucas delas conseguiram escutar suas últimas palavras: "Quanta gente!". Hanussen também tinha o dom de atrair pessoas, se bem que nunca conseguiu juntar tanta gente quanto o enforcamento de Grasel. Por trás de sua carreira estava a convicção profunda de que ele poderia ser mais esperto que qualquer um — mais do que a pequena Erna em Hermannstadt, do que os caipiras de Boskovice e, por fim, do que os espectadores que lotavam os teatros onde se apresentava e do que os nazistas que conspiravam pela conquista da Alemanha. Assim como Grasel, Hanussen não era humilde. Diferentemente de Grasel, não foi enforcado. Seus inimigos arrumaram outra maneira de lidar com ele.

Hermann e seu pai voltaram para Viena três ou quatro anos depois. Mais ou menos nessa época, Hanussen teve seu bar mitzvah, apesar de ele não ter usado esse termo em sua autobiografia. Em vez disso, diz, teve sua *confirmação*. Eram realizadas confirmações para as meninas judias já desde meados do século XIX em Viena, mas elas ainda eram raras quando Hanussen estava na idade de ter seu bar mitzvah, o que seria por volta de 1903. De qualquer forma, não havia tal ritual para meninos. Alguns judeus vienenses, nessa época, se referiam aos bar mitzvah como confirmação, talvez para chamar menos atenção para sua religião. Hanussen talvez tenha usado esse termo em sua autobiografia pela mesma razão. Em nenhum lugar em *Meine Lebenslinie* ele disse que era judeu. Isso seria ruim para os negócios.

Hanussen relata, no entanto, que seu pai se casou novamente — e que Hermann odiava sua madrasta. Louco para deixar aquele lugar, Hermann achou que poderia fugir com uma cantora que se apresentava na Red Pretzel, uma taverna no primeiro andar de onde os Steinschneiders moravam. Ela se apresentava todas as noites, e Hermann adorava seu espetáculo. Ela era bonita, talentosa, e tinha 45 anos. Mas isso não pareceu um empecilho para o jovem Hermann, de apenas catorze anos. Os amantes decidiram fugir, porém precisavam de dinheiro. Abusando de sua engenhosidade, uma tarde Hermann desceu a maior parte das posses de sua família — vasos, quadros, estantes, roupas — com uma corda até o quintal da taverna, onde sua amante o aguardava. Então Hermann desceu pela corda. Já estava quase no chão quando seu pai chegou em casa.

Essa história da fuga frustrada de Hermann beira ainda mais a ficção do que o episódio a respeito de Grasel: um menino de catorze anos fugir com uma mulher de 45 é tolice, a mobília sendo baixada até o jardim é puro nonsense, e a chegada de seu pai bem na hora é uma farsa. A cena como um todo é cômica — um trailer do que ainda não havia sido visto nas telas em 1903, que foi quando esse incidente supostamente aconteceu. E só não foi vista porque em 1903 ninguém fazia filmes assim ainda. Mas era parecida com os filmes que Hanussen pode ter visto enquanto escrevia *Meine Lebenslinie* — com Charles Chaplin, Buster Keaton ou os Keystone Kops. Sátiras que não precisavam fazer nenhum sentido, mas que eram adoradas pelo adulto Hermann Steinschneider, que as plagiava a seu próprio favor. Para sua história de fuga romântica, Hanussen roubou ideias dos filmes mudos e as incluiu em sua própria vida. Elas emprestaram à sua adolescência certo glamour. Infelizmente, eram tão reais quanto os truques que costumava performar anos mais tarde: refrões de uma realidade que ele evocava. Sejam quais forem as inadequações de Hanussen, ele conseguiu mais do que compensá-las ao fabricar uma convincente terra do faz de conta.

Já que Hermann não conseguiu ficar com a adorável cantora do Red Pretzel, então teria que segui-la de outra forma: ele mesmo se tornaria um artista. Assim, não muito depois de seu pai tê-lo impedido de fugir com uma mulher três vezes mais velha que ele, Hermann pediu emprego ao gerente de um teatro de revista que passava por Viena.

"Já trabalhou em algum lugar?", perguntou o gerente.

"Claro", mentiu Hermann. "Já atuo há mais de cinco anos."

"Então começou bem cedo."

"Talento nato", gabava-se Hermann. "Está nas veias."

O gerente disse a Hermann que ele poderia fazer um teste naquela noite. Correu para casa, penhorou todas as suas roupas e comprou um fraque com cauda longa. Num cabeleireiro, trocou um relógio que havia ganhado no seu bar mitzvah por uma peruca e uma barba postiças com as quais tinha certeza que pareceria engraçado naquela noite. Alimentado de café e *strudel*, sentou-se numa lanchonete para anotar as piadas que usaria.

O show começou na taverna às dezessete horas. Usando seu fraque novo, peruca e barba, Hermann foi ficando cada vez mais ansioso conforme passava o tempo, perguntando-se quando seria chamado ao palco. Próximo da meia-noite, perguntou ao gerente quando seria a vez dele.

"Ah, você ainda quer se apresentar?", disse o gerente. "Tudo bem, suba ao palco e faça o que quiser."

Hermann subiu os poucos degraus até o palco, olhou ao redor com certo nervosismo e soltou algumas piadas. Nada. Tentou outras mais. Ninguém riu. Finalmente, um grande gancho surgiu de trás das cortinas e acabou com a estreia de Hermann Steinschneider no show business. A única piada de todo esse incidente só aconteceu de verdade no dia seguinte, quando seu pai olhou, sem entender, o filho ir de fraque à escola.[3]

Outro exemplo de uma história improvável na autobiografia de Hanussen. Nela, Hanussen fabrica seu próprio mundo — parte fantasia, parte coragem, parte debochando de seu pai. Por toda a *Meine Lebenslinie*, Hanussen não demonstra respeito a ele. Chamando-o de "meu velho", Hanussen caçoa e humilha seu pai dizendo que ele não era bom em nada, não tinha lugar no mundo nem no coração de seu filho. Conforme relato de Hanussen, havia uma completa falta de afeição entre os dois. Fraco, frágil e covarde, Siegfried cumpriu apenas uma função para o jovem Hanussen: serviu de modelo daquilo que Hermann jamais seria. E assim como foi com seu pai, Hanussen repetidas vezes se deliciava ao desbancar qualquer um que fosse mais forte, velho ou sábio que ele.

A iniciação de Hermann como comediante na taverna foi um fiasco, mas após experimentar um pouco dos holofotes nenhum outro caminho parecia possível. Alguns meses depois, fugiu de casa na esperança de ganhar a vida compondo músicas e monólogos jocosos, juntando-se a um circo, depois a uma companhia de teatro em Neustadt, cidade a cerca de oitocentos quilômetros de Viena. Ele odiava o diretor. "Houve várias ocasiões em minha vida em que as coisas não estavam boas para mim", escreveu Hanussen no *Meine Lebenslinie*, "mas nenhuma foi pior do que minha relação com o diretor Bill." Ele também odiava o filho de Bill, Ferdinand. Certa noite, Hermann e Ferdinand tiveram uma discussão durante uma breve performance em que representavam oficiais do exército. Sacando os sabres que faziam parte da fantasia, golpearam-se um ao outro diante da plateia. Hermann foi despedido imediatamente.

Por dias, Hermann vagou pela cidade. Uma prostituta, ao ver que havia alguém numa situação pior que a dela, deu-lhe algumas moedas. Desesperado por comida, Hermann pulou de taverna em taverna, contando piadas na esperança de alguns trocados. Chegou a ganhar algumas *schnapps*, cerveja e vinho, mas ninguém lhe pagou nenhum centavo, e seu orgulho o impediu de cair na mendicância. "Você não deve se esquecer", ele garante aos leitores de sua autobiografia, "que eu não era um vagabundo, mas um cara inteligente vindo de uma boa família."

Dormia onde desse — uma vez acabou num canil perto de um enorme cachorro. Trabalhou um ou dois dias na lavoura, mas ninguém pediu que voltasse — o trabalho manual não era para ele. Trabalhou para outra companhia de teatro. Ninguém foi aos seus shows. Os atores não recebiam salário. Dormiam ao relento. Estavam tão famintos quanto Hermann. Por fim, um circo o adotou, quase que por caridade.

"Olhe, meu rapaz", disse o sr. Pilcher, o diretor, "você é jovem e precisa de algo para comer. Saco vazio não para em pé. Os atores de verdade nos desprezam como impostores, mas damos duro para poder comer. E sempre conseguimos."[4]

Hermann aprendeu o suficiente sobre o circo para desempenhar diversos papéis e conseguir se manter. Às vezes, era ele que negociava com as autoridades locais um local que o circo pudesse alugar. Ou então se transformava em "Harry, o famoso cavaleiro sem sela". Ou em "Marini", o ginasta. Ou no "sr. Gari, o famoso trapezista". Ou no "incrivelmente engraçado palhaço, sr. Clapp-Trapp". E uma vez no "famoso ator Hermann von Brandenburg", e fez o papel de Judas numa peça durante a semana santa. De todos os papéis que Hermann Steinschneider desempenhou no Circo Oriental, esse foi o seu favorito: um judeu fazendo o papel de um judeu que traiu o judeu que era o Filho de Deus.[5]

Naquela época, várias trupes como essa surgiram por toda a Europa. A maioria delas não tinha mais que um ou dois comediantes, um capataz, alguns cavalos, um macaco, um palhaço e um malabarista. Algumas tinham uma tenda, mas a maioria, não. E muitas, como a que recebeu Hermann, eram geridas por ciganos que, como Hanussen disse mais tarde, foram os "seus melhores amigos". Os melhores dentre os seus melhores amigos era um velho casal: um gigante e um pônei. Heinrich, o Gigante, era tão alto que Hermann quase não chegava aos seus ombros. Estavam juntos o dia todo, iam às tavernas à noite e dormiam no estábulo, onde Hermann se dava muito bem com um pônei chamado King, penteando sua crina e lhe trazendo grama fresca que colhia dos campos no caminho de volta de suas farras noturnas. King, agradecido, deixava Hermann recostar sua cabeça em sua barriga, macia e quente, à noite, quase imóvel para não acordar seu devoto amigo.[6]

Essa foi a fase mais idílica da vida de Hanussen. Ele deu uma relaxada. Não ficava o tempo todo tentando provar a si mesmo. E, pela primeira vez na vida, recebia um amor inabalável e incondicional. Heinrich, o Gigante, o protegia como "se fosse seu parente". E quanto ao seu pônei, Hanussen escreveu:"King, meu doce King", nunca houve "camaradas que se dessem tão bem como nós dois". Depois de vagar quilômetros e anos de solidão, Hanussen encontrou seu lar num estábulo.[7]

Esse pacífico interlúdio chegou ao fim, como normalmente acontece, por causa de uma mulher. Numa pequena vila, Heinrich se apaixonou por Anna, a filha do cervejeiro local. O brutamonte passava o dia suspirando por ela, "como um elefante", e Hermann, no começo da adolescência e sem nenhum apreço pelos caminhos poderosos e imprevisíveis do coração, não aguentava mais. Seu guarda-costas havia se tornado um fracote, e uma menina — entre todas as coisas — havia sido a responsável. Um dia Heinrich, que era analfabeto, pediu a Hermann que escrevesse uma carta de amor em seu nome. Determinado a pôr um fim a "essa terrível situação", Hermann enviou a Anna uma nota acabando com o romance.[8]

Heinrich ficou furioso e Hermann, devastado. "A história toda foi um enorme desapontamento para mim", lamentou. "Nossa enorme amizade foi arruinada por causa de uma saia."[9]

Certa noite, depois que as carroças já estavam carregadas, Hermann se escondeu no mato, observando o circo deixar a cidade "até que os meus olhos começaram a doer e uma nuvem de poeira cobriu toda a caravana". Quando a poeira baixou, Hanussen levantou-se, respirou fundo e decidiu que já era hora de "voltar à civilização". Infelizmente, a civilização não estava pronta para alguém cujas habilidades se restringiam a participar de brigas, dormir em estábulos e trair Jesus numa representação da Paixão.[10]

Uma vez mais, Hermann vagou sem rumo. Estava quase no fim de suas economias quando viu um anúncio no jornal:

> Procura-se um cuidador
> para treinar animais
> (leões, tigres, cães, ursos polares).
> Os candidatos têm de ter experiência
> como domadores e ser capazes de
> se apresentar ao público em matinês.[11]

No circo — um enorme negócio com centenas de empregados, uma longa caravana de carroças e até mesmo uma capela própria — Hermann encontrou o gerente, que olhou para aquele adolescente esquelético e perguntou:

"Já fez esse tipo de trabalho antes?"

"Claro."

"E você está acostumado a treinar animais e os apresentar num show?"

"Claro."

"Muito bem. Vá conversar com o sr. Johnson. Ele vai lhe mostrar os animais."[12]

Talvez Johnson fosse o domador de leões mais famoso daquela época, mas era um completo covarde quando o assunto era a mulher, Mabel, baixinha, magrela, vesga e, segundo Hanussen, alguém que via e sabia de tudo. Um olho mirava a direita. O outro, a esquerda. "Ela via tudo e não deixava nada passar", escreveu Hanussen. "O pobre sujeito tinha uma vida difícil com ela ao seu lado", o que talvez explicasse o porquê de Johnson beber tanto.[13]

Hermann alimentava os leões — de fora da jaula. No seu quarto dia trabalhando no circo, Johnson ficou bêbado. Quase não conseguindo se manter em pé, ele passou um de seus grossos braços ao redor de Hermann e o levou até a jaula do leão. "Não posso fazer o show", disse. "Estas feras me atacam quando estou bêbado." Hermann deveria dar conta do recado. "Você já viu tudo o que precisava ver", garantiu Johnson ao jovem rapaz. "Você pode usar minha fantasia. Quando os leões sentem o cheiro de uma fantasia diferente, eles atacam quem quer que a esteja usando."[14]

O único conselho de Johnson era para não perder Sultão — um dos leões mais bravos — de vista: "Se você passar na sua frente, ele vai tentar te pegar com a pata. Estale o chicote e bata nele até fazer que suba no pedestal e se acalme".[15]

Hermann foi até o camarim, vestiu a fantasia de Johnson, passando suas mãos suavemente sobre as abotoaduras. "O que poderia acontecer comigo?", perguntou-se. "Estou usando a roupa de Johnson." Cuidou dela como se fosse um talismã capaz de salvá-lo de qualquer coisa que cruzasse seu caminho.[16]

Os outros artistas formaram duas colunas para que Hermann pudesse chegar até a jaula. Ele marchou com coragem até os leões, entrou na jaula e gelou — de jeito nenhum a fantasia de Johnson seria capaz de protegê-lo daqueles monstros. Então, percebeu que os leões já sabiam o que fazer. Cabia a ele apenas segui-los. A cada estalo do chicote, eles faziam exatamente o que Johnson havia lhes ensinado. Então Hermann criou coragem e começou a gritar com eles. Eles rugiram de volta, e Sultão, o leão que Johnson havia mencionado a Hermann, se recusou a rolar na bola que Hermann jogou em sua direção. Quando o rapaz andou em direção a Sultão para lhe dar uma bronca, o leão rugiu e lhe deu uma patada. Lembrando-se das instruções de Johnson, Hermann bateu no rosto do leão com o cabo do chicote. Sultão se encolheu, deu um gemido e, de acordo com as palavras de Hanussen, "esboçou um pedido de desculpas". De fato, Hanussen diria com humildade: "Na vida é sempre assim: o mais corajoso vence". Sultão voltou a ser dócil, e Hermann — um menino que não tinha a mínima ideia do que estava fazendo — por um tempo foi o senhor daquelas perigosas feras.[17]

Hermann sempre se achou um herói. Agora ele *era* um, o que o fazia se sentir bem. Mas, na hora em que ia tirar a roupa de Johnson, ele se viu no espelho: estava pálido e murcho. Ele não era um herói, afinal. Era apenas um menino assustado. Então, ele olhou para a roupa que usava. Não era a fantasia de Johnson. Ele estava vestindo a roupa do trapezista. Hermann começou "a tremer tanto" que teve de se sentar, percebendo que "teve sorte em não descobrir isso cinco minutos antes, quando bateu na cara de Sultão".[18]

Hermann aprendeu um princípio nesse fiasco: "Imaginação e fantasia são as únicas coisas que contam na vida". Até que enfim ele foi honesto com os leitores da *Meine Lebenslinie*. Seria um absurdo achar que ele entrou numa jaula de leões. Ele pode ter sido um lacaio no circo, talvez cuidando de animais domesticados ou alimentando (de fora da jaula) os mais exóticos. Mas é difícil acreditar que qualquer circo deixaria um adolescente entrar numa jaula cheia de leões porque o domador estava bêbado demais para se apresentar. E Hanussen não poderia ter passado suas mãos sobre as abotoaduras antes de entrar na jaula porque roupas de trapezistas não têm abotoaduras.[19]

Assim como com qualquer ato criativo, as lorotas de Hanussen dizem muito sobre o seu autor. Seu drama literário não bate com os fatos. Sua escrita funciona, mais do que qualquer coisa, para gerar simpatia por ele, mas quando examinada cuidadosamente apenas levanta suspeitas contra seu autor. Hanussen devotou sua vida à ilusão, à evocação de realidades divertidas, místicas e espantosas. Sua autobiografia não é uma exceção. A forma como ele se mostra no livro é a mesma como se mostrava no palco. Mas uma vida dedicada a criar ilusões não é uma vida confiável, e um dos riscos que ela traz é fazer de seu autor um tolo. Se uma vida é construída sobre uma mentira — e uma que parece ter tido sucesso —, por que prestar atenção na verdade?

Até aqui, acompanhamos Hanussen durante os anos em que ele tinha pouca fama e menos dinheiro ainda. Já descobrimos que ele reaproximou seus pais enquanto ainda era um bebê em Viena, que ele salvou a vida da pequena Erna, ainda criança, que foi um delinquente juvenil em Boskovice, ateando fogo a um celeiro e prendendo um famoso ladrão, que quando adolescente cortejou uma cantora com o triplo da sua idade e que entrou numa jaula cheia de leões. E a lista vai longe, como veremos a seguir. Todas essas histórias vêm de Hanussen. Não há como confirmá-las. Durante essa fase da vida, ninguém acompanhava suas aventuras. Malandro e patife, ele é *sempre* o herói de suas histórias: se dando mal por mais de uma vez, depois se redimindo, levando a multidão ao delírio, em aplausos, pedindo mais milagres desse pequeno maestro, ainda subestimado. Ele sabia que o não era a verdade que o mundo procurava nele. Ilusionistas e videntes não se metem com a verdade. Como Tchekhov disse: "Qualquer idiota pode enfrentar uma crise, mas é o cotidiano que acaba com ele". O mundo procurava Hanussen em busca de esperança — a esperança de que a vida é mais do que parece, de que podemos sobreviver à exaustão esmagadora da rotina do dia a dia. Se atribuirmos tal intenção a Hanussen, suas ficções serão mais do que invenções; serão parábolas do que poderia ter sido.

Então fazemos um pacto com os Hanussens do mundo. Deixamos que eles nos façam rir, que alegrem nosso dia, que nos arrebatem em maravilhamento. Em troca, somos seu público disposto e cooperativo — um pequeno preço a se pagar pelo prazer e, num dia especial, até mesmo um pequeno preço pela alegria de ficarmos estupefatos. Mas é essencial reconhecer que mesmo os ilusionistas têm ética. O famoso mágico americano Teller uma vez me disse: "Um mágico coloca uma moldura ao redor de suas mentiras de modo a evitar que elas causem dano". O ilusionista é honesto sobre sua desonestidade, consciente do quão fácil é persuadir o ingênuo e o dócil a se maravilharem com segredos profundos e esotéricos. A lei judaica — já que Hanussen era judeu — impõe uma obrigação similar: um mágico tem que admitir que não possui nenhum poder especial. Caso contrário, turvam-se o sagrado e o mundano, o santo e o falso. Depois de mais velho, Hanussen acabou por esquecer dessas confissões obrigatórias. Tal lapso lhe garantiria muita fama e muita encrenca.[20]

Capítulo 2

O vidente coveiro

Hermann deixou o circo pouco depois de seu (suposto) triunfo sobre os leões. Tinha que sair de lá: Mabel, a esposa do domador de leões, não o deixava em paz. Primeiro foi aquela cantora de 45 anos que queria ter fugido com ele quando ainda morava em Viena; agora, a esposa do domador de leões sentia uma queda por ele. Apenas um adolescente, Hermann já atraía mulheres mais velhas — pelo menos é o que ele alegava —, uma afirmação duvidosa não apenas por causa das complexidades hormonais desses romances entre gerações, mas também porque a distinção de Hanussen entre a verdade e a fantasia era, no mínimo, obscura.[1]

Hermann pulou de circo em circo até que acabou em Viena novamente, onde compôs músicas e escreveu piadas e peças — o que fosse necessário para lhe garantir casa e comida. Em maio de 1912, casou-se com uma mulher chamada Herta Samter. Tudo o que sabemos a seu respeito é que ela trabalhava como assistente de palco num pequeno teatro vienense e que era três anos mais velha do que ele. É muito provável que o casamento tenha sido celebrado por um rabino. Também é provável que Herta estivesse grávida.

O filho do casal nasceu morto. Pouco tempo depois, Hermann deixou Herta. O casamento o restringia demais, e ele sentiu a necessidade de fugir dessa relação. Assim, acabou viajando para a Turquia com uma companhia de ópera. Hermann não tinha nenhum direito de se chamar cantor, mas as pessoas fazem coisas estranhas quando entram em desespero, tais como invadir uma audição, mexer a boca enquanto os outros estão cantando e assinar o nome de um cantor que nunca aparece quando seu nome é chamado na lista. Em Istambul, o diretor quase morreu de um derrame, o produtor declarou falência e as estrelas da companhia tiveram que pagar, de seu próprio bolso, a passagem de volta a Viena, enquanto o resto da equipe ficou num lugar estranho e hostil, e sem dinheiro para voltar. Hanussen, sempre de boa lábia, convenceu o dono de um teatro a deixá-los se apresentar se pudessem pagar o aluguel do teatro *depois* do show.[2]

Usando suas últimas reservas, Hanussen e seus amigos imprimiram cartazes sofisticados anunciando a performance pela "melhor opereta de Viena" da última obra de Franz Lehar. O cartaz listava quarenta participantes, prometia que o próprio Lehar seria o condutor do espetáculo e dizia que, como *grand finale*, haveria um show de fogos de artifício com as letras iniciais do sultão da Turquia.[3]

Quando o grupo havia vendido entradas suficientes, na noite do show, para pagar sua passagem de volta para casa, Hermann entregou o dinheiro para um dos cantores, dizendo-lhe que deixasse o teatro e o encontrasse mais tarde. É claro que não existia nenhum Lehar, fogos de artifício, opereta, cenário ou figurino. Hermann havia apenas costurado algumas músicas que os membros da equipe conheciam, formando algo mais parecido com um show de variedades do que com uma ópera.[4]

Conforme a plateia sentada esperava pelos fogos de artifício depois da última música, os cantores tentaram fugir dos bastidores. O dono do teatro não os deixou sair, gritando pelo seu dinheiro *e* pelos fogos de artifício. Quando a plateia o escutou — o teatro era pequeno —, todos também começaram a gritar e a exigir seu dinheiro de volta. Diante da revolta popular, Hermann se manifestou tentando acalmá-los.

Sozinho diante de todos, Hanussen foi sincero quanto ao seu dilema: "Fizemos o melhor que podíamos para vocês [...]. Minhas senhoras e meus senhores, caso insistam, lhes devolveremos o dinheiro. Mas eu peço: por favor, nos deem esse dinheiro de presente. Façam algo de bom para os estrangeiros que vieram ao seu país. Quando voltarmos a Viena, pensaremos em vocês. É verdade: não tínhamos um show de fogos em homenagem ao sultão. Mas vocês o engrandeceriam ainda mais ao ajudarem alguns artistas a voltar para casa".[5]

Demorou um pouco para a multidão absorver o que Hanussen estava dizendo. Aquele não era o discurso final de uma opereta, o clímax em que o galante protagonista conquista sua amada. Tratava-se de um homem pedindo para voltar para casa. Um a um, os espectadores começaram a bater palmas e pés, e passaram a jogar dinheiro no palco, em direção a Hermann. Nem mesmo o dono do teatro cobrou o aluguel. Hermann havia acabado de evitar um desastre, mas os cantores, reunidos nos bastidores, não sabiam de nada. Tudo o que escutaram foi um enorme tumulto. Certos de que Hermann havia sido linchado pela turba, correram para o hotel, deixando-o a sua própria sorte.

Quando Hermann voltou para seu quarto, o resto da equipe havia desaparecido. Foram atenciosos o suficiente para lhe deixar um recado: "Por favor, não fique bravo conosco. É melhor que um homem sofra por todos do que todos sofram por um só homem".[6]

Hermann não estava sofrendo. Ele tinha dinheiro suficiente para voltar para Viena. Na verdade, comprou *duas* passagens em cabines separadas na segunda classe. Alguns dias depois, embarcou no navio *Baron Beck* acompanhado de uma linda cantora de cabaré de Viena que também havia ficado retida em Istambul. Hermann estava tão bem financeiramente que também comprou uma passagem para ela. Seu nome era Betty Schostak.

Suas cabines eram uma em frente à outra, mas Hermann sabia que poderia fazer ainda melhor e conseguir viajar na primeira classe, rodeado de pessoas ricas e elegantes. Assim, disse ao comandante que era Titta Ruffo, um famoso barítono, e se ofereceu para fazer um espetáculo no navio. Honrado por ter tal celebridade a bordo, o comandante transferiu Hermann para a primeira classe. Nada seria suficiente para esse famoso passageiro.

Usar o nome de Ruffo era ir além do ridículo. O verdadeiro Ruffo era chamado de "Voce del Leone" — "Voz de Leão" — e era dono de uma fantástica presença de palco. Sua voz cativava o público. No mundo da ópera do começo do século XX, somente Enrico Caruso era mais famoso que Ruffo, apesar de alguns críticos dizerem que Ruffo foi o melhor barítono de sua geração. Sabendo que todos descobririam que ele é uma farsa assim que cantasse a primeira nota, Hermann agendou sua performance para o quinto dia do cruzeiro. Naquele ponto o navio já estaria perto de Corfu, famosa por seus fortes ventos, e Hermann argumentaria que cantar sob tais condições talvez prejudicasse sua voz. Ele deixaria o navio em Corfu, livre de sua desculpa a bordo. Enquanto esse momento não chegava, ele caminhava pelo convés principal, dava autógrafos a garotas bonitas, cantarolava alguns mi-mi-mis e outros lá-lá-lás, sempre usando um cachecol no pescoço de modo a proteger sua preciosa garganta. O alto-mar, reclamava, já o estava deixando doente.

Por coincidência, a lista de passageiros do navio incluía um faquir vindo da Índia com três cobras venenosas. Furioso ao descobrir que as cobras poderiam colocar seus passageiros em risco, o comandante ordenou que as víboras — e o faquir — fossem removidos do navio em Corfu, a primeira escala do navio.

Alguns dias depois, o assunto do faquir voltou à tona quando Hanussen estava jantando com o homem a bordo que ele mais admirava, o conde Montegazza. Em sua autobiografia, Hanussen descreveu o conde como "alto, esbelto e elegante ao enésimo grau". Montegazza disse que havia chegado a ver a performance do faquir, que era fascinante. Seria possível que o comandante permitisse ao indiano fazer seu show para os passageiros da primeira classe? Quase duas horas antes de o navio chegar a Corfu, o comandante concordou. O que poderia dar errado em duas horas?

Conforme se aproximavam do pequeno palco onde o faquir faria seu espetáculo, o conde se curvou em direção a Hanussen e lhe disse ao ouvido: "Em breve teremos o grande prazer de ouvir o maestro Ruffo cantar". Hanussen percebeu que Montegazza havia descoberto seu plano. Apertando com firmeza o cachecol ao redor de seu pescoço, Hanussen conseguiu manter alguma distância entre ele e o conde, preocupado com o que Montegazza pudesse fazer em seguida. De repente, o faquir chegou correndo ao deck dizendo, de forma estabanada, que suas cobras haviam fugido. Enquanto os passageiros entravam em pânico, só o conde mantinha a calma. Ele e o faquir desceram com uma tigela de leite para as cobras. Quinze minutos mais tarde, voltaram. Montegazza carregava a cesta do faquir. Sãs e salvas, dizia ele, as cobras todas haviam sido recapturadas. A multidão irrompeu numa salva de palmas para o conde.

Enquanto o navio se aproximava de Corfu, Hanussen anunciou que o faquir finalmente cumpriria sua promessa quanto ao show. Quando Montegazza protestou que não havia mais tempo para o show — ele e outros passageiros só queriam descer do navio —, Hermann assumiu uma autoridade que não lhe pertencia e gritou: "Ninguém sai do navio. Nem o conde, nem o faquir!".

Depois de dar uma rasteira no faquir, que tentava fugir, Hermann pegou a cesta que o homem havia derrubado por acidente. Enquanto tentava impedir Hermann de abri-la, o conde disse baixinho: "Seu trapaceiro! Você acha que eu não sei quem você é?".

"Conde", disse Hermann, alto o suficiente para que todos pudessem ouvir, "não me importo em dizer a todos que não sou Titta Ruffo e que você não é o conde Montegazza. Eu não sei cantar, e as cobras que estão na cesta não conseguem morder. Mas, para vocês, senhoras e senhores, declaro que existem 'cobras' especiais nesta cesta."

Enfiando a mão na cesta, Hermann retirou joias, relógios, um crucifixo de ouro e um colar de diamantes. Enquanto Montegazza e o faquir supostamente recuperavam as cobras, Hermann explicou, eles na verdade estavam roubando os pertences das cabines da primeira classe. Uma cesta de cobras venenosas era o último lugar onde alguém os procuraria.

Ao olhar atentamente o faquir certa vez, Hermann percebeu que o homem usava iodo na pele para que ela ficasse mais escura. E um dia em que estava na cabine do faquir enquanto este se refrescava, ele chegou a ver uma tatuagem em seu braço igual à de um artista de circo de que ouvira falar na Europa. Quando viu a mesma tatuagem no conde, ele concluiu que os dois eram acrobatas de Munique — os Irmãos Pirelli, procurados pela polícia por toda a Europa. No tempo em que trabalhou no circo, Hermann ficara sabendo que os irmãos estavam se dando muito bem depois que caíram no crime.

Hanussen havia se tornado um herói. Por outro lado, era um impostor tanto quanto o conde e o faquir, e o comandante exigiu que ele pagasse por sua cabine na primeira classe. Acabou ajudado pelos passageiros, que juntaram dinheiro suficiente para lhe pagar a cabine.

Sem tirar nem pôr, essa história é uma reprise do golpe da opereta e dos fogos de artifício em Constantinopla. Uma vez mais, Hanussen transformou o desastre em triunfo. E, uma vez mais, ele riu por último, disfarçadamente, de qualquer um que pensasse ser capaz de se sair melhor que ele. Não se tratava de sorte. Nessas histórias, Hanussen era invencível. Ninguém seria capaz de tirar vantagem dele e ninguém era mais esperto do que ele. Por isso, Hanussen e Betty seguiram a bordo otimistas quanto a serem capazes de lidar com quase tudo o que cruzasse seu caminho.

A devoção de Hermann por Betty era única, dado o tamanho de sua ambição. Ela não era apenas linda; era também a mãe do segundo filho de Hanussen — um menino que morreu logo depois do parto. Hermann demonstrava todo o seu amor por ela também por outra razão: ela tinha tuberculose. Quando os médicos em Viena disseram que não poderiam fazer mais nada, Hermann e Betty se mudaram para Berlim, acreditando que lá encontrariam um tratamento melhor para ela.

Em Berlim, Hermann teve uma série de trabalhos inusitados, o primeiro deles num café em Friedrichstrasse cujo classificado de empregos havia lhe chamado a atenção: *Procura-se um garçom cantor. Deve entreter os clientes e ser um bom serviçal. Procurar Jakob Schlesinger*. Quando Hermann chegou ao Café Nachtasyl, trinta homens aguardavam na calçada. Hermann ficou desesperado. "Com licença, com licença", foi dizendo em voz alta. "Deixem o sr. Schlesinger chegar até o seu escritório." Segundos depois, Hermann estava dentro do escritório do sr. Schlesinger. Conseguiu o emprego.[7]

Certa noite, mandaram Hermann servir de guia aos clientes numa visita a um pequeno museu dentro do café — na verdade, uma coleção de coisas bizarras. Logo após começar o tour, Hermann entrou em transe. Dizendo ser capaz de ver a pessoa que havia sido a dona de qualquer objeto em exposição, Hanussen tocou a luva de uma mulher que havia se afogado e começou a recitar os seus últimos pensamentos antes de morrer. "Falei, falei, e não parei de falar", escreveu mais tarde Hanussen. "As pessoas que estavam comigo ficaram mudas. Tanto o coração delas quanto o meu foram tocados pelo horror."[8]

Naquela noite, o Nachtasyl não ganhou muito dinheiro. Todos estavam atônitos. Hermann foi para o vestiário dos empregados, tirou seu uniforme de garçom e saiu para tomar um pouco de ar fresco. Nunca mais voltou. Ficou com medo do museu e de si mesmo.[9]

O próximo bico de Hermann foi como mágico em outro café. Preparou uma apresentação inteira em menos de um dia com os apetrechos que comprou numa loja de mágicos: um saco que fazia os ovos desaparecerem, cartões que mudavam de cor e flores que desabrochavam assim que as sementes eram jogadas no palco. Deu-se tão mal na sua primeira noite que a plateia não conseguia parar de rir. O dono do café pediu que Hermann continuasse, mais como um comediante que fazia mágicas que um mágico com seus truques.[10] Outra noite, assim que subiu ao palco, Hermann se esqueceu da fórmula que havia memorizado para ajudá-lo com alguns números e datas. Passou rapidamente a chutar resultados. Inesperadamente, seus poderes de vidente vieram à tona, e ele acabou acertando todas as datas e números, chocando o público e a si mesmo. "Tudo começou a girar", disse. "Todos os rostos se mesclaram. Só a minha boca continuou falando." Então, ele parou. Ninguém estava rindo. Nos bastidores, o gerente reclamou que o ambiente que Hermann havia criado não ajudava na venda de cerveja. Da próxima vez, gritou o gerente, conte umas piadas. Faça algo errado. Seja *engraçado*.[11]

Na noite seguinte, Hermann tentou fazer o que o gerente pediu, mas suas piadas não tiveram graça, e ninguém riu. Foi despedido.[12]

Com tempo livre, Hermann visitou Betty no Hospital Charité, aperfeiçoando seus truques, memorizando fórmulas e padrões numéricos até que eles se fixaram em sua cabeça. Conseguiu um show num clube de Berlim e, dessa vez, estava determinado a confiar naquilo que vinha praticando, não em suas habilidades paranormais, que lhe haviam causado tanto problema. Baseado no que havia decorado, e não em sua intuição, Hermann se enroscou e gaguejou, parecendo um amador. Era isso o que as pessoas queriam — um comediante inepto para a mágica — e era isso o que ele lhes oferecia.[13]

Mas, no meio de um show, Hermann começou a "ver" novamente. Dessa vez ele viu Betty num hospital, erguendo os braços, chamando por ele, com o sangue escorrendo por seus lábios. Nervoso, Hermann começou a gritar para o público. Disse a uma mulher que fosse para casa: sua filha havia se perdido na rua. Deu uma bronca num velhinho por ter visitado uma cigana naquela mesma tarde para tentar descobrir quanto tempo sua mulher ainda viveria. Advertiu outro homem de que o chefe pretendia prendê-lo por desvio de dinheiro. O dono do café chutou Hermann para fora do clube. Depois de pegar um bonde, ele desceu na estação de Friedrichstrasse e foi em disparada pela Karlstrasse até o hospital. Chegou tarde demais: Betty estava morta.[14]

Depois do funeral, Hermann estava se sentindo vazio, inacessível, apavorado consigo mesmo e com suas "habilidades secretas". Ele "não queria ser capaz de ver através de paredes". Queria ser como todos os outros, "não alguém estranho, anormal e diferente".[15]

A maneira como Hermann tentou ser igual a todos os outros foi trocando de profissão. Começou a trabalhar com um tipo de jornalismo que sempre foi suspeito, mas ainda assim lucrativo: tornou-se editor do *Der Blitz*, tabloide especializado em matérias sobre celebridades vienenses que eram gays, tinham doenças venéreas, frequentavam prostitutas ou usavam drogas. O serviço não era legal, mas pagava as contas, e Hanussen descobriu uma forma do *Der Blitz* ganhar ainda mais dinheiro: ele escreveria novelas em série descrevendo pessoas reais em situações comprometedoras. As histórias seriam baseadas em episódios reais em suas vidas. Se elas não pagassem o dinheiro que Hermann pedia, o *Der Blitz* publicaria seus nomes — e suas escapadas vergonhosas.[16]

Numa das "novelas" de Hermann, a Sociedade para o Avanço da Virgindade enviou o major Quitsch para extirpar a maldade que se espalhava por Viena. Quitsch visitou vielas, ruas, lojas, tavernas, cafés, restaurantes, clínicas médicas, consultórios odontológicos, sapatarias — sempre em busca do pecado. Se esses estabelecimentos pagassem o que Hermann pedia, eles teriam um tratamento favorável na novela. Caso contrário, estariam perdidos.[17]

O *Der Blitz* era um negócio escuso, e Hermann parecia gostar disso. Mas, alguns meses depois, começou a Primeira Guerra Mundial, e ele se alistou no exército austríaco, na esperança de que as forças armadas lhe restituiriam o sentido que havia se perdido com a morte de Betty. Mas o exército era o lugar errado para ele. Hermann era preguiçoso, desobediente e "não se importava com nada". E por que deveria? Depois da morte de Betty, "o que mais eu tinha a perder no mundo?".[18]

Mas, disse Hanussen mais tarde, ele era "incrivelmente popular", principalmente por causa da diversão que proporcionava nas trincheiras, lendo a mente das pessoas da forma como Joe Labero, um mentalista, lhe ensinara em Viena. (Labero havia feito isso em uma matéria para o *Der Blitz* na qual explicava as técnicas de um vidente muito famoso de Viena.) Porém Hermann ainda estava incerto sobre sua capacidade de ler mentes, até que um amigo que trabalhava no correio do exército o ajudou, abrindo secretamente algumas cartas dos soldados enviadas por seus parentes, de modo que Hermann podia se inteirar das notícias em primeira mão. Hermann, então, dizia aos soldados o que ele ficara sabendo durante um estado de transe. Isso impressionou as tropas. Também impressionou o capitão de Hermann, que veio a saber, por meio do vidente de seu batalhão, que sua mulher havia dado à luz um menino de 3,2 quilos.[19]

A guerra se alongou. Quanto mais ela demorava, mais entediado Hermann ficava. Ele só queria usar "roupas decentes e sem piolhos, e sair com uma linda garota". A melhor forma de alcançar esse objetivo, pensou, seria uma dispensa militar. "Acabei desenvolvendo um distúrbio mental", gabou-se depois. Mas mesmo assim não conseguiu a dispensa que queria. Em vez disso, os médicos o transferiram para Gorlice, cidade polonesa que viu uma das piores batalhas do front oriental: 330 mil mortes — 240 mil russos e 90 mil alemães, austríacos e húngaros. O trabalho de Hermann era enterrar os mortos.[20]

Gorlice cheirava mal: os campos de batalha cheiravam mal, e os homens trabalhando neles cheiravam mal. A cidade era uma fossa a céu aberto: quarteirões de ossos apodrecendo e cadáveres em decomposição. Hermann teve de se misturar a essa confusão, cutucando com um bastão as roupas podres e malcheirosas que cobriam aquilo que outrora havia sido um ser humano. Tinha que tentar identificar cada um deles, esforçando-se "para lembrar que aquela massa já havia sido um filho, um marido ou um pai — seres humanos com coração e mente, movidos pela paixão e pela dor, filhos de mães como nós, nós que agora os entulhávamos em caixas".[21]

Com a aproximação do Natal, Hermann fez sua primeira e real performance pública de leitura mental em um evento para arrecadar fundos e comprar presentes para os milhares de prisioneiros de guerra russos que faziam a maior parte do trabalho com os cadáveres nos campos podres e fedorentos ao redor de Gorlice. Por ainda não estar certo de seus poderes, dois amigos de Hanussen o ajudaram usando sinais secretos e sussurros. Eles o confundiram tanto que a primeira metade do show foi um fiasco. Na segunda metade ele tentou "telepatia de verdade". Para sua surpresa, tudo correu bem. Ele conseguia, de fato, ler mentes. Só precisava confiar mais em si mesmo.[22]

Por volta de 1916, Hermann fazia suas performances em pequenas cidades com mais frequência do que no front de batalha. Em termos menos polidos, ele era um desertor. Numa de suas viagens, deixou maravilhado um homem que havia sentado ao seu lado no trem, contando-lhe histórias sobre como encontrar água usando uma varinha mágica e sobre a forma como entretia as tropas com sua habilidade de ler mentes. O homem, um empresário chamado Joseph "Peppi" Koller, entusiasmou-se. Koller havia reservado o Teatro Konzerthaus, em Viena, para Ronny Johannson, uma dançarina erótica famosa na Dinamarca. Faltando apenas quatro dias para o show, os ingressos estavam encalhados. Será que esse soldado não poderia ser um *grand finale* para o show de Johannson? Mas, que nome ele deveria usar? Preocupado em ser preso como desertor se o seu nome verdadeiro aparecesse em cartazes promovendo o show, Steinschneider surgiu com o nome de Erik Jan Hanussen. De uma hora para outra, ele havia se transformado num aristocrata de Copenhague. Melhor ainda: ao usar esse novo nome, Koller poderia transformar o show numa saudação à pequena Dinamarca, que lutava para se manter neutra na confusão daquele segundo ano da Grande Guerra.

Cartazes foram afixados por toda a Viena anunciando Erik Jan Hanussen — de que ninguém jamais ouvira falar — como um bônus de última hora ao show. Ele era exótico. Ele era brilhante. Ele era um gênio. A propaganda funcionou. O teatro lotou. Os telepatas eram populares em Viena, e um que fosse importado de Copenhague causava mais fascinação que a variedade local (mesmo que o seu nome não significasse nada).[23]

Quando Hanussen subiu ao palco do Konzerthaus no dia 30 de abril, ficou um pouco incomodado com o fato de o imperador Carlos I e vários membros da família real estarem sentados no primeiro camarote à sua esquerda: estava acostumado a fazer performances para soldados e camponeses em pequenas cidades, não diante da realeza. Mesmo assim, olhou fixamente para a plateia. Todos queriam saber o que aquele jovem tinha a oferecer. Hanussen abriu o espetáculo com um truque conhecido como correio telepático — ele deveria entregar um envelope para o espectador cujo nome estava escrito num pedaço de papel dentro do envelope fechado. Ninguém aplaudiu mesmo depois de Hanussen entregar dois envelopes. Ele não esperava que aquela plateia fosse tão difícil de agradar. Então, um serviçal da família real anunciou que a arquiduquesa Imaculada queria enviar um envelope. Nas duas primeiras entregas, Hanussen fez com que a pessoa que estava enviando o envelope segurasse fortemente o seu pulso — tecnicamente chamado de "leitura muscular", o método permitia a Hanussen sentir sinais sutis de quem quer que estivesse enviando o envelope. Mas Hanussen não podia pedir à imperatriz que segurasse seu pulso conforme se moviam pelo teatro em busca do destinatário de sua carta. E também não podia gritar com ela, como havia feito com seus outros voluntários, caso ela não se concentrasse o suficiente.[24]

Percebendo que essa era uma "situação complicada", Hanussen recebeu o envelope que um serviçal havia trazido do camarote da nobreza, saltou do palco, passou pelas primeiras fileiras de assentos, depois se voltou e fez uma pausa. Começou a tocar os ombros das pessoas sentadas por perto, cada vez mais rápido, passando por uma fileira, depois por outra, tocando todos até que parou, cuidadosamente considerou o que faria, e acabou entregando o envelope para um homem distinto de barba branca. O teatro ficou em completo silêncio. Ninguém, nem mesmo o cavalheiro que havia recebido a carta, sabia o que fazer. Finalmente, a única pessoa no teatro que sabia qual nome estava no envelope começou a bater palmas. "Bravo! Bravo!", gritou a arquiduquesa. "Você está certo. É ele!" A arquiduquesa havia enviado o envelope para seu médico particular.[25]

Choveram aplausos para Hanussen. "O feitiço foi quebrado", escreveu anos mais tarde. A plateia "havia me aceitado, e todo artista sabe o que isso significa". Depois do show, Hanussen gastou uma hora no camarote do imperador, fazendo galanteios e mostrando alguns truques conforme continuavam prestando atenção nele. A plateia estava tão curiosa com o que aquele desconhecido estava dizendo ao seu imperador que se recusou a sair do teatro.[26]

A vida mudou para Hanussen depois daquela noite. Ficou famoso. Desconhecidos o seguiam na rua. Viram sua foto nos cartazes e nos jornais. Alguns pediam autógrafos. Outros apenas o acompanhavam com os olhos. Ficou alguns dias em Viena depois do show, sem pressa de voltar ao exército. Finalmente, deixou para trás a boa comida, bebida e seus novos amigos para descobrir que a notícia do seu sucesso havia chegado ao exército. (Supostamente, suas fotos no jornal haviam alertado os militares sobre o seu paradeiro.) Agora ele havia deixado de ser um desertor comum, já que havia passado uma hora no camarote da família real no Konzerthaus. Foi trancafiado na prisão militar, se bem que teve direito a uma cela limpa, comida decente e, conforme disse mais tarde, até mesmo a champanhe.[27]

Em Viena, o empresário Peppi Koller corria de um lado para o outro da cidade tentando conseguir uma dispensa para Hanussen, a fim de que pudesse fazer mais shows na capital. Quando o arquiduque Leopoldo Salvador disse a Koller que ele, com certeza, participaria do próximo show de Hanussen em Viena, o empresário enviou um telegrama para o comandante do regimento de Hanussen: "Sua alteza imperial e real, o arquiduque Leopoldo Salvador, deseja que o líder de pelotão Steinschneider obtenha com sucesso uma dispensa a fim de se apresentar em Viena". Quase instantaneamente, Hanussen foi liberado, e pouco depois já estava agendado em alguns dos maiores teatros de Viena — usando o truque do envelope, encontrando pequenos objetos escondidos por pessoas da plateia, hipnotizando voluntários. Conforme sua confiança crescia, seus shows iam ficando cada vez mais elaborados. Sua performance de 11 de novembro de 1918 — divulgada como "Uma Sessão Telepática" — teve um significado especial: a guerra acabou às onze horas daquele dia. Para comemorar o fim das hostilidades, Hanussen telepaticamente leu datas, nomes e números que os espectadores pensavam; demonstrou como conseguiu descobrir água nas trincheiras, e hipnotizou voluntários do público de modo que perdiam, por pouco tempo, sua memória, em seguida sua força de vontade, e por fim saltitavam pelo palco como graciosos cisnes. Talvez a Áustria tenha perdido a guerra, mas Hanussen estava a caminho de conseguir a paz. A sua paz.[28]

* * *

A guerra foi boa para Hanussen. Quando ela começou, ele estava quase quebrado. Quando acabou, estava se apresentando em teatros elegantes para os ricos e a nobreza. Seu sucesso lhe deu uma nova perspectiva — mais profunda — que surpreendeu um jornalista que o visitou. "Vim", disse o repórter, "esperando o maluco tradicional" que se metia com o oculto. Em vez disso, encontrou "um homem baixo, de ombros largos e de porte surpreendentemente atlético". Descrito no artigo como divertido, cético e esperto, Hanussen ainda não tinha completado trinta anos. Apesar de ainda jovem, ele havia entendido que a mágica provê a ilusão necessária para nossas vidas cansadas e, às vezes, desagradáveis. "O homem vaga por esta vida miserável sonhando com milagres", disse. "E de tempos em tempos alguém lhe oferece a coragem para acreditar em si." *Este* era o papel de Hanussen: ele dava às pessoas a coragem de sonhar com as possibilidades.[29]

Mas por que eles — ou por que alguém — confiavam em Hanussen? E por que confiavam nele, como já foi dito, incondicionalmente? Porque, afirmou, ele sabia que a chave da vida era "se impor e não deixar ninguém pisar em você. Para fazer milagres são necessários olhos treinados, coragem e força de vontade. O resto é fraude".[30]

É verdade, mas acreditar num falso milagre não é melhor do que não acreditar em milagre nenhum. Ambas as coisas são loucuras.

Capítulo 3

"Um conjurador é um ator desempenhando o papel de um mágico"

Os mágicos desafiam as leis da física. Os leitores de mente desafiam as leis da privacidade, zombando da ideia de que nossa mente é nosso último bastião contra um mundo indiscreto e intrusivo. Eles destroem a impressão de que somos indivíduos distintos e isolados. Em vez disso, somos porosos, transparentes, translúcidos — vulneráveis e sem nenhum lugar para fugir. Os que leem a mente abrem com facilidade o cofre onde armazenamos nossas meditações, pensamentos, luxúrias e ódios — tudo o que nos faz quem somos, tudo o que sempre achávamos estar num lugar seguro longe dos bisbilhoteiros. Tal revelação é capaz de mudar os alicerces de nossa existência: por toda nossa vida, assumimos que nossa cabeça só importava a nós; mas agora parece que alguém entrou lá. Nada é impregnável e nada é seguro.

Foi nesse terreno que Hanussen armou sua tenda. Mas na verdade ele lia músculos, não mentes, e chegou a admitir isso em um livro que escreveu em 1919: *Leitura da mente e telepatia.* (O título original em alemão era *Das Gedankenlesen: Telepathie.*) Com esse livro, Hanussen quebrou uma das promessas que havia feito antes da guerra para Joe Labero, o mentalista que o ensinou a ler mentes. Hanussen havia jurado para Labero que nunca ensinaria ninguém a ler músculos. Seu livro — um guia passo a passo na leitura de músculos — fez exatamente isso. Outra promessa que havia feito a Labero era a de nunca ler mentes em público. Hanussen já a quebrara havia muito tempo.

Muito provavelmente ele escreveu o livro não apenas para conseguir algum dinheiro extra, já que sua carreira estava apenas começando, mas também porque não poderia resistir à tentação de se gabar do que sabia. Sua inabilidade na autocensura — em reprimir sua ânsia de querer contar todos os segredos que guardava — provaria ser seu maior erro. Independentemente do motivo, o livro de Hanussen é considerado um clássico no gênero. É tão detalhado que nele Hanussen aconselha os leitores de mente novatos a cuidar bem da higiene: pentear o cabelo, limpar as unhas e só se apresentar usando uma camisa limpa e depois de ter escovado os dentes. Também é bem detalhado sobre como escolher voluntários da plateia: escolha alguém que *quer* que você acerte e que tenha um "temperamento vívido — artistas, jornalistas [...], pessoas com ocupações estéticas". Evite pessoas "travadas" e cuja pele se pareça com "pergaminhos secos, cuja alma vive afogada na poeira das estantes". Assim como toda pessoa que confia em sua inteligência, Hanussen desprezava todos os que trabalhavam num escritório e tinham um emprego comum. Para ele, o banal era sufocante.[1]

Em *Leitura da mente e telepatia*, Hanussen expõe um princípio fundamental: um "telepata" só consegue lidar com o que "pode ser visto, tocado ou alcançado". Ele pode *encontrar* uma foto da Torre Eiffel, mas nunca conseguiria saber se alguém está *pensando* na torre. Ele pode *encontrar* alguém cujo nome seja "Maier", mas nunca conseguiria adivinhar esse nome do nada. Quanto mais simples o experimento, maiores as chances de ele dar certo, especialmente para um novato. Encontrar um broche em alguém que está na mesma sala que você é fácil. Adivinhar onde está um broche numa casa em Berlim é possível mesmo que você esteja em, digamos, Viena, ainda que não faça muito sentido: quem está fazendo a leitura da mente e o participante teriam que ir até uma estação de trem local, comprar uma passagem para Berlim, subir no trem, descer em Berlim, pegar um bonde até chegar àquela casa para, finalmente, encontrar o broche em algum lugar. E embora um telepata nunca seria capaz de encontrar um objeto que alguém tenha jogado no mar, se ele fosse esperto o suficiente poderia detectar na pessoa que o jogou exatamente onde e em qual direção esse objeto foi atirado na água.[2]

Mas como ler mentes? Primeiramente, diz Hanussen, faça perguntas numa sequência que o ajude a determinar se os participantes estão pensando sobre alguma coisa concreta ou abstrata; se eles estão pensando em algo que está naquela mesma sala, na mesma cidade ou até no mesmo país; se estão pensando numa pessoa ou num objeto inanimado. A sessão de perguntas e respostas — mais uma troca tipo pingue-pongue — entre o telepata e o participante deve seguir mais ou menos este roteiro:

"Concreto?"

"Sim."

"Nesta cidade?"

"Não."

"Na Alemanha?"

"Sim."

"Uma pessoa?"

"Sim."

"Um soberano?"

"Não."

"Um poeta."

"Sim."

"Um clássico."

"Sim."

"Um dos maiores?"

"Sim."

O telepata restringiria os poetas pensados pelo participante a Goethe ou Schiller, já que em 1919, enquanto Hanussen escrevia, eles eram os poetas mais famosos da Alemanha. Mas um bom leitor de mente chega até o resultado de suas perguntas de maneira mais elegante. Não há nenhuma arte em perguntar secamente: "Você está pensando em Schiller?". Em vez disso, Hanussen recomenda que se siga um caminho um pouco mais tortuoso:

"Ele morreu jovem?" (Schiller morreu aos 45 anos.)

"Não."

"Ele era velho?" (Goethe morreu aos 83 anos.)

"Sim."

"Ele era muito velho?" (Segundo vários critérios, 83 é *muito* velho.)

"Sim."

"Ele vivia em Weimar?" (Tanto Goethe quanto Schiller viveram em Weimar, mas Goethe era mais fortemente associado à cidade do que Schiller. Goethe viveu lá quase seis décadas; Schiller, somente seis anos.)

"Sim."

"É Goethe?"

"Sim."[3]

Os cínicos talvez digam que *Leitura da mente e telepatia* não passa de uma versão mais sofisticada do jogo das vinte perguntas. Mas aqueles que leem mentes fazem mais do que gaguejar até chegar à resposta certa. Hanussen explica que eles também são capazes de detectar movimentos musculares tão sutis que até mesmo a pessoa que os fez não os reconhece. Ao fazer isso, o leitor de mentes descobre algo ou alguém em quem o participante está pensando. Para chegar ao resultado, o telepata deve estar num elevado estado de consciência, se postar "leve e flexível" e focar toda a atenção em seu pulso direito, aquele que o participante está segurando. Enquanto isso, o participante deve ter "uma enorme expectativa" de que o telepata vai conseguir ler sua mente. O participante não pode deixar seus pensamentos se dispersarem. Se o mentalista perceber que o participante não está se concentrando, ele deve lembrá-lo com "gritos de encorajamento". Se isso não funcionar, ele pode até mesmo ameaçar trocar o participante por outro da plateia.[4]

O telepata, então, deve dizer ao participante para pensar só na direção que se deve tomar para chegar até o objeto em que ele está pensando — para a frente, para trás, direita ou esquerda. Antes de se mexer, Hanussen aconselha o telepata a esperar pela "leve e suave impressão" das mensagens sutis vindas da mão do participante, que continua segurando firmemente o pulso direito do telepata. Ele não pode sair andando a não ser se movido pelo espanto do participante ao se dar uns poucos passos na direção correta. Se começar a andar na direção errada, ele sentirá "algo" — um pequeno espasmo ou resistência da mão que segura o pulso. Então, ele vagarosamente dá alguns passos na outra direção, esperando por um sinal do participante que garanta que agora ele está na direção certa.[5]

Encontrar um objeto escondido é difícil e complicado, concorda Hanussen, mas "obtém uma resposta maior da plateia se bem executado". Isso exige certo talento e confiança. Se, por exemplo, um garfo estiver escondido numa gaveta de talheres, o telepata começa, como de costume, com o participante segurando seu pulso. Então, ele oscila de um lado para o outro — ganhando algum tempo enquanto espera por dicas mais claras sobre a direção geral para onde deve ir. Quando segue numa direção, ele se mantém alerta a mudanças na passada do participante ou a sutis apertões em seu pulso. Eles indicam quando o telepata deve parar ou mudar de direção. Se o mentalista não estiver certo do que fazer, ele deve dizer: "Pense onde devo virar e controle-me com a sua mente. 'Vá para a direita!' ou 'Vá para a esquerda'!". Finalmente, um súbito aumento na pressão que o participante está exercendo no pulso do telepata indica que eles chegaram ao destino. Para confirmar tal palpite, o telepata dá um ou dois passos atrás para ver se o participante manda os mesmos sinais que antes. Durante toda essa jornada, o telepata e o participante trabalham como que juntos: o participante deve *querer* que o mentalista tenha sucesso; o mentalista deve saber que ele *tem* que ter sucesso. São cúmplices: duas pessoas procurando um garfo.

Mas, uma vez na frente do armário, surge um novo problema: onde — exatamente — no armário está o garfo? Em cima? Embaixo? Atrás? Numa das gavetas? Daí o telepata "se balança calmamente de um lado para o outro" — mexendo-se enquanto se concentra nas mensagens do participante. Encontrar o esconderijo final é mais difícil do que chegar até o armário. Então, o mentalista precisa encontrar um pequeno objeto num espaço pequeno, complexo e provavelmente abarrotado: talvez haja outras coisas no armário, como panos. Talvez haja até outros tipos de talheres, como facas e colheres servindo de isca.

Levantando a mão direita (cujo pulso o participante está segurando), o mentalista deve mover lentamente seu braço da esquerda para a direita, depois da direita para a esquerda, para a frente e para trás, sempre atento para onde o participante o está inconscientemente levando. Conforme se aproxima da gaveta onde o garfo está escondido, ele vai sentir um puxão do participante, daí ele dá alguns passos atrás para ver se o participante manda o mesmo sinal que antes. Se ele o fizer, o mentalista deve abrir a gaveta. Pode ser que ele encontre três guardanapos, duas facas e um garfo. Já que o objeto escondido poderia ser, pelo que ele sabe, qualquer um desses, ele os espalha sobre a mesa, e, com o participante ainda segurando firmemente o seu pulso direito, passa a mão várias vezes sobre eles, sentindo os sinais que venham do participante. Graças a uma intensa concentração, por fim ele escolhe o garfo. O participante fica espantado, assim como a plateia — e o show continua por mais algumas semanas.[6]

O princípio por trás da leitura muscular também explica a leitura de pêndulos ou do Tabuleiro Ouija: nossos músculos quase têm vida própria, movendo-se de forma tão sutil que nem nos damos conta disso. Um pêndulo "mágico", por exemplo, vagarosamente soletra palavras porque a pessoa que o está segurando inconscientemente o guia. Funciona assim também com o Tabuleiro Ouija. Os movimentos musculares também explicam o caso do Hans Esperto, o cavalo celebridade do começo do século XX na Alemanha. (Músicas e livros foram escritos a seu respeito, sua imagem aparecia em rótulos de vinhos, e os educadores calcularam que ele fosse tão inteligente quanto uma criança de catorze anos.) Hans era tão esperto que conseguia contar até cem, resolver alguns problemas matemáticos simples, soletrar palavras, identificar pessoas e objetos pelo nome, e até mesmo expressar sua preferência por certo tipo de música, simplesmente ao balançar sua cabeça ou andar sobre uma tábua apontando, com o seu focinho, as diversas letras. Isso deixou encafifado Oskar Pfungst, o psicólogo que o examinou cuidadosamente. Porém quanto mais Pfungst testava Hans, mais ficava aparente que o cavalo só dava a resposta certa quando quem lhe perguntava também soubesse a resposta. Quando alguém fazia uma pergunta a Hans, percebeu Pfungst, olhava atentamente os cascos do cavalo conforme ele pisava sobre as respostas, enviando inconscientemente sinais visuais. Quando Hans chegava ao número certo, a pessoa que lhe havia feito a pergunta levantava a cabeça, nem que só por alguns milímetros. O movimento talvez não fosse facilmente reconhecido por humanos, mas o cavalo o percebia. Pfungst, então, assumiu o lugar do cavalo, pedindo para que 25 pessoas pensassem num número. Assim como Hans pisava nas respostas com seu casco, Pfungst tocava a resposta com sua mão direita enquanto observava a pessoa que estava pensando no número. Quando Pfungst detectava um leve relaxamento na outra pessoa, ele tocava o número que estava na mente dela. Em outras palavras, Hans era tão esperto quanto quem lhe fazia as perguntas. Ele também era um excelente leitor muscular.[7]

Outro especialista em leitura muscular estudado pelos cientistas foi Eugen de Rubini, um mentalista de enorme sucesso em Viena antes da guerra, chegando a encher um dos maiores teatros da cidade, o Ronacher, por várias semanas seguidas. Em um de seus ilusionismos, Rubini pedia a um voluntário (que Rubini chamava de "médium" ou "transmissor") que escondesse um pequeno objeto ou pensasse em alguém no teatro. Simplesmente ao pensar no objeto ou na pessoa, e firmemente apertando o pulso do mentalista, o transmissor guiaria Rubini ao objeto que estava escondido ou à pessoa em quem ele havia pensado. Às vezes, Rubini conseguia fazer isso mesmo sem ser tocado pelo voluntário. Na década de 1920, Rubini havia alcançado sucesso parecido também nos Estados Unidos, sendo o único clarividente que teve seus dons reconhecidos por Harry Houdini e deixando estupefato o escritor Sinclair Lewis. Sem dizer a Rubini o que havia feito, Lewis escondeu um chaveiro com sua mulher, Dorothy. Rubini o encontrou caminhando em direção a Dorothy, com Sinclair guiando-o mentalmente ao andar cerca de dois metros atrás do mentalista.[8]

No começo da década de 1920, psicólogos da Universidade da Califórnia estudaram Rubini, tentando de várias formas isolar seus sentidos. A habilidade de Rubini não diminuía quando tapa-ouvidos isolavam as dicas do público que ele pudesse receber ao ler mentes. Mas quando os psicólogos sugeriram vendá-lo e Rubini não aceitou, então todos concordaram com uma limitação: ele poderia usar uma viseira que lhe permitisse apenas olhar adiante, eliminando toda a sua visão periférica. Enquanto usava a viseira, a performance de Rubini caía para algo próximo de pura sorte. Os psicólogos concluíram que ele era capaz de captar dicas "muito leves", tais como a postura do transmissor ou o lugar onde se posicionava na sala. Ainda assim, eles não chamaram o que Rubini fazia de farsa. Em vez disso, admiraram seu "poder como sendo de verdadeiro destaque". De fato, Rubini tinha tal poder, embora seu talento estivesse mais próximo da observação aguda do que de uma convincente telepatia.[9]

A observação é indispensável para a leitura de mentes. Naturalmente, ou por meio de treinamento, Hanussen também era um meticuloso observador. Isso o ajudou a solucionar o caso do falso conde e do faquir no barco vindo de Istambul. Também o ajudava, bem como a outros destacados leitores musculares, a "ler mentes" sem contato físico com o transmissor. Para conseguir isso, os mentalistas observam dicas como a direção do movimento dos olhos ou mudanças sutis na expressão facial. Fazer isso é muito mais difícil do que ler uma pessoa que segura o pulso do mentalista. Também é muito mais impressionante.

Se bem-feita, a leitura muscular se parece com leitura da mente. Isso é impressionante. Mas ninguém deve pensar que se está na verdade invadindo a mente de alguém. Se os leitores musculares conseguissem realmente ler mentes, eles não estariam gastando seu tempo procurando broches ou talheres. Eles estariam adivinhando as altas e baixas do mercado de ações, as corridas de cavalo e as eleições. Nada seria sagrado, nada seria privado, e sofreríamos de uma paranoia perpétua de que alguém estaria entrando em nosso cérebro.

Nossos músculos falam uma língua que nem sabemos ser capazes de falar. Com frequência, nos conhecemos tão mal que outros podem descobrir nossas intenções antes mesmo de elas atingirem nossa própria consciência. Por essa razão, estamos mais à mercê de pessoas que leem essa linguagem do que gostaríamos.

Muitos mágicos veem perigo nas performances de leitura muscular. Teller, a metade muda da bem-sucedida dupla de mágicos Penn & Teller, uma vez me disse: "A mágica é um engano honesto, a religião é um autoengano, e a forma de mágica de palco que mais perigosamente pende para a religião é o mentalismo". Mentalistas são "insuficientemente autoconfiantes" para admitir que o que fazem é um truque. Isso é perturbador. Conforme me explicou Teller:

> Um mágico de palco adequado está preocupado com a verdade porque a plateia está vendo algo que ela sabe que é falso. Ela tem que conciliar aquilo que vê com aquilo que sabe. Esse conhecimento colide com a experiência e essa tensão gera faíscas. A maioria dos mentalistas quer convencer as pessoas de que o que eles fazem é real. Eles não querem ser vistos como atores, mas como alguém especial. Se a leitura de mentes fosse realmente possível, então ser um mentalista seria como subir ao palco e dizer: "Olhem para mim: Estou respirando ar". Ninguém daria nenhuma atenção a isso. Só sobe no palco aquilo que é "arte", não o que se pode encontrar na natureza.[10]

O Hanussen maduro — que fazia suas performances no começo da década de 1930 — *era* um artista. Mas com frequência ele misturava o que fazia com um fenômeno da natureza. O problema é que ele negligenciava uma das principais leis do *show business*: mergulhe tão profundamente em seu papel até que sua personalidade desapareça como um sacrifício à sua função, sua profissão, seu público. Mas não se perca no processo. Na verdade, esse era o conselho mais importante de Jean Eugène Robert-Houdin, o francês do século XIX considerado o melhor mágico dos tempos modernos. "Um conjurador", dizia, "é um ator fazendo o papel de um mágico, um artista cujos dedos devem ser mais espertos do que ágeis." Como poucos outros, Robert-Houdin entendia a psicologia da mágica: ter mãos rápidas é menos importante que o *feeling* que um mágico cria, o qual emana, dizia ele, da "perfeita simplicidade da execução. Quanto mais calmos forem os movimentos, mais fácil é produzir uma ilusão nos espectadores". A boa mágica (assim com a boa leitura da mente) demanda uma destreza tão invisível que, no final, a plateia acaba ficando animada pelo prazer de sua própria confusão. Os melhores mágicos ou videntes entendem que o público não vai ao show para vê-los; vai para ver no que eles, como artistas, se tornaram. A metamorfose é parte do ato. Robert-Houdin representava um mágico. Erik van Hanussen representava um clarividente, mas Hanussen com frequência se esquecia que estava representando. Deixar-se confundir com sua transformação leva qualquer artista ao fracasso.[11]

O "correio telepático" — truque usado por Hanussen para inaugurar sua performance no Teatro Konzerthaus em 1919 — ainda faz parte do repertório dos mentalistas. Satori, alemão que hoje se encontra entre os melhores mentalistas do mundo, já o representou centenas de vezes, sempre tendo seu transmissor segurando seu pulso porque assim o envelope chega mais rápido ao seu destinatário, e não se quer desperdiçar o tempo da plateia. Pessoalmente, Satori já o fez sem contato (do mesmo jeito que Hanussen supostamente fez no Konzerthaus). Ainda assim, Satori me perguntou, enquanto tomávamos um café em Berlim: "E se as histórias sobre como Hanussen entregou o envelope no Konzerthaus não estiverem totalmente corretas?". Talvez, sugeriu Satori, Hanussen *tenha tido* contato físico com alguém que já sabia o destino da carta da arquiduquesa, ou talvez os assistentes de Hanussen o tenham ajudado a chegar ao médico através de sinais sutis ou de um código secreto... Satori tem um argumento a seu favor: a mágica e a clarividência são quase impossíveis de ser percebidas, mesmo quando feitas na nossa cara. Às vezes, somos nossas piores testemunhas oculares.[12]

Também é possível que Hanussen tenha usado um velho truque do teatro de revista: passar no envelope fechado uma esponja molhada em álcool, que estava escondida em sua mão. O álcool faz com que o envelope, por um curto período, fique transparente. Como o álcool seca quase que instantaneamente, não sobrariam vestígios dele quando Hanussen o passou finalmente à pessoa à qual ele era endereçado.[13]

O que não está em discussão é que Carlos I, o último imperador austro-húngaro, bem como sua mulher estavam na casa dos quarenta anos de idade, e deviam ser inteligentes e espertos. Teria sido difícil para Hanussen enganá-los. Nos anos seguintes, Hanussen teria sessões privadas com o imperador e sua esposa em sua residência de verão, a Vila Wartholz. E Hanussen teria orgulhosamente usado as abotoaduras de ouro com o brasão imperial da família austríaca encravado com rubis, um presente de Carlos I pelos valiosos serviços prestados por Hanussen a ele e a sua esposa. Reis e imperadores sempre precisam de conselhos, e, às vezes, parece, eles teriam mais valor se fossem dados por alguém que tivesse contato com poderes e capacidades não disponíveis para o resto de nós.[14]

Capítulo 4

A rainha de ferro e o Sansão judeu

Em 1919, Hanussen era uma sensação em Viena — famoso, rico e frequentemente reconhecido na rua. É por isso que se sentiu insultado quando, um dia, uma passageira que tinha acabado de subir no bonde onde ele estava não sabia quem ele era. A jovem e atraente moça não estava conseguindo erguer a perna para subir a escada do bonde porque sua saia era muito justa, de modo que Hanussen se curvou e a ajudou a subir, apresentando-se em seguida. Ofendido ao perceber que seu nome não significava nada para ela, Hanussen perguntou-lhe: "Você não sabe quem eu sou, minha jovem?". A mulher ficou tão ofendida quanto o arrogante desconhecido. "Calma, meu caro", pensou ela, "vou baixar sua bola." Em seguida, da mesma forma rude que Hanussen a havia tratado momentos antes, ela disse: "*Você* deveria saber quem *eu* sou".[1]

A jovem era Therese Luksch. Ela era amável, possuía um sorriso confiante, uma fronte ampla e majestosa e o cabelo castanho cuidadosamente dividido ao lado. Sua figura fazia o tipo de Hanussen — uma cintura fina que chamava a atenção para tudo que estivesse acima e abaixo dela: suas pernas esculpidas, seu colo amplo e ombros largos. Assim como Hanussen, Therese também era uma estrela e se apresentaria naquela noite no papel principal da opereta *Eva*. Assim como o vidente, ela também estava acostumada a ter as coisas da sua maneira. Presa num bonde entre uma desagradável senhora gorda e um estranho cheio de si, ela sentiu-se aprisionada. "Apareça no Teatro Apollo", insistiu o homem que a havia ajudado a subir no bonde. "E saberá quem eu sou." "E quando você tiver algum tempo livre", retrucou Therese, "venha ao Burgertheater. Lá você saberá quem eu sou." Naquele momento o bonde parou, e Therese desceu.[2]

Hanussen realmente foi ao Burgertheater — para convidar Therese para sair. "Desde o primeiro momento", ela disse mais tarde, os dois se deram bem. Hanussen era charmoso e contava histórias maravilhosas. O melhor de tudo é que ele podia ser ele mesmo com Therese, sem precisar tentar impressioná-la com seu dinheiro ou sua fama. Depois de alguns meses de namoro, Hanussen pediu ao pai de Therese a permissão para casar-se com ela. As coisas não acabaram bem. Ele expulsou Hanussen da casa, gritando que nenhuma filha sua se casaria com alguém do *show business*. Um artista na família era mais que o suficiente.[3]

O amor deles foi mais forte do que o pai de Therese, que morreu no verão de 1920. Algumas semanas depois, Hanussen e Therese se casaram numa sinagoga na Seitenstettengasse. Ela tinha 27 anos. Hanussen, 31. Ela era católica. Ele, judeu. Ela se converteu. Um mês depois, a filha deles, Erika, nasceu.[4]

Durante os quatro anos de casamento, Therese foi a maior fã de Hanussen, certa de que ele usava seus "poderes" para o bem, como foi o caso em que curou um menino que sofria de calafrios, sem cobrar nada de seus pais porque eram pobres. Ele também ajudou a polícia a solucionar crimes. (Therese era tão orgulhosa de Hanussen que pendurava por todo o apartamento as cartas de autoridades agradecendo a ele por sua ajuda.) Certa vez, o casal viajou para uma vila perto das ruínas de Babilônia para ver o truque da corda indiana, uma famosa ilusão que havia deslumbrado os ocidentais por décadas. Levados para um canto cercado por cordas, lhes foi pedido que olhassem para o sol, uma orientação que Hanussen sabia não ter sido escolhida por acaso. Os responsáveis pela performance, liderados por um homem chamado Abu Nasser, cantaram por mais de uma hora em cima de tapetes usados em orações, um aquecimento provavelmente desenvolvido para cansar a audiência antes de o truque realmente começar. Por fim, Abu Nasser jogou uma corda no ar. Para Hanussen, aquela não era uma corda comum, mas um "aparato inteligentemente feito com ossos de carneiro [...] cuidadosamente coberto com corda naval". Torcer o material flexível o transformou num "bastão sólido que, como um bambu, era capaz de suportar o peso de um homem grande". A corda estava de pé, pensou Hanussen, por causa da ajuda de um ou dois homens escondidos em buracos na areia.[5]

Rapidamente, e "com a agilidade de um macaco", um jovem subiu pela corda. Bem atrás dele estava Abu Nasser, com uma faca entre os dentes. No topo da corda, os dois sumiram numa nuvem que Hanussen tinha certeza ter sido produzida pelos assistentes de Abu Nasser. Ouviram gritos vindo da nuvem conforme os braços, as pernas, a cabeça e o torso do rapaz caíam dentro de uma grande cesta na areia. Tudo estava coberto de sangue. A audiência ficou petrificada, menos Hanussen. Ele estava convencido de que as partes do corpo eram feitas "de pano recheado e manchado com sangue animal".[6]

Conforme Abu Nasser descia pela corda, Hanussen viu, num relance, o jovem se esconder atrás de suas vestes. Pulando na areia, Abu Nasser recitou uma série de orações. De repente, o rapaz pulou da cesta e dançou para a multidão, recolhendo pagamentos generosos de todos, que ainda se recuperavam da cena de horror que haviam presenciado alguns minutos antes.[7]

Ninguém mais poderia ter dado a Therese esse tipo de aventura, se bem que nada a impressionou mais do que uma noite em que relaxavam num café em Viena. Tudo estava bem até que Hanussen agarrou seu braço e pediu-lhe para se sentar no canto da mesa. Ao notar um estranho olhar em seu rosto, ela obedeceu a ordem dele. Pouco tempo depois, o casal da mesa ao lado teve uma terrível discussão. A mulher saiu, mas seu amigo ficou, puxou uma arma do bolso e deu vários tiros em si mesmo. Errou um dos tiros, que acertou exatamente onde Therese estava sentada.[8]

A vida com Hanussen podia ser muito agitada, mas às vezes era frustrante. Therese começou a perceber isso por volta de1922, quando Viena encontrou um novo herói que atraía boa parte da atenção com a qual Hanussen havia se acostumado — Siegmund Breitbart. Breitbart, um brutamonte, dobrava barras de ferro, mordia e quebrava correntes de aço, puxava um vagão cheio com os dentes e afundava pregos em tábuas grossas usando as próprias mãos. Mas ele era mais que simplesmente um brutamonte: era um brutamonte judeu. Quando se apresentava diante de plateias judaicas, ele se envolvia numa bandeira azul e branca com a estrela de davi bordada em um dos ombros e anunciava que sua missão era defender a honra dos judeus: "Se eu vir um antissemita, primeiro lhe darei uma advertência. Caso ele insista, eu o quebrarei em dois, como um fósforo".[9]

Breitbart era como um Moisés extraforte — tão abertamente judeu que os músicos de um restaurante em Varsóvia o saudavam com o "Hatikvah", o hino do então sonhado Estado judeu na Palestina. Era tão generoso que dava quase tudo o que ganhava para a caridade. Era tão ameaçador aos antissemitas que um deles chegou a reclamar que "os judeus ficaram mais metidos depois que Breitbart chegou à cidade". Para chamar a atenção para a necessidade de uma terra para os judeus, Breitbart planejava representar em Jerusalém alguns dos feitos de Sansão. Para encorajar os judeus a libertarem a Palestina dos ingleses, que governavam a região sob o mandato da Liga das Nações, Breitbart patrocinava organizações esportivas na Europa e nos Estados Unidos. Aonde quer que fosse, os judeus o adoravam. Ao chegar a uma pequena cidade na Polônia, rabinos, mestres, empresários e crianças o saudaram na praça central. "Chega de antissemitismo", disse um daqueles meninos mais tarde. "Quando Breitbart apareceu, ele nos deu uma nova coragem." Bem longe, em Nova York, um jornal judeu se gabava dele. "Parece uma anomalia ter um judeu saudado como o homem mais forte do mundo. Mas é isso que se diz de Siegmund Breitbart. Ele é o super-homem da perfeição física."[10]

No começo de 1923, Hanussen e Breitbart se apresentaram juntos no Teatro Ronacher em Viena. Incomodado com a atenção dada a Breitbart, Hanussen disse aos repórteres que havia algo suspeito a respeito dele. Hanussen não tinha certeza do quê, mas que havia algo errado, havia. "Não sei o que é", disse. "Sigo apenas o bom-senso."[11]

Enquanto trabalhava no circo, Hanussen tinha visto outros artistas fazerem o que Breitbart fazia. Ele sabia que uma cama de pregos era segura porque os pregos estava tão perto uns dos outros que não conseguiam furar a pele. O perigo estava num único prego, sozinho. E também sabia que o metal poderia ser dobrado se o seu centro fosse relativamente fino, o que era o caso com Breitbart. Hanussen subornou alguns dos assistentes de Breitbart para descobrir o segredo de outros truques, mas não conseguiu descobrir como ele conseguia arrebentar uma corrente com os dentes. Para resolver esse mistério, entrou sorrateiramente no quarto de hotel do brutamonte e descobriu que as correntes tinham elos secretos que Breitbart abria, sem que ninguém percebesse, enquanto erguia a corrente em direção à boca.[12]

Então Hanussen recrutou Martha Kahn, uma modelo desempregada, para um novo ato que havia desenvolvido. Nele, Hanussen a hipnotizava para que ela tivesse força sobre-humana. Quando Breitbart soube dos planos de Hanussen, ele o convidou para seu camarim, querendo saber por que Hanussen estava roubando seu show, e jogou-o violentamente contra uma parede. Hanussen escapuliu para o corredor, tonto mas pronto para uma vingança. No dia seguinte, cartazes em toda Viena anunciavam que Marta Farra, a "Rainha de Ferro", iria se apresentar pela primeira vez em outro teatro na cidade, o Apollo. O show foi um sucesso, apesar de um repórter ter desviado o olhar quando dois homens martelaram com marretas uma bigorna posta sobre a barriga de Marta. "Por quê, meu Deus", perguntou o repórter na edição do *Der Tag*. "Por quê?"[13]

No dia seguinte, Breitbart desafiou Hanussen e Marta para que representassem diante de um grupo de especialistas — um psicanalista, um fisiologista, dois engenheiros, o presidente da Associação Atlética da Áustria, o representante de uma associação de boxe e um austríaco que havia ganhado duas medalhas de ouro no levantamento de peso nas Olimpíadas de 1906 — escolhido por um jornal local, o *Weiner Sonn-und Montagszeitung*. Hanussen e Marta aceitaram o desafio, o que foi um erro. Primeiro, o comitê assistiu a um dos shows de Marta e Hanussen no Apollo. E o que se seguiu não foi nada bom. Todos os membros do comitê foram capazes de dobrar as barras de metal que Marta planejava transformar em ferraduras.[14]

Na tentativa de acalmar o público, Hanussen explicou que Marta era uma "jovem" que não tinha as mesmas vantagens que alguns dos membros do comitê, que eram atletas treinados. Hanussen chamou Marta para que se juntasse a ele no centro do palco. Com Hanussen ao seu lado, Marta levantou pesos, jogou bolas de metal ao redor do palco como se fossem balões e deitou--se numa cama de pregos. Os aplausos para Marta aumentaram enquanto as vaias para Hanussen se tornavam ensurdecedoras — ele estava levando os créditos por tudo o que Marta fez.[15]

Quando o comitê visitou um dos shows de Breitbart no Ronacher, o ambiente no teatro era festivo. A multidão sabia que Marta quase não tinha passado no escrutínio do comitê. Hanussen havia provado que era um grosseiro. Todos tinham certeza que Breitbart provaria, como sempre, ser o rei dos fortões. Os homens jogavam seus chapéus para o ar, as mulheres abanavam seus lenços, o aplauso era tão alto que o teatro tremia. Um homem sentado à frente do palco teve a audácia de desafiar o consenso. Pulando no palco, apostou 1 milhão de coroas que Breitbart não conseguiria morder e quebrar a corrente que ele havia trazido consigo. (Naquela época, 1 milhão de coroas valia cerca de 60 mil dólares.) Olhando de perto para a corrente, Breitbart percebeu que ela era de aço, não de ferro: duríssima e pouco apetitosa. O agente de Breitbart e o diretor do teatro tentaram dissuadi-lo de aceitar o desafio — era muito perigoso. Mas ele não os ouviu.[16]

Retorcido e trêmulo, com "cada músculo do seu corpo tenso", conforme um dos jornais, Breitbart conseguiu quebrar a corrente. Diante de "um mar de punhos fechados" da plateia, o homem que havia feito a aposta doou 1 milhão de coroas para o Exército de Salvação e foi escoltado por guardas até uma saída lateral para evitar que fosse linchado pela multidão. Uma carta de Hanussen que ele levava consigo não ajudou em nada a situação.[17]

Dois dias mais tarde, o comitê divulgou seu relatório. Breitbart foi citado por sua força extraordinária e sua "impressionante performance" no Ronacher. Se por um lado Marta foi caracterizada como tímida e nervosa, ela também foi reconhecida por sua força e coragem, se bem que o ato dela não teve nada a ver com a "transferência de força de vontade" de Hanussen, e com certeza não seria capaz de fazer frente a Breitbart, cujo corpo tinha quase 1,90 metro de puro músculo, com seus 43 centímetros de panturrilha, 71 centímetros de coxa, 127 centímetros de peito e bíceps com 47 centímetros de diâmetro. Marta tinha garra, força e disposição, e seu figurino sedutor era mais atraente que as roupas de época que Breitbart usava: num único show ele se vestiu de toureiro, gladiador, caubói e de deus grego. Eles tornavam tudo muito divertido, mas acima deles estavam a força muscular e a habilidade que Breitbart vinha aprimorando desde quando era criança. Marta nunca conseguiria chegar perto dele. E, lógico, nenhum membro do comitê proferiu nenhuma palavra positiva a respeito de Hanussen, que era exagerado, mentiroso e arrogante.[18]

Marta abandonou Hanussen e fugiu com um hipnotista húngaro, Mister Rex. Mas isso não deteve Hanussen. Num circo viajante ele encontrou sua próxima Marta: Rose Presi. Rose (que adotou o nome artístico de "Marta" ao se associar a Hanussen) era parte inglesa, parte italiana, e tinha tanta coragem e determinação que rapidamente aceitou a oferta de Hanussen para que levassem seu espetáculo para os Estados Unidos — mesmo que tivessem que deixar Therese, a paciente esposa de Hanussen, esperando por ele em Viena. Hanussen chegou a Nova York em dezembro de 1923 e convenceu um importante agente teatral, Leo Singer, a agenciá-lo. Para a estreia americana, Singer reservou para Hanussen e sua nova Marta um teatro em Hoboken, Nova Jersey. Eles foram "piores que um completo fiasco", declarou Singer mais tarde. "A péssima qualidade da produção, os esforços de Hanussen como hipnotista e seu sotaque foram a pior coisa já vista em palco." Quando chegaram a Nova York, Singer havia negociado um novo acordo, pagando a Hanussen 2 mil dólares para que ele desistisse do contrato, e a Marta apenas cem dólares por semana para que continuasse no espetáculo — sem ter o peso de aparecer no palco com o cada vez menos popular Hanussen. Aparentemente, Marta pressupôs que Hanussen compensaria essa diferença de salários quando voltassem para a Europa. "Acertaremos as contas em Berlim", ela garantiu a Singer. "Hanussen não é meu empresário. É meu amigo."[19]

Amigo ou não, com um acordo fechado ou não, Hanussen teria adorado se apresentar no teatro reservado para Marta — o Hippodrome, uma das maiores atrações numa cidade onde não faltava entretenimento. Na mesma rua, Fanny Brice estrelava o Ziegfeld Follies. Só havia ingressos em pé para ver o *Beau Brummel,* estrelando John Barrymore, no New Amsterdam Theater. Não era sequer possível comprar ingressos para ouvir a palestra do egiptólogo Howard Carter no Carnegie Hall sobre a descoberta da tumba do rei Tut. E, em todos os cantos, os filmes ocupavam cada vez mais a arena sagrada dos palcos: *Os dez mandamentos*, de Cecil B. DeMille, tinha recém-feito sua 250ª apresentação no George M. Cohan Theater; *O maricas*, de Harold Lloyd, estava na sua décima semana no The Strand, e os críticos saudavam o *Segredos da mocidade*, de Norma Talmadge, como "um exemplo do que se pode fazer no cinema". (Talvez tenha sido verdade, mas o filme foi esquecido logo depois de lançado.)[20]

O Hippodrome se destacava entre todas essas opções. Era frequentado por ricaços em seus smokings brilhantes e senhoras em seus corpetes, todos levemente cobertos de poeira após um trajeto de carruagem pelo Central Park, três quilômetros ao norte, ou satisfeitos depois de um lauto jantar no Jack's, restaurante de frutos do mar do outro lado da rua cujos pratos principais eram lagosta tostada e pé de porco cozido com molho picante e cuja decoração — chifres, peles de animais e bichos empalhados — incluía um pug empalhado, que havia pertencido ao proprietário.

O Hippodrome não era um teatro, era uma maravilha — um tabernáculo onde a imaginação dos espectadores era incendiada, apenas para que fossem devolvidos ao mundo algumas horas depois, embasbacados. Seu teto havia sido construído com 15 mil toneladas de aço. Era a cobertura mais pesada do país. Seu imenso interior — o Hippodrome ocupava um quarteirão inteiro — era iluminado com 25 mil lâmpadas. Guindastes erguiam toneladas de cenários como se fossem fósforos. Um tanque de vidro de 30 mil litros podia ser erguido do piso para shows aquáticos e de natação, com bombas tão poderosas que eram capazes de movimentar 570 mil litros de água por minuto, simulando ondas e tempestades tropicais. As fileiras sem fim de poltronas (fileiras tão amplas que engoliriam a visão periférica de qualquer artista, e camarotes tão altos que o animador teria que forçar a vista para ver os que estivessem mais acima) acomodavam quase 5 mil pessoas, o dobro da população de algumas vilas da Europa onde Hanussen e Marta haviam se apresentado. O palco era tão grande que nele cabia um circo completo, com tropas de cavalos e paquidermes galopantes. Alguns anos antes, Houdini fez com que Jennie, um elefante de 2,5 metros de altura, sumisse do palco do Hippodrome. Pouco tempo depois, o Hippodrome montou uma peça reproduzindo a Guerra Russo-Japonesa — uma produção tão exuberante que um observador astuto a considerou "melhor no palco do que a guerra de verdade que ela queria representar".

O Hippodrome era tão impressionante que os shows beiravam o sagrado. Certa vez uma mulher do Brooklyn disse ao dono do Hippodrome que ela poderia assistir a um show ali "num domingo e ainda se sentir [...] em direta comunhão com Deus". Era o teatro como salvação, exaltação e libertação, e a cada dia que passava parece que a nova Marta se apaixonava ainda mais por sua presença no palco. Conforme disse a uma revista de fisiculturismo:

> Se você ainda não me viu, não pense em mim como uma aberração superdesenvolvida, com músculos enormes que roubam minha silhueta de toda a beleza e contorno, e um rosto cheio de linhas fortes causadas por anos de treinamento e persistência. Na verdade, é justamente o contrário. Possuo um rosto e um perfil que orgulhariam uma prima-dona, e a boa aparência e a forma que Deus me deu só melhoraram com o meu estilo de vida.[21]

Os críticos também não se cansavam da "personalidade, beleza e presença de palco" da nova Marta; nem de "sua graça colegial" e de sua "forma bem torneada". Quase todos tinham se esquecido que ela havia representado, pouco tempo atrás, com um homem chamado Hanussen. Certa noite, ao tentar fazer um ato que já havia encenado várias vezes — levantar um elefante de uma tonelada e meia alguns metros no ar ao puxar algumas correntes presas à plataforma onde estava o animal —, Marta se contundiu. (Após deixar o show de variedades, ela revelou em artigos que escreveu para os jornais da Hearst que erguia os elefantes com a ajuda de um assistente de palco escondido numa estrutura de madeira na qual ela ficava presa, ficando o elefante bem abaixo dela. Conforme Marta se esforçava presa às cordas e às correntes que seguravam o elefante — e com sua cintura formando um arco natural capaz de sustentar uma enorme pressão —, o assistente de palco escondido puxava uma alavanca capaz de aguentar boa parte do peso do elefante, erguendo-o no ar.) Naquela noite, Marta percebeu que tal feito era "demais para uma mulher". Foi hospitalizada e seus shows, cancelados. Quando recuperou suas forças, implorou a Hanussen — que ainda estava em Nova York — que lhe desse algum dinheiro. Em vez disso, ela acabou voltando ao hospital, dessa vez com um nariz sangrando e um olho roxo. Um repórter chegou a dizer que "ela parecia ter apanhado de um estivador".[22]

Os tabloides de Nova York tiveram um dia cheio com a cena do hospital. As enfermeiras diziam "A Mulher não tão Forte", quando sua paciente se identificou como Marta Farra. "O Empire State Building caiu na sua cabeça?", perguntou um estagiário. "Não", disse a nova Marta. "Foi o meu amorzinho. Ele ficou bravo e me nocauteou." O hospital entrou em contato com o amorzinho de Marta, esperando, de acordo com um jornal de Manhattan, "um bruto, um Hércules, um troglodita, um homem das cavernas. Afinal, ele não tinha dado conta da mulher mais forte do mundo?". Nisso Hanussen entrou caminhando, "parecendo-se menos com um troglodita que com Tom Thumb [...], e Marta insistia que ele a havia surrado, xingado, pegado seu dinheiro e a tratado como se fosse uma escrava. A forte garota soluçava conforme contava sua história".[23]

Hanussen voltou para a Europa antes que fosse processado, convencido que, se quisesse um futuro no *show business*, teria que voltar a fazer leituras de mente. Era um meio mais confiável de pagar suas contas — e nisso ele era tão bom quanto qualquer um na Europa.

Sozinha e sem dinheiro, Marta procurou Breitbart, que por coincidência estava se apresentando em Nova York. "Por causa da minha estupidez juvenil", disse-lhe Marta, "eu me deixei envolver nesse trabalho. Estava sob completa influência do sr. Hanussen [...]. Ninguém deste lado [do Atlântico] se importa com o meu bem-estar. Imploro para que me liberte dessa escravidão. Sou uma garota inocente, sozinha e doente. Quisera poder ter avisado todas as garotas sobre o que sofri neste trabalho cruel."[24]

Cavalheiro, como sempre, Breitbart ajudou Marta a se recompor. Depois de reviver sua performance por uma temporada ou duas, ninguém mais ouviu falar da "Mulher Hércules". Uma das poucas vezes que seu nome veio à tona novamente nos noticiários foi quando o governo americano ameaçou deportá-la por ser estrangeira, e uma amiga sugeriu que ela se casasse com um americano. Naquela noite, ela contou seus problemas para um homem que conheceu numa festa — Milton Schlessinger, um jóquei. Por sorte, Schlessinger se apaixonou por ela. Três dias depois, se casaram. Com a mesma rapidez, o casal virou o centro das fofocas de Nova York, e Schlessinger reclamava que, antes do fim de sua lua de mel, ele já sabia que tinha se metido numa encrenca —

para se manter em forma, Marta o usava como saco de pancada e o carregava nos ombros caminhando sobre poças de lama. "Eu não queria ser carregado", choramingava ele. "Com frequência, ela me levantava dentro de ônibus e bondes." Conforme seu casamento se desintegrava, Marta disse aos jornais que quando Schlessinger recusou o divórcio num restaurante em Chicago,

> eu o derrubei da cadeira. Pedi novamente. Ele negou mais uma vez, e eu bati nele. Então, deixamos o restaurante e fomos para a rua. Pedi de uma vez por todas que me desse o divórcio. Ele disse que não, e eu lhe dei uma enorme surra ali mesmo na rua. Ele se levantou e saiu correndo, mas acho que funcionou. Em nosso contato seguinte ele aceitou o divórcio. Ele era um molenga. Um molenga. Vou treinar tigres. Os tigres servirão de alívio, não importando quão perigosos, depois de minha experiência com um homem. Não tenho medo de homens nem de tigres. E os tigres não te enchem o saco.[25]

Breitbart voltou para a Europa. Em agosto de 1925, ele acidentalmente machucou seu joelho com um ferro pontudo durante um show na cidade polonesa de Radom. A ferida infeccionou e, oito semanas mais tarde, depois de uma cirurgia em Berlim, Breitbart morreu. Tinha 32 anos.

Quando Hanussen regressou à Europa, em 1924, ele não voltou diretamente para Therese, que estava em Viena com sua filha Erika. Em vez disso, deu uma paradinha em Paris, torrando todo o dinheiro que havia trazido da América como se fosse um incêndio num palheiro. Paris é famosa por separar os homens de suas carteiras. Entre jantares suntuosos e prostitutas elegantes, gastou seu dinheiro até quase a bancarrota. Aí chegou um telegrama de Therese: "Preciso falar com você imediatamente". Hanussen sabia o que se passava na cabecinha dela. "Nunca, na minha vida toda", disse com remorso, "amaldiçoei tanto a minha clarividência como naquele dia." Depois de não ter visto Therese por mais de oito meses, Hanussen sabia que sua "esposa havia se cansado de um marido que nunca estava em casa — e quem não a entenderia?".[26]

Uma hora com Hanussen era tudo o que Therese precisava para acabar com seu casamento. Ela o estava deixando para ficar com um cervejeiro próspero e bonito, que vivia no norte da Itália. Hanussen era fascinante, mas ambos sabiam que ele não tinha jeito para o casamento. Ele estava sempre em turnê e tendo casos, gastando seu dinheiro em luxos, ou cruzando o Atlântico para ser uma grande estrela nos Estados Unidos. Eles não construíram um lar: criaram um lugar onde ele poderia relaxar enquanto planejava sua próxima escapada. Therese precisava de estabilidade — para ela mesma e para sua filha. Talvez o pai de Therese estivesse certo. Talvez um artista na família fosse mais que o suficiente.

Essa última hora com Therese foi uma das mais importantes na vida de Hanussen. Ela o libertou para ser o que realmente era. Agora ele podia se dedicar à sua ocupação com zelo ainda maior, moldando seu mundo imperfeito a algo que lhe agradasse mais. E ele poderia fazer isso em Berlim — "a cidade que eu mais amo no mundo". Os berlinenses, acreditava, eram melhores que "os emotivos austríacos, os perversos franceses, os entediantes ingleses e os estúpidos americanos". É verdade, os berlinenses eram atirados e taciturnos, mas para Hanussen havia uma virtude em sua honestidade: "Você sempre sabe o seu lugar quando está no meio deles". E caso se cansasse de seu charme seco, dizia Hanussen, sempre seria possível ir a algum dos esconderijos boêmios mais famosos da cidade: o Café Reimann, onde os gays e os héteros assistiam aos transeuntes, ou o Romanisches Café, onde George Grosz, Billy Wilder, Berthold Brecht ou Erich Maria Remarque talvez estivesse discutindo seus mais recentes projetos, separados das pessoas comuns andando nas calçadas por uma longa mureta de ferro. Hanussen gostava, em especial, do Hotel Eden — o melhor hotel de Berlim — onde Marlene Dietrich e Heinrich Mann se encontravam, e o serviço era tão rápido e discreto que parecia até que os funcionários também era clarividentes. Therese poderia se estabelecer com seu rico marido italiano em sua calma cidade dos alpes, com seus spas e centros saudáveis, ar fresco e águas medicinais. Hanussen iria para a única cidade da Europa que era realmente digna dele, a cidade onde mais se sentia em casa, a cidade que seria o seu prêmio depois de perder o grande amor de sua vida.[27]

Capítulo 5

O rei de tudo

Tudo na vida de Hanussen era uma hipérbole. Mas, de meados ao final da década de 1920, ele passou a usar uma série infindável de títulos ainda mais exagerados para si: "o maior hipnotista do mundo", "o mago mental de todas as eras" e "o maior oráculo da Europa desde Nostradamus". Ele era o rei de tudo: da metafísica, da astronomia, da astrologia, da alquimia, do misticismo; dos caça-fantasmas, dos leitores de mente e videntes. Era um profeta, um visionário, um mago. Quanto maior o sucesso de Hanussen, mais ele se gabava, embora garantisse à sua plateia que "não era um super-homem. Não tenho nem poderes divinos, nem poderes diabólicos". De forma bem simples, dizia, havia sido abençoado com "um dom maravilhoso".[1]

Tais lisonjas funcionavam. Hanussen era um vendedor tão eficiente que, setenta anos mais tarde, alguém que o tivesse visto nos anos 1920 ainda se lembraria dele de forma vívida. Martin Schaaff — um senhor de 99 anos quando o entrevistei — assistiu a Hanussen em Berlim, no Circo Busch, o mais importante da Alemanha. Em 2010, Schaaff era provavelmente a última pessoa viva a ter visto uma performance de Hanussen. Schaaff também era um dos maiores especialistas em circo e teatro de revista da Alemanha, um conhecedor profundo dessa forma de arte rara, quase extinta. Se Schaaff era capaz de se lembrar de Hanussen de maneira tão lúcida é porque o vidente deve ter sido um grande destaque na multidão.[2]

Sentado em seu apartamento em Berlim, com as paredes cheias de fotos e cartazes de circos, Schaaff descreveu-me o ato de Hanussen enquanto desfrutávamos um chá e alguns doces. Hanussen, lembrou-se, jogava bolas de praia para a audiência, chamando qualquer um que as pegasse para subir ao palco e participar de seu show. Era assim que Hanussen avaliava a audiência: qualquer um que se esforçasse para pegar a bola, pensava, daria o máximo de si para ajudá-lo enquanto estivesse na frente de um teatro cheio.

Hanussen pediu aos voluntários que escrevessem uma data num pedaço de papel que seria colocado num envelope lacrado e passado a ele. Segurando cada envelope com força, Hanussen dizia o que aconteceu naquela data. Ele acertou todas as vezes. Oito décadas mais tarde, a precisão de Hanussen ainda deslumbrava Schaaff, que ainda era adolescente quando viu sua performance. Mesmo tendo um prazo de quase um século para adivinhar alguns dos truques de Hanussen, Schaaff ainda continuava fascinado.

Schaaff lembrava-se de Hanussen como "um cara bem-apessoado", dono de uma maneira distinta de falar — convincente, deliberada, inteligente, nunca condescendente e sempre respeitosa. Outra pessoa que o viu nessa época também se impressionou com sua voz: "Melodiosa, forte, segura". Ele "inspirava confiança". Mas, para essa outra pessoa, um hipnotista que o viu se apresentar em 1928, Hanussen era mais um tipinho esquisito que uma pessoa bem-apessoada — "pequeno, porém meio rechonchudo", uma figura gordinha, de cabelos escuros e "pernas não exatamente perfeitas. Sobrancelhas grossas cobriam seus olhos [...]. O homem que encantou Viena, Berlim e Praga me parecia mais um vendedor de tabaco búlgaro que um homem com poderes sobrenaturais".

O hipnotista era Franz Polgar, um jovem nem um pouco incompetente quando o assunto era o funcionamento da mente. Sua própria mente, argumentava, havia se transformado permanentemente durante a Primeira Guerra Mundial, quando uma granada de mão o deixou inconsciente. Alguns dias depois disso, ele percebeu possuir um novo poder. O exército húngaro exigia que um soldado olhasse diretamente nos olhos de seu oficial quando fosse chamado por ele. Certa vez, enquanto o tenente Polgar repreendia um sargento por alguma falta disciplinar, ele e o sargento mantiveram contato visual. Polgar falava sem parar sobre o sargento "estar dormindo em pé", e acabou ordenando-lhe que dispensasse sua tropa. Todos os homens marcharam conforme o ordenado, exceto o sargento, que ficou parado como uma pedra, olhos fechados, aparentemente em paz. O irmão de Polgar, que por coincidência estava próximo, examinou o sargento, dizendo em seguida ao seu irmão: "Você acabou de hipnotizar este homem, Franz. Diga-lhe que acorde imediatamente". Depois dessa, Polgar sabia que seu futuro seria diferente.[3]

Após a guerra, Polgar estudou por meio ano com Sigmund Freud em Viena. Freud admirava suas habilidades como hipnotista, mas não aprovava muito a própria hipnose, considerando-a não científica e um "vestígio da magia". Aconselhou Polgar que havia outras formas melhores de entender a psique humana. Depois de alguns meses, Polgar confrontou Freud: "Por que você me mantém aqui? Você é contra a hipnose, mas mesmo assim a estuda".

"Cabeça oca", respondeu Freud. "Também sou contra a morte, mas ainda assim a estudo."[4]

Polgar deixou Freud e terminou seu doutorado em psicologia na Universidade de Budapeste, para depois descobrir que havia perdido seu tempo. Ele não se dava bem com nada. Os cientistas rejeitavam a hipnose, e os clientes nas boates onde ele a demonstrava chamavam-no de fraude. Estava confuso sobre o que fazer com sua vida até que seu irmão lhe contou a respeito de um hipnotista que ele havia visto e que "estava ganhando uma fortuna" fazendo a mesma coisa que Polgar.[5]

Polgar demorou dez dias para encontrar Hanussen, que na época estava se apresentando num spa em Karlsbad. Depois de subir ao palco de fraque e gravata branca, Hanussen deu uma breve palestra sobre os poderes ainda inexplorados da mente humana e como, ao concentrar e usar o poder da sugestão, ele conseguia se colocar "em transe através da auto-hipnose, e podia ver e analisar as coisas [...]. Não há truques Não há nenhum segredo a respeito. Não quero enganá-los".[6]

Em seguida, Hanussen voltou-se para uma mulher ruiva sentada na quinta fileira e que usava um chapéu grande. Fechando seus olhos, vacilou um pouco, ficou mais confiante e continuou: "Vejo... vejo... vejo um espelho quebrado dentro de uma bolsa. Seu nome é Margaret Steininger... Nunca a vi antes. Você sabe... você mora... você mora na...", Hanussen hesitou, deixando aumentar a ansiedade no teatro. Como ele poderia saber o endereço da mulher? Ele jamais a havia visto. Tinha que ser um blefe, talvez na esperança de que ela o ajudasse de alguma forma, ou que seu marido diria sem querer o endereço, ou que algo distraísse a atenção da audiência daquilo que ele fazia. Hanussen falou novamente. Numa voz firme e confiante, disse à mulher: "Você mora na Kaiserstrasse número... não, não, mais dois quarteirões... Kaiserstrasse número 25! Não é esse o endereço?".

A mulher estava atônita. "Você está certo", ela disse. "Mas como você poderia saber?"[7]

Como, de fato? Não foi porque Hanussen leu a mente de Frau Steininger. Pelo contrário, o hotel onde ela estava hospedada havia lhe dado um ingresso de cortesia para o show. Quando chegou ao teatro, ela foi direcionada a um assistente de Hanussen que estava verificando os convites de cortesia. O número de identificação de cada ingresso lhe dava uma dica do nome e do endereço de cada pessoa, que haviam sido fornecidos pelo hotel. Quando ela abriu a bolsa para pegar o ingresso, o cúmplice de Hanussen viu o espelho quebrado. Antes de o show começar, ele passou os detalhes para Hanussen, que tinha uma excelente memória. A escolha dessa mulher por Hanussen, dentre as centenas no teatro, foi perfeita: ele não teria nenhum problema em encontrar uma mulher ruiva na quinta fileira que estivesse usando um chapéu grande. Ruivas de chapelão se destacam na multidão.[8]

Em seguida, Hanussen anunciou que se auto-hipnotizaria até entrar num transe. Um assistente o vendou. Quando disse que estava pronto, os espectadores escreveram perguntas em folhas de papel e as passaram para o assistente de Hanussen, que leu várias delas em voz alta. Eram perguntas do tipo: "O que aconteceu no dia 5 de janeiro de 1925, na rua Kantstrasse, 132, em Berlim?". Por alguns momentos, Hanussen sentou-se em silêncio, deliberando, concentrando-se até que levantou da cadeira e começou a andar pelo palco, ainda vendado e em "transe", erguendo os braços conforme fazia um grande esforço para determinar o que havia acontecido no dia 5 de janeiro de 1925.

"Uma criança nasceu", disse finalmente. "Foi dolorido. Vejo uma mãe num quarto escuro. Eram cinco ou seis da manhã."[9]

A mulher que havia feito a pergunta se levantou da poltrona. "Correto", disse. Todos, menos Polgar, estavam impressionados. Ele tinha certeza de que Hanussen não havia usado poderes psíquicos, embora não conseguisse adivinhar como o hipnotista fizera o truque. Mais tarde, Polgar soube que Hanussen havia pagado à mulher da plateia cinquenta coroas para confirmar sua telepatia.[10]

Durante sua longa e bem-sucedida carreira — depois de emigrar para os Estados Unidos em 1935, Polgar se apresentou no Carnegie Hall e, nos anos 1950, teve um show no canal de TV CBS —, ele declarou que "o homem é capaz de controlar a natureza, mas [...] fracassou em controlar a natureza e a mente humana". A hipnose, Polgar tinha certeza, poderia "ajudar o homem em sua eterna luta contra si mesmo e fazê-lo senhor de sua própria natureza". Hanussen não tinha ambições tão altas para a hipnose e a clarividência. Eram apenas ferramentas para encantar e entreter. Nunca — nem quando se uniu aos nazistas — Hanussen quis mudar o mundo ou a natureza humana. Isso era para filósofos, de quem mantinha distância. Servia também para os políticos, que ele aprendeu a tolerar e a cultivar, com frequência a seu favor (ou assim pensava).[11]

Capítulo 6

Hitler: "Há espaço para um pouco de sutileza"

Por toda a segunda metade da década de 1920, a fama de Hanussen só cresceu, e ele agora não dividia o título de mais bem pago com ninguém. Havia comprado uma ou duas Mercedes, um elegante LaSalle oito cilindros dos Estados Unidos (a General Motors havia acabado de lançar o LaSalle para ocupar o espaço entre as suas linhas Buick e Cadillac), além de ter se casado pela terceira vez, então com Elfriede Rühle, uma beldade vinda de uma estável família de classe média. "Fritzi" — o apelido que Hanussen deu a ela — não entendia nada de *show business*. Tudo o que ela sabia era que adorava Hanussen. Tudo o que ele sabia era que adorava vesti-la de seda e veludo e levá-la pelo braço enquanto ia de cidade em cidade. Também havia a garantia de que ela o amava pelo que ele era, e não por seu dinheiro ou fama. Hanussen havia chegado a um ponto da vida em que isso era um alívio: ele já estava começando a atrair muitos puxa-sacos e agregados, pessoas cuja motivação em estar próximas a ele era tão dúbia quanto seu caráter e integridade. Nos jornais se viam fotos de página inteira do glamoroso casal — Hanussen usando um smoking com lapelas largas e cintilantes, e seu cabelo brilhante tão bem repartido que parecia ter sido usado um prumo, e não um pente, para arrumá-lo; e Fritzi fazendo biquinho direto para as câmeras, com seu cabelo loiro e sedoso emoldurando-lhe o rosto perfeitamente oval, seu colar de ouro reluzente e seu casaco de pele de arminho branco brilhante. Por pouco não saíram flutuando pela Europa — amáveis, etéreos e mágicos.[1]

Enquanto a estrela de Hanussen estava ascendente, a atratividade do grupo com quem ele em breve se associaria despencava. De fato, a última metade da década de 1920 foi muito melhor para Hanussen que para os nazistas: parecia que ele continuaria no topo enquanto eles lutavam pelo poder, que sempre lhes escapava. Hitler havia usado o tempo que passou na cadeia, depois do Putsch da Cervejaria de Munique em 1923 — que foi mais uma opereta trágica do que uma tentativa séria de derrubar a nova (e fraca) democracia alemã —, para escrever o *Mein Kampf*, achando que o livro conseguiria pagar suas contas. Em vez disso, aquela lenga-lenga de difícil leitura vendeu apenas 9 mil exemplares quando lançado, em 1925. O livro era um projeto do pesadelo nazista. Os judeus, que ele considerava como sujos, repulsivos e parasitas, seriam "eliminados" por meio de uma campanha apoiada por Deus. "Estou lutando", declarou Hitler, "pela obra do Senhor." A França, "inimiga inexorável e mortal" da Alemanha, seria conquistada. A Áustria, Tchecoslováquia, Polônia e Rússia seriam absorvidas para o *Lebensraum*, o espaço vital. Assim que os nazistas controlassem a Europa, a Alemanha — pura, viril e forte — seria o "senhor da terra" — vitoriosa e para sempre triunfante.[2]

Em 1928, as vendas de *Mein Kampf* haviam caído para 3 mil cópias por ano, o que não era exatamente a onda de apoio que Hitler esperava. Seu partido não estava na melhor situação. E as coisas pareciam não estar conspirando a favor dos nazistas — a Alemanha estava finalmente desfrutando algum tipo de prosperidade, o que não os ajudava. Em 1927, a produção industrial estava 122% maior do que em 1913, um ano antes do início da Primeira Guerra. Em 1928, o desemprego caiu para menos de 1 milhão pela primeira vez desde a guerra. A classe média baixa — os milhões de lojistas e trabalhadores de quem Hitler esperava apoio — agora quase não precisava dos nazistas. A maioria dos alemães preferia pensar em si mesma como progressista, disposta a ir além da horrível e humilhante guerra sobre a qual esse Hitler, com seu tolo bigode à la Charles Chaplin e seus maneirismos maníacos, não parava de falar. De aproximadamente 1925 até a chegada da Depressão, em 1929, escreveu William Shirer em seu monumental *A ascensão e queda do Terceiro Reich*, "era raro alguém ter ouvido falar de Hitler ou dos nazistas, a não ser como assunto de piadas". Shirer devia saber: ele vivia em Berlim naquela época. As eleições de 1928 afirmaram a sorte minguante dos nazistas: conquistaram apenas doze das 491 cadeiras do Reichstag. O Social-Democrata, maior partido do país, conquistou 153 cadeiras. A maioria dos alemães tinha certeza de que jamais ouviria falar de Hitler novamente.[3]

Se os nazistas não tivessem sido tão cuidadosos em ocultar seu desprezo pela Igreja, talvez não tivessem nem conquistado as doze cadeiras no Reichstag. A religião, eles sabiam, era muito importante para a vida alemã. Eles tinham que usar de bastante tato com a Igreja, especialmente porque sua própria ideologia havia virado a fé de cabeça para baixo. Para eles, Jesus foi um ariano enviado por Deus para combater o capitalismo judeu — "por isso os judeus liquidaram-no". Hitler estava pouco abaixo de Jesus no panteão sagrado dos nazistas. Assim que o seu império estivesse assegurado, uma Nova Igreja do Reich, neopagã, seria criada. A Bíblia seria banida, a suástica substituiria a cruz, e só um item seria permitido nos altares: *Mein Kampf*, que Alfred Rosenberg, o "teólogo" de plantão dos nazistas, chamava de "o livro mais sagrado [...] para o povo alemão e, portanto, para Deus". Era este o presente dos nazistas para o mundo: uma nova verdade, um novo sacramento, uma nova iluminação. O outro presente era uma versão distorcida de liberdade religiosa. Já no começo da década de 1920, o Artigo 24 do programa do Partido Nazista defendia "liberdade para todas as igrejas e denominações [...] desde que não fossem um perigo para [...] os sentimentos morais da raça alemã". Jurando "combater o espírito judeu-materialista no nosso meio e ao nosso redor", e determinados a desenvolver "o bem do Estado antes do bem do indivíduo", os nazistas abraçaram o "cristianismo positivo", uma falsa teologia que trocava o Cristo "passivo" da cruz pela ideia de que Deus o havia enviado para lutar contra os judeus.[4]

Algumas dessas ideias Hitler não compartilhou com ninguém. "Quando eu era mais jovem", disse a alguns amigos numa noite durante a guerra, "achava que as coisas tinham que ser resolvidas com dinamite. Desde então percebi que há espaço para um pouco de sutileza." Talvez tenha sido por isso que ele tenha guardado as críticas mais pesadas sobre o cristianismo para uma conversa particular com Albert Speer, o arquiteto chefe do Reich:

> Tivemos azar em ter a religião errada. Por que não tivemos uma religião como a dos japoneses, que consideram o sacrifício pela pátria como o bem maior? A religião islâmica também teria sido muito mais compatível conosco que o cristianismo. Por que teve que ser o cristianismo com a sua humildade e sua fraqueza?[5]

Ao contrário de Hitler, Hanussen não se importava em ofender a Igreja. Ele não era político. Não estava atrás de votos. Só queria atrair o público para seus shows. Nesse sentido, era mais ousado que os nazistas, que sempre escondiam algumas de suas crenças (tais como a ideia de Hitler de que Jesus era apenas metade judeu, já que sua concepção imaculada apenas lhe deu uma mãe judia; isso significava que ele estava livre do "vírus judeu"). Mas os nazistas nunca foram tímidos a respeito de seu antissemitismo, que, em vários lugares, era aceitável e até estava na moda. "Judeu", "bolchevique" e "capitalista" eram usados indistintamente para tudo o que fosse contra a "verdadeira Alemanha". No final da década de 1920, os veteranos de guerra judeus foram banidos do Stahlhelm, a maior organização de veteranos da Alemanha, e os judeus (que eram apenas 1% de toda a população alemã) eram acusados por tudo, desde a prostituição até a proliferação dos ratos em Berlim. Desprezar os judeus era permitido. Desprezar a Igreja — protestante, católica ou qualquer outra denominação cristã — era tabu.[6]

Mas enquanto os nazistas abafavam seu desprezo pelo cristianismo, Hanussen seguia se metendo em encrencas com a Igreja. Em meados dos anos 1920, por exemplo, os bispos de Budapeste o expulsaram da cidade quando hipnotizou um homem fazendo-o acreditar que era Jesus. Alguns anos mais tarde, na cidade alemã de Kassel, Hanussen foi aplaudido de pé quando hipnotizou um homem e o fez imitar Therese Neumann, uma jovem bávara que supostamente sangrava de maneira involuntária todas as sextas-feiras, já que tinha os estigmas de Cristo. Therese era um fenômeno global: centenas de milhares de pessoas a adoravam. Dezenas de milhares peregrinavam todo ano até Konnersreuth, a pequena vila onde vivia. Seus admiradores diziam que, durante o transe, ela falava hebraico, latim e aramaico, a língua de Jesus, mesmo tendo sido educada apenas em alemão em sua vila natal. E todos os dias, dizia-se, tudo o que comia era uma hóstia bem fina.[7]

A maioria dos peregrinos que iam a Konnersreuth, claro, era católica. Alguns viajavam de lugares distantes como Brasil, Índia, Canadá e África. No final dos anos 1920, a atriz de cinema mudo Lillian Gish visitou Therese, pedindo para que ela rezasse por sua mãe enferma. Alguns anos depois, Paramahansa Yogananda, o mestre do hinduísmo mais famoso no Ocidente, dirigiu seu Ford até Konnersreuth. Therese lhe disse: "Estou na Terra para provar que o homem consegue viver apenas da luz invisível de Deus, sem nenhum tipo de comida".

Yogananda ficou impressionado: estava diante de uma verdadeira mística. "Você consegue ensinar aos outros como viver sem comida?", perguntou.

"Não posso fazer isso", declarou Therese, levemente chocada. "Deus não quer isso."[8]

O que Deus queria não importava para Hanussen, apesar de ele nunca ter dito uma única palavra sobre Therese em público. Com todas as opiniões médicas conflitantes sobre se ela realmente sangrava de seus estigmas, Hanussen provavelmente concluiu que, assim como ele, ela era brilhante em enganar pessoas. Mas sabia que tinha que manter seu ceticismo em silêncio: ele não poderia afastar de si todas aquelas pessoas que reverenciavam Therese como uma santa. Assim, em 1929, ele disse a uma plateia que ela era a "médium de sua era". Por meio dela, a "miséria de seu tempo estava se tornando visível". O sangue que corria de seus estigmas era o sangue da Alemanha. Ele representava a dor de "milhares de mães e esposas chorando por seus filhos e maridos mortos" depois da Primeira Guerra Mundial, a dor das enormes dívidas impostas à Alemanha pelo Tratado de Versalhes, a dor dos insuportáveis índices de desemprego do país. Todo sofrimento, dizia Hanussen, encontrava sua contraparte espiritual. Era *por isso* que Therese sangrava: ela estava restaurando o equilíbrio do mundo e, especialmente, o equilíbrio da Alemanha.[9]

Agora que havia convencido as seiscentas pessoas na sua plateia que ele respeitava plenamente Therese, Hanussen se permitiu fazer um tributo a ela. Um mineiro de carvão rechonchudo chamado Diebel seria o seu voluntário. Hanussen o hipnotizou e em seguida o instruiu: "Você é Therese von

Konnersreuth. Você viu a Virgem Maria. Vai se comportar como se fosse Therese. Assim o ordeno".[10]

Tudo o que havia se passado com Therese nos últimos sete anos no norte da Bavária começou a acontecer naquele teatro. No caso de Therese, o sangue apareceu segundo uma ordem do Senhor; com Diebel, quem estava no comando era Erik Jan Hanussen. Se uma humilde serva de Deus como Therese era capaz de sangrar ao se unir com Jesus, e se um igualmente humilde mineiro de carvão pudesse fazer o mesmo sob o comando de Hanussen? No que Hanussen havia se transformado então: num santo? num avatar? num monstro? O público de Hanussen não se importava com as sutilezas da teologia. Todos aplaudiram loucamente quando Diebel sangrou.

David Waxman, um dos estudiosos da hipnose mais respeitados da Inglaterra, concluiu que a sugestão hipnótica poderia causar sangramentos no nariz e na pele. "Tais fenômenos", diz Waxman, "têm uma enorme semelhança com os estigmas reconhecidos pela Igreja Católica Romana quando se diz que o sangramento ocorre nos lugares que correspondem às chagas de Cristo." Nem Waxman nem nenhum outro pesquisador reconhecido tentou induzir os estigmas por meio da hipnose. Isso, dizem eles, se restringe à esfera do teatro, não da ciência.[11]

Hanussen nunca foi um homem religioso, apesar de ter usado a religião para ajudá-lo: um mineiro de carvão que sangra como Jesus? Ótimo, se vender ingressos. Um tributo a Therese de Konnersreuth? Sem problemas, se o público o entendesse corretamente. Dizer, como ele fez de forma surpreendente em 1930 diante de um pequeno grupo de judeus, que ele era descendente dos "rabinos maravilhosos de Prossnitz", os quais, segundo dizem as lendas judaicas, conseguiam ficar invisíveis ou voar longas distâncias? Tudo bem, se isso fosse capaz de aumentar sua aura mística.[12]

Associar-se a esses rabinos conferia a Hanussen uma aura sobrenatural, uma pátina derivada de antigas visões e revelações sagradas. Isso também fazia dele um homem do passado. Rabinos milagreiros remetiam a um mundo passado sujeito ao encanto e ao mistério, ao feitiço e ao sobrenatural. Hanussen agia numa época em que cínicos estavam declarando guerra a tudo que fosse irracional. Ele adorava usar seus poderes para frustrar todas aquelas pessoas sensíveis, antenadas ao seu tempo. Elas celebravam um tipo diferente de maravilhamento daquele que ele praticava: as maravilhas da lógica e da razão pura e cristalina. Ao mesmo tempo, os nazistas também eram homens do passado. Alinhavam-se a coisas sombrias e misteriosas, a uma luz tão fraca que seria quase incapaz de iluminar nosso mundo, nos levando de volta ao passado, para longe da vida, para longe da verdade.

Tanto Hanussen quanto os nazistas lutavam contra o tempo e a história, agarrando-se a partes de nós mesmos que já pensávamos ter sido descartadas — as partes alinhadas ao irracional e a tudo que não faz sentido. Mas Hanussen era apenas um artista. Os nazistas eram os reis do caos. Por toda sua barbaridade, havia algo de genial neles. Eles entenderam o poder da fé. ("Só a fé cria um Estado", dizia Hitler. "O que motiva as pessoas a lutarem por ideias religiosas? Não a cognição, mas a fé cega.") Quando a Grande Depressão começou a sufocar a Alemanha, os nazistas entenderam que seus conterrâneos, frustrados e irados, estavam sedentos de um messias que os redimiria e os ressuscitaria — que os regataria do enorme abismo que os espreitava logo à frente. Apenas um mês após os nazistas assumirem o poder, em 1933, Walter Grundmann, um pastor da cidade de Oberlichtenau, escreveu entusiasmado que Hitler era "um homem completamente puro! [...] Tal homem cristalino e verdadeiro não provém da terra, mas daquele mundo superior que [...] Cristo chamava o reino dos céus. [...] Tal união do homem com seu Deus é um símbolo daquilo que os velhos mestres da Igreja queriam dizer com a trindade". Para as crianças, Hitler em breve substituiria seus pais — e Deus. Nas brincadeiras da escola, geralmente os alunos declaravam: "Meu Führer! Eu o conheço bem e o amo como amo meu pai e minha mãe. Sempre lhe obedecerei, como a meu pai e minha mãe. E quando eu crescer o ajudarei assim como a meu pai e minha mãe. E você terá orgulho de mim, como meu pai e minha mãe". Todas as noites, crianças mantidas em orfanatos operados pelos nazistas louvavam Hitler como a fonte de todo o bem. Ele era seu salvador, sua salvação e sua esperança:

> Líder, meu Líder, dado a mim por Deus,
> proteja-me e sustente minha vida por muito tempo,

> Você salvou a Alemanha da mais profunda miséria,
> a você devo meu pão de cada dia.
> Líder, meu Líder, minha crença, minha luz,
> Líder, meu Líder, não me abandone.[13]

Hanussen não poderia concorrer com homens que alimentavam tal ambição, com esses mestres do universo que sonhavam em usurpar a Deus, aos céus e a Jesus, ao plantar seu próprio paraíso aqui na Terra — pequeno, cinzento e opressor, um Éden com torres de vigia e arame farpado; gigantes nazistas às margens do Danúbio, Reno e Sena. Hanussen lia mentes. Ele adivinhava coisas. Essa era uma estratégia esperta para tempos difíceis. Mas, quando os homens brincam de Deus, o jogo passa a ser muito maior, além do alcance dos meros mortais. Hanussen era um mortal. Os nazistas achavam-se eternos — e com mil anos à sua disposição, fingiam estar tão perto da eternidade quanto fosse possível aos homens.

Capítulo 7

"Este homem deve ter parte com o diabo"

Em 1920, Hanussen não sabia nada sobre os nazistas. Sua cabeça estava no *show business*, quase nunca na política, que ele subestimava por não entender que o seu feitiço poderia ser mais potente do que aquele usado por ele no palco. Uma coisa que Hanussen logo conheceria, entretanto, era o braço longo da lei, o que fez com que sua prisão, em fevereiro de 1928 na cidade tcheca de Teplitz, o incomodasse bastante. A polícia o vigiava fazia semanas, assistindo às suas performances até estarem seguros de que ele era uma fraude.[1]

Hanussen foi interrogado seis vezes nos doze dias seguintes, nunca contando à polícia aquilo que ela queria ouvir: que ele não era capaz de ler mentes e prever o futuro. Que os seus assistentes usavam sinais e uma linguagem secreta para comunicar-se com ele durante o show. Que ele costumava convidar mulheres da plateia para o seu quarto de hotel oferecendo "consultas grátis" para, em seguida, cometer "atos desonestos e imorais" com elas. Que ele havia hipnotizado uma mulher de 22 anos em Lobositz "para satisfazer seus desejos lascivos com ela".[2]

Hanussen mais tarde comparou o tempo que passou na cadeia com "um romance policial barato", resmungando que ele deveria ter sido notificado em sua casa ou que poderia ter sido solto logo após a prisão: um carro novinho valendo milhares de marcos estacionado na frente de sua casa provava que ele tinha dinheiro suficiente para pagar a fiança. Não havia a necessidade de quatro policiais fortemente armados terem lhe intimidado por quase duas semanas naquilo que ele chamou de "assustador quartinho dos fundos". "Por que", resmungava, "houve toda essa atuação dramática se tudo podia ter sido muito mais simples?" Quando Hanussen foi finalmente solto após ter pago a fiança, "o maior profeta do século xx" e os promotores de um pequeno distrito rural na Tchecoslováquia começaram sua longa jornada em direção àquilo que algumas pessoas chamariam de a última caça às bruxas na Europa.[3]

O julgamento começou 21 meses depois na cidade de Leitmeritz, a quase sessenta quilômetros de Praga. Era dezembro de 1929. Esperava-se que o julgamento durasse quatro dias, com ambas as partes convocando psicólogos, filósofos, neurologistas e pessoas comuns que pagaram as consultas com Hanussen. As consultas eram o nó desse caso contra ele. Os promotores o acusaram de explorar os mais necessitados e desesperados, com frequência cobrando de cinquenta a trezentas coroas por tais sessões, às vezes chegando a 10 mil coroas.[4]

A primeira testemunha — um velho amigo de Hanussen, dr. Max Ostermann — imediatamente partiu em sua defesa. Hanussen havia dedicado a Ostermann o *Leitura da mente e telepatia* — livro que escrevera em 1919, onde revelava os segredos da leitura de mente —: "Admirável amigo e camarada leal [...] como tributo às nossas pesquisas comuns". Ostermann conheceu Hanussen quando ele ainda fazia leitura muscular, o que Hanussen havia admitido abertamente em seu livro sobre como ler mentes. Eles não se viam havia anos, mas isso não diminuiu a afeição entre os dois. Hanussen, testemunhou Ostermann, era um gênio. Era imensamente talentoso. Mas quando lhe perguntaram se Hanussen era vidente, Ostermann saiu pela tangente: "Bem", disse, Hanussen é "um excelente observador". Quando lhe repetiram a pergunta, dessa vez de forma mais incisiva, Ostermann respondeu com uma explicação tortuosa que ia diretamente a favor do que a acusação queria: "Eu não gostaria de dizer que Hanussen é um clarividente". Tudo isso por uma velha e valiosa amizade.[5]

Em seguida, foi convocado um fazendeiro chamado Modry, que havia pedido a Hanussen que encontrasse uma caixa com dinheiro que seu pai havia deixado para ele. Por duzentas coroas, Hanussen disse a Modry que a caixa estava numa pequena cidade no norte da Boêmia. Por outras 10 mil coroas, mais 10% do valor contido na caixa, ele se ofereceu para levar o fazendeiro até o lugar exato. Modry disse que pensaria a respeito, mas não voltou a ver Hanussen.[6]

O próximo a ser chamado a testemunhar foi um empresário de Gablonz que havia dado a Hanussen 375 coroas pelo privilégio de fazer três perguntas:

"Que devo fazer se os negócios piorarem?"

"Continue operando", aconselhou Hanussen.

"Tenho uma hipoteca. Ela está segura?"

"Está."

"Devo comprar um prédio em Reichenberg?"

"Não."

Aquelas quatro palavras de Hanussen custaram ao empresário quase 94 coroas cada. Ainda não satisfeito, o empresário pediu a Hanussen que lesse sua mão. Claro, disse Hanussen, por mais 75 coroas.[7]

O resto do dia continuou ruim para Hanussen. Um padeiro de Teplitz disse que Hanussen havia lhe dito que pusesse um anúncio na seção de "Achados e perdidos" do jornal local tentando recuperar seu relógio roubado. O conselho custou cem coroas. E duas testemunhas disseram como Hanussen as havia enganado quando buscaram ajuda para encontrar seus entes queridos. Leo Reidel pediu a Hanussen que o ajudasse a encontrar seu pai, desaparecido havia seis anos. Hanussen disse que o corpo do pai tinha sido enterrado próximo à floresta onde ele fora morto. Por 3 mil coroas, Hanussen levaria Reidel até lá. Reidel não aceitou a oferta. E Emile Steberl contou que ela pediu a Hanussen que encontrasse o assassino de seu marido. Hanussen disse que o assassino trabalhava numa fábrica local. Ele levaria Frau Steberl até lá por 10 mil coroas. Ela, também, economizou seu dinheiro.[8]

Ao final do dia, Hanussen fez um pedido que provavelmente nenhum juiz havia ouvido antes: ele provaria seus poderes ao demonstrá-los no tribunal. O juiz adiou o pedido, declarando que decidiria mais tarde.[9]

No segundo dia, um homem de Teplitz disse que Hanussen acertou um diagnóstico da doença de um parente através do estudo de um cartão-postal que ele havia lhe enviado. E dois juízes da pequena cidade de Trautenau testemunharam a respeito de um teste que fizeram com ele alguns anos antes quando sortearam ao acaso um relatório de um homicídio dentre uma pilha de arquivos. Sem ver o relatório, Hanussen lhes deu detalhes precisos a respeito do caso. Depois lhe deram um maço de baralho que teve um papel importante em um caso de difamação. Mexendo seu *golomboy* — um tipo de rosário que Hanussen alegava ajudar em sua concentração com os dedos —, ele descreveu o homem que havia sido condenado no caso: "Alto e ruivo. Usa óculos. Tem olhos azuis. Tanto seus pés quanto suas mãos são grandes. É uma pessoa nervosa e facilmente agitada, e fala rápido com a língua presa". Os juízes ficaram muito impressionados com a precisão de Hanussen. Quando perguntados se ele havia usado algum truque, disseram de forma incisiva: "Absolutamente não".[10]

O terceiro dia foi tão bom que Hanussen pensou que logo seria inocentado. Um parapsicólogo declarou que "a percepção e a sensibilidade de Hanussen [estavam] além do extraordinário". Um promotor da cidade de Schonpriesen disse que os detalhes que Hanussen lhe deu sobre o assassinato o ajudaram a libertar um homem que já havia sido preso. E um tal dr. Heller se lembrou de ter chorado inesperadamente enquanto jantava com Hanussen uma noite em Praga. "Vejo um homem à porta", disse Hanussen enquanto seu amigo soluçava. "Ele está morrendo — infarto."

"Não, não é verdade", disse Heller.

"Sim", afirmou Hanussen. "Vejo um homem no chão, e ele está morto."

"O estranho", disse Heller ao tribunal, "é que fiquei sabendo mais tarde que meu irmão havia morrido — de infarto."[11]

Hanussen estava entusiasmado. A acusação não seria capaz de se recuperar de tudo isso. Então o juiz bateu o martelo, exigindo ordem no tribunal. O julgamento, disse, seria suspenso por seis semanas. Ele precisava de tempo para revisar a montanha de novas informações protocolada pelos dois lados e considerar os pedidos para a convocação de mais cem testemunhas.[12]

Hanussen ficou furioso. Ele já havia esperado quase dois anos para o julgamento. "Este estresse está insuportável", alegou. "Estou arruinado financeiramente. Fui vítima de todo tipo de difamação. Me chamaram de tudo quanto é nome. Não posso nem fazer meus shows, já que pode haver alguma violência." Por fim, ignorando a etiqueta ao se dirigir ao juiz, Hanussen gritou: "Eu me oponho a esse adiamento!".[13]

Todos ficaram chocados. Ninguém se comportava assim num tribunal. O advogado de Hanussen quebrou o silêncio que se seguiu ao se comprometer a não protocolar nenhuma nova evidência ou convocar novas testemunhas se a acusação fizesse o mesmo. Quando a promotoria rejeitou a oferta, o juiz Schalek suspendeu a sessão.[14]

O julgamento foi retomado em maio, cinco meses depois. A justiça é lenta e, depois da explosão de Hanussen, o juiz não tinha nenhum interesse em acelerar seus outros processos para ajudar Hanussen. O suspense causado pelo atraso, na verdade, acabou ajudando Hanussen. Semanas antes da retomada do julgamento, todas as autorizações para assistir à audiência já haviam sido distribuídas. No dia em que o julgamento foi retomado, o cinegrafista de uma empresa jornalística estava a postos na frente do tribunal. Hanussen não atraía tanta atenção desde sua briga com Siegmund Breitbart, sete anos antes.[15]

Foi um dia dúbio para Hanussen. Um vendedor de tapetes de Berlim disse que estava conversando com um amigo num restaurante sobre um recente roubo quando um estranho na mesa ao lado se aproximou deles e disse: "Os dois homens estão no hipódromo de Marienbad". O comerciante foi a Marienbad, reconheceu os ladrões e avisou a polícia, que os prendeu. E Alexander Rotter, um gerente de teatro em Viena, disse que todas as noites depois das apresentações de Hanussen, em 1918, os seus empregados se reuniam em seu escritório para um show particular. Uma noite, Rotter deu a Hanussen um envelope fechado. Hanussen acertou na mosca ao dizer que o envelope havia sido enviado pela noiva de Rotter. O gerente não mencionara seu noivado a ninguém no teatro.[16]

Para compensar as vantagens da defesa de Hanussen, houve o testemunho de um homem que disse ter pagado cem coroas para Hanussen por uma leitura de mão. Hanussen lhe disse que ele era um camponês. Na verdade, ele era um gerente. Rosa Exner, outra testemunha da acusação, havia tido uma experiência similar. Pagou duzentas coroas para ouvir de Hanussen que seu marido tinha um problema no fígado. E na verdade, a saúde dele era perfeita.[17]

Dois dias depois, o juiz anunciou que Hanussen poderia demonstrar suas habilidades no tribunal naquela tarde. As razões de tal decisão se perderam na história, mas a advertência emitida pelo juiz era certamente rasa: "O resultado desses experimentos não afetará o veredicto deste julgamento de forma alguma". Por que Hanussen iria demonstrar seus poderes se não fosse para influenciar o veredicto? Com certeza o juiz não queria simplesmente um intervalo recreativo num julgamento tão longo e difícil. E, certamente, nem mesmo numa pequena cidade da Tchecoslováquia uma evidência mostrada no tribunal seria irrelevante para o veredicto.[18]

As pessoas lotaram o tribunal assim que souberam que Hanussen faria uma performance. Minutos depois de a porta do tribunal ter sido aberta, todos os assentos já estavam tomados. Às 17h45, um enorme quadro-negro foi levado até o meio do tribunal, e uma venda e o *golomboy* de Hanussen foram colocados sobre a mesa da defesa. Às 18h10, Hanussen sentou-se, sendo seguido pelo juiz, advogados e especialistas. Durante as duas horas e meia anteriores, eles haviam se reunido no terceiro andar, tentando chegar a um acordo sobre os experimentos que Hanussen executaria.[19]

Hanussen olhou ao redor. Lá estava o juiz Schalek, conforme Hanussen escreveria posteriormente, com um "rosto agradável" e uma "voz suave que enchia a alma de cada um dos presentes". Também estavam os promotores, todos "voltados" e olhando fixamente para Hanussen com olhos "penetrantes". Estava também o advogado de Hanussen — cujo sorriso "havia unido [os dois] durante todo o julgamento". E além deles havia o povo, que "pulou sobre as cadeiras e mesas como bestas selvagens para conseguir um lugar assim que as portas do tribunal se abriram". Hanussen sabia que os repórteres estavam prontos para telegrafar as notícias de sua performance pelo mundo afora. Se fracassar, Hanussen disse a si mesmo, "você destruirá todo o esforço que fez durante sua vida inteira. O que você está a ponto de fazer é pura loucura".[20]

O juiz perguntou a Hanussen se ele gostaria de se dirigir ao tribunal antes de começar. Hanussen admitiu que estava nervoso. "Meritíssimo", ele disse, "já fumei oitenta cigarros na última hora e meia, enquanto andava de um lado a outro do corredor. Menciono isso para lhe dar uma ideia da minha tensão." Então, sinalizando com cabeça para o juiz, Hanussen disse: "Estou pronto". Com isso teve início a única demonstração de um vidente permitida numa corte tcheca.[21]

Segundo Hanussen, "tudo aconteceu muito rapidamente, sem esforço, como se eu estivesse voando". Para determinar as habilidades telepáticas de Hanussen, o dr. Kloucek escondeu um objeto fora do tribunal. Quando Kloucek voltou, ele vendou Hanussen e colocou algodão nas orelhas do clarividente e sobre os seus olhos. Então, Hanussen disse a Kloucek o que ele sempre dizia em todas as performances pela Europa: "Por favor, segure-me com uma de suas mãos, concentre-se profundamente e pense, Hanussen, esquerda! ou Hanussen, direita!". Com isso, Hanussen respirou fundo e exclamou: "Vamos!".[22]

Hanussen e Kloucek deixaram o tribunal. Dois minutos e quinze segundos depois eles voltaram, com Hanussen segurando as chaves que Kloucek havia escondido. A audiência foi ao delírio, explodindo em aplauso até que o juiz exigiu ordem. "O que é isso?", perguntou Schalek quando pôde ser finalmente ouvido. "Isto não é um teatro de variedades. É um tribunal." Se houvesse mais uma manifestação como aquela, disse o juiz, todo o tribunal seria evacuado.[23]

O próximo experimento exigia que Hanussen reconhecesse determinada caligrafia. Aceitando o modelo que lhe fora dado pelo juiz, Hanussen começou a andar pela corte, às vezes colocando a mão contra a testa, sempre andando, para lá e para cá, até que disse a Schalek que aquela escrita era de um homem "que sofre de uma contradição entre aquilo que ele é e o que finge ser". Aquilo chegou perto o suficiente para o juiz. A escrita era de um homem que havia feito o papel de um arcebispo dos Estados Unidos.[24]

Depois de Hanussen identificar a caligrafia de Beethoven e Wagner, o juiz lhe entregou uma carta. Hanussen a estudou por alguns minutos e em seguida disse que ela havia sido escrita por uma mulher muito saudável que naquela época vivia em enorme pobreza. "Isso está impressionantemente certo", disse Schalek, sem sequer tentar esconder sua admiração por Hanussen.[25]

Preparando-se para o seu último experimento, Hanussen sentou-se, pegou seu *golomboy* e colocou a venda. Sete minutos depois, sinalizou que estava em transe. O juiz leu em voz alta várias datas. Hanussen identificou de forma correta o aniversário do parente de um dos funcionários do tribunal, a data em que um membro do painel que havia concordado com os experimentos fora promovido, e a data de um terrível acidente de carro. O tribunal ficou ainda mais impressionado com sua resposta à última pergunta: "O que aconteceu no dia 26 de fevereiro de 1927 no Karolinum, em Praga?".

"O que é o Karolinum?", perguntou Hanussen.

"A universidade."

Houve uma pausa. E uma batida. Vagarosamente veio a resposta: "Vejo uma sala", disse Hanussen, hesitando a princípio, mas falando mais rápido e com maior firmeza depois. "Vejo um vidro... um laboratório... uma explosão." Mas o ano estava errado, disse a Schalek. A explosão aconteceu em 1926, não em 1927.

"Impressionante", pensou um hipnotista que estava no tribunal. "Impressionante. Este homem deve ter parte com o diabo."[26]

E assim terminaram os experimentos. Hanussen havia acertado quatro entre cinco datas, analisado com sucesso a caligrafia e encontrado o chaveiro escondido. Dessa vez o juiz não pediu silêncio.[27]

Nas décadas seguintes, surgiram algumas versões floreadas da performance de Hanussen no tribunal. De acordo com esses relatos, Hanussen descobriu o conteúdo do bolso do promotor (duzentas coroas, um bilhete de ônibus e a conta do alfaiate), disse que a maleta do juiz continha dois sanduíches e um código penal, e que o sargento que guardava a porta do tribunal tinha uma caixa de rapé e um pente sem três dentes em seu bolso, e que havia esquecido o seu lenço em casa. Por fim, Hanussen supostamente declarou que um homem usando um chapéu preto havia roubado um banco dez minutos antes e que estava esperando o trem na Plataforma 2 da estação ferroviária da cidade. O dinheiro estava em sua valise. A polícia correu até a estação e prendeu o homem — fazendo com que o processo contra Hanussen fosse arquivado. Todas essas histórias eram grandes maquinações, mentiras criativas — absolutamente desnecessárias: o show de Hanussen diante do juiz dispensou o uso da ficção para deixar as pessoas estupefatas. Pelo menos dessa vez a realidade foi páreo para a mais incrível e fértil imaginação.[28]

No dia seguinte, após a argumentação final, Schalek disse que revelaria sua decisão às 22 horas daquele mesmo dia. O tribunal estava lotado para o veredicto. Olhando fixamente para Hanussen, o juiz declarou: "O tribunal não se considera em posição de julgar se Hanussen é incapaz de clarividência". O juiz não conseguiu dizer mais nenhuma palavra — a sala de audiência rompeu em aplausos por mais de dez minutos. Quando as coisas se acalmaram, Schalek explicou que ele não poderia dar um veredicto sobre questões a respeito das quais nem a ciência havia assumido uma posição, "sobretudo quando a corte tem prova suficiente de que o acusado possui poderes mentais miraculosos". Olhando novamente para Hanussen, Schalek concluiu com a absolvição que Hanussen havia buscado nos últimos 27 meses: "Não há dúvidas de que Hanussen resolveu os experimentos, e era impossível que ele tivesse forjado os resultados. Suas habilidades metafísicas não deixam nenhuma dúvida".[29]

Uma enorme multidão carregou Hanussen de volta a seu hotel, onde ele foi "ovacionado de pé" até o pôr do sol. Mesmo se o silêncio fosse completo, Hanussen provavelmente não teria dormido: Leitmeritz foi o triunfo dos seus sonhos. "Toda a dor dos últimos dois anos e meio", escreveu, "agora poderia ser esquecida. Como se fosse um pesadelo, tirei esse peso das minhas costas."[30]

O julgamento foi uma vitória tão grande para Hanussen que até na longínqua América o *New York Times* anunciou:

> Clarividente prova poder em corte tcheca;
> Jan Hanussen, com o rosto vendado e os ouvidos obstruídos,
> Demonstra sua habilidade enquanto os especialistas debatem entre si.

Nem todos saíram satisfeitos. No tribunal, o psiquiatra que havia sido uma das principais testemunhas da acusação — o dr. Scheradcky — dizia aos repórteres que Hanussen havia sido absolvido porque ele hipnotizara todos no tribunal, até mesmo o juiz. Mas não ele. Scheradcky era esperto demais. "Hanussen usou de sugestão com todos vocês", disse aos repórteres. "Ele hipnotizou todos vocês. Eu não vi nada. Eu não fui hipnotizado. Vocês foram enganados."[31]

Parte Dois

O Führer, o fogo e a atriz

Grandes mentirosos também
são grandes mágicos.
— Adolf Hitler

Capítulo 8

Triunfo em Berlim

No dia 28 de maio de 1930, um dia após a vitória de Hanussen em Leitmeritz, ele embarcou num trem para Berlim. Ele voltava no momento em que desabrochava a estação que tanto havia entusiasmado Mark Twain. "A Alemanha, no verão", escreveu Twain, "é a perfeição da beleza." Mas a última vez que Twain havia visitado a Alemanha ou Berlim tinha sido em 1891, e ambos haviam mudado muito. A cidade estava mais elegante e cosmopolita. Suas ruas, conforme nos confirma um guia turístico da época, eram "um modelo de limpeza", suas praças estavam "enfeitadas com jardins, monumentos e fontes", suas pontes, "ornadas com esculturas". Três quartos dos prédios da cidade eram "bem modernos", e os amplos bulevares, como o Lustgarten, o Opera Platz e o Linden, eram "vias magníficas de primeira classe".[1]

Em meados da década de 1920, Berlim havia absorvido sete cidades, 59 vilas e uma grande extensão de terras que outrora havia sido de uso exclusivo da realeza. A cidade agora tinha dez vezes o tamanho de Paris e não era tímida a esse respeito, não numa era de nacionalismo e chauvinismo. A manchete de um jornal trombeteava aos quatro cantos: "Temos 1,5 milhão de habitantes a mais que Paris, e, com 500 mil linhas telefônicas, a cidade tem a maior proporção de telefones por pessoa". Outro jornal declarava: "Temos o sistema de metrô mais rápido do mundo". E era um dos mais baratos: era possível viajar pelos seus 727 quilômetros por apenas 25 *pfennigs* — metade do preço de um galão de leite e 75 *pfennigs* menos que meio quilo de carne.

Para muitas pessoas — as de sorte — a cidade tinha uma qualidade de vida surpreendente. O zoológico de Berlim era um dos melhores da Europa; seus cinemas eram os mais modernos, e o Luna Park, o parque de diversões mais popular da cidade, ficava lotado nos fins de semana e nas noites de verão. A maioria das pessoas ia até lá para se refrescar nos enormes tobogãs aquáticos do parque ou para nadar em sua piscina, cujas ondas artificiais eram tão grandes quanto as do mar. E, uma vez por semana, a piscina tinha o Dia da Nudez, de modo a que os berlinenses pudessem desfrutar do novo fascínio da Alemanha com a nudez.

Milhares de artistas e escritores se mudaram para Berlim: Marc Chagall, Vladimir Nabokov, Christopher Isherwood, W. H. Auden, Paul Klee, Josef Albers — todos trabalhando duro durante o dia e deixando a noite e a madrugada para os bistrôs, como o Café des Westens, o qual, por razões óbvias, tinha o apelido de Café dos Megalomaníacos. Com 45 teatros, dezenas de salas de espetáculo, excelentes conservatórios e as leis de censura mais brandas da Europa, Berlim era a encruzilhada onde se encontravam os intelectuais e a *avant garde*: a Babilônia e o Renascimento juntos num só lugar.

Mas havia duas Berlins, e os dias daquele caldeirão de criatividade estavam contados. Otto Friedrich, em seu livro *Antes do dilúvio*, um relato de Berlim nos dias que antecederam a Segunda Guerra Mundial, escreveu de forma sábia e elogiosa que a capital alemã era, "como dizemos, uma cidade como nenhuma outra, não apenas pelo que ela era, mas também pelo destino que a esperava. [...] Sabemos que Berlim era uma cidade amaldiçoada — tão amaldiçoada quanto Pompeia — mesmo no auge de seu florescimento sob o olhar benevolente da República de Weimar".[2] Longe das luzes brilhantes, dos cafés onde eram realizados os debates sobre política, estética e sobre os pequenos projetos que mudariam o mundo (ou fariam uma pequena fortuna), para lá dos *lofts* baratos dos artistas, Berlim estava sucumbindo. Os leões de pedra fora do palácio no fim da Unter den Linden estavam surpreendentemente quietos. O mito dizia que eles rugiam sempre que uma virgem passava, mas era difícil encontrar uma virgem em Berlim. Chegava a 100 mil o número de prostitutas que trabalhavam na noite da cidade. Muitas se mudaram para Berlim para serem empregadas domésticas, só para perceber que seus salários não eram o suficiente para viver decentemente na cidade grande. Vinte e uma mil crianças eram aleijadas. Quarenta e quatro mil veteranos, doentes ou mutilados pela Grande Guerra, mendigavam pelas ruas. Trinta e cinco mil mulheres haviam ficado viúvas durante a guerra. Havia um assassinato a cada três dias e mais de 50 mil assaltos e roubos por ano. Jovens garotas, ainda adolescentes, se prostituíam depois da escola com a anuência dos pais.

As favelas de Chicago, os gângsteres de Nova York e o sofrimento de Londres mostrado por Dickens se abateram sobre Berlim. Longe das discussões da madrugada sobre arte e filosofia, Berlim era uma sinfonia da dor. Durante alguns anos, a economia estava tão ruim que as donas de casa queimavam suas notas de dinheiro sem valor para aquecer suas casas, e um ovo custava o correspondente a 30 milhões de ovos antes da guerra. Quase diariamente, mais de uma pessoa usava o dinheiro que havia guardado durante toda a vida para comprar uma passagem para o outro lado da cidade e se jogar de uma ponte. Quando houve o colapso da Bolsa de Nova York, em 1929, e os americanos cobraram os empréstimos feitos aos alemães, o desemprego triplicou, só para duplicar depois. O país cambaleava, dividido entre democratas, comunistas e fascistas, e Berlim, a capital, desmoronava sob uma crise que nunca acabava e só piorava. Novatos na democracia, que só havia começado em 1918, quando o kaiser abdicou, a cidade — e o país inteiro — estava em frangalhos.[3]

Esse era o lar de Hanussen, sua cidade favorita entre todas as da Europa. Os incapacitados, as viúvas e os sem-teto não sabiam nada a respeito dele. Mesmo se soubessem, não se importariam. A vida, para eles, era uma enorme dureza. Antes disso, suas plateias eram compostas por pessoas que gostavam do teatro e do espetáculo, além da *avant garde* absurda. E, é claro, muitos de seus seguidores eram as mesmas pessoas que haviam sido atraídas pela multidão de videntes e adivinhos que invadira Berlim depois do armistício. Quando a guerra acabou, a razão saiu de férias. Ninguém poderia aguentar tanta desgraça de maneira racional. Toda a Europa lamentava os mortos e os inválidos. O clamor era ainda mais alto em Berlim, e talvez esse tenha sido o motivo por que tantos praticantes das artes sobrenaturais — 20 mil segundo uma contagem, muito mais que os seiscentos de 1900 — fluíram para a cidade. Hanussen sabia que esse era o seu momento. Que outro lugar seria melhor que a cidade das plumas, do glamour e do sofrimento? Hanussen era muitas coisas, mas cauteloso não era uma delas. As tropas da esquerda e da direita estavam se formando, porém ele não se importava com isso. Ele havia deixado o tribunal em Leitmeritz como um herói. Essa era a hora, ele tinha certeza, de Berlim se prostrar diante de seus pés.[4]

Desde a febre espiritualista do final do século XIX — quando se popularizou a ideia de que os mortos poderiam ser contatados por meio de sessões e de médiuns —, Berlim passou a ter certa ambivalência quanto ao oculto. As pessoas que consultavam videntes tinham certeza de que estavam se conectando com outra dimensão — uma esfera mais santa, mais etérea. Apesar de uma comissão em 1886 ter basicamente concluído que os espiritualistas eram um bando de enganadores, seus seguidores ainda insistiam que os videntes haviam provado que existia algo além do que podemos apreender com nossos cinco sentidos. Os maiores triunfos da era moderna — trens velozes, remédios miraculosos, bens de consumo a preços acessíveis, produção em massa — haviam nos custado algo: as pessoas estavam ansiosas e perdidas. Não conseguiam achar seu rumo. Mas o mundo espiritual as ajudaria a encontrá-lo. Cabarés e teatros musicais por toda a Alemanha ofereciam performances telepáticas, com cartazes em quiosques e outdoors prometendo milagres que agitariam a audiência. Todos esses artistas alegavam que seus shows eram ciência — uma ciência genuína e sutil, distante dos cabeças-duras que se apegavam às suas fórmulas e cálculos e seus laboratórios brancos e esterilizados, alheios às maravilhas do mundo. Clubes que focavam no oculto, na astrologia, na leitura de mão e no hipnotismo floresciam por toda a Alemanha, em especial em Berlim, que tinha aproximadamente 52 locais como esses no começo da década de1930. Seus frequentadores vinham de todas as ocupações — empresários, médicos, contadores, militares e artistas. Alguns eram bem ricos. Um aristocrata que havia se casado com uma herdeira e era membro do conselho de administração da I. G. Farben, o enorme conglomerado químico, usou sua fortuna para construir um laboratório de pesquisa de fenômenos psíquicos em sua casa de campo. Lá, ele organizava sessões, lideradas pelos mais conhecidos clarividentes da Alemanha. Durante o transe, August Machner — artista amador e especialista em tinturas — pintava quadros que eram vendidos a preços altíssimos numa galeria de Berlim, na famosa Potsdamerstrasse. Mais ou menos na mesma época, um açougueiro da Bavária — que ficou conhecido do dia para a noite como o Alquimista de Gunzenhausen — alegava ter descoberto uma fórmula do século XVI que permitia transformar chumbo em ouro. A febre paranormal que varria a Alemanha confirmava a forma como o filósofo alemão Theodor Adorno avaliava o oculto. Adorno o chamava de "metafísica dos estúpidos".[5]

Berlim havia se tornado o ambiente ideal para alguém como Hanussen, o que fez com que ele logo se tornasse um ímã — para lindas mulheres; para os perdidos e confusos dispostos a pagar grandes quantias de dinheiro a fim de saber seu futuro; para pessoas querendo apenas se divertir; e, em breve, para os nazistas, que planejavam tomar a cidade, que não sabia que esses seriam seus últimos anos de quase sanidade.[6]

Mesmo as pessoas que não confiavam tanto em Hanussen se achegavam a ele por curiosidade. Em 1931, por exemplo, Arthur Koestler, o jornalista e romancista britânico, visitou Hanussen com o editor de uma editora alemã e uma repórter que se considerava uma especialista no oculto. Não era intenção deles testar as habilidades psíquicas de Hanussen, o que, disse Koestler, "teria exigido um aparato técnico além das minhas possibilidades". Sua missão era única: eles queriam testar a *si mesmos*. Eles queriam saber o quão confiáveis seriam alguns observadores maduros ao testemunhar alguém que alegasse ter poderes psíquicos. Depois de assistirem à performance de Hanussen, os dois jornalistas escreveriam, de forma independente, o que acreditavam ter visto sem discutir antes qualquer coisa entre si. O editor iria com eles a fim de servir de voluntário para que Hanussen, como vidente, pudesse adivinhar seu passado, futuro e personalidade — e o que mais conseguisse tirar dele.[7]

O apartamento de Hanussen no distrito berlinense de Tiergarten, escreveu Koestler em suas memórias, *Arrow in the blue* [Flecha no azul], era "decorado segundo o que alguém poderia chamar de estilo envernizado japonês e funcional neogótico à la Al Capone". Era suntuoso, mas desajeitado, um detalhe de decoração que os três convidados tentaram ignorar quando recusaram a oferta de Hanussen de bebidas e charutos — queriam ficar o mais neutros (e sóbrios) possível. O editor não poderia conversar com Hanussen para não dar a ele uma chance "de formar uma opinião do mapa psicológico" daquele com quem ele deveria entrar em comunhão.[8]

Quando Hanussen soube do "procedimento puritano" de seus convidados, ficou "um tanto quanto consternado". Esse não era o seu método normal. Incomodado, Hanussen abruptamente instruiu o editor que havia chegado com Koestler a lhe "dar o molho de chaves do bolso esquerdo da sua calça". Segurando firmemente as chaves em uma das mãos, e apertando a outra contra a testa enquanto fechava os olhos, Hanussen começou a falar numa "voz como que em transe". As chaves, dizia, o estavam informando de um roubo, "uma doença séria e já controlada", um "ato de violência", o parto "de uma criança saudável depois de muita angústia", "uma herança há muito aguardada" e de alguém que sofria de constipação crônica ou problemas no fígado.

Quando Hanussen terminou, todos olharam para o editor. Ele não estava impressionado. "Para dizer a verdade", disse, "nenhum dos eventos similares aos descritos pelo cavalheiro tinha a ver comigo desde que tenho essas chaves, o que já faz trinta anos. Exceto", ele adicionou pensativo, "o fato de eu ter tido problemas no fígado perto do Natal."[9]

Naquela noite, Koestler e a repórter escreveram sobre o que havia se passado. O relato de Koestler era contundente: Hanussen era uma fraude, um charlatão e um vigarista. A repórter discordou completamente. Ela havia ido à casa de Hanussen com "sérias dúvidas" sobre suas habilidades. Saiu de lá o achando espetacular. Ela disse que poderia "testemunhar em juízo" que tudo o que Hanussen dissera ter acontecido ao editor havia de fato acontecido no ano anterior, mas a *ela*, não ao editor. Ela atribuiu tal transferência psíquica ao fato de terem ido juntos ao apartamento num táxi lotado. No caminho da casa de Hanussen, ela havia se sentado perto do editor no táxi, encostado em sua perna esquerda — o lado da calça em que o bolso guardava as chaves. "Tal contato físico com as chaves", escreveu, "sem dúvida deu a Hanussen o nexo psicométrico subconsciente comigo" enquanto, por engano, ele acreditava estar sintonizado com o editor.

Koestler não estava convencido. "Por respeito àquela senhora", escreveu em suas memórias, "a história do experimento com Hanussen nunca foi publicada."[10]

Stephen Spender foi outro escritor britânico que não encontrou nada de positivo a dizer sobre Hanussen. Em seu romance autobiográfico, *The temple* [O templo], que ele revisou por vários anos para finalmente publicá-lo em 1987, um personagem cujo nome era Hanussen tinha uma loja em Hamburgo que vendia itens da moda inglesa voltados para a decoração de interiores. Se por um lado isso está longe da leitura de mente, a personalidade do Hanussen de Spender se parece com a do verdadeiro — ambos eram incapazes de distinguir entre bem e mal, verdade e ficção, e ambos serviriam mestres que tornariam o mundo mais sombrio e sujo. Enganoso e bajulador, o Hanussen de Spender tinha um ar "agressivo, sinistro". Seus "olhos proféticos" brilhavam com a"visão apocalíptica" de imensas fortalezas feitas para aguentar "qualquer invasor pelos próximos milhares de anos" e de "cavaleiros loiros cavalgando velozmente pelas planícies da Europa em [...] carruagens de fogo", enquanto muitos povos eram destruídos "por ferro e fogo [..] [caindo de] máquinas aladas". Para esse Hanussen — o Hanussen de Spender —, a morte e a destruição eram míticas e transcendentes: veículos para um bem maior — um futuro governado pelos deuses humanos conhecidos por arianos. A pele desse Hanussen tinha um "brilho especial". Seu cabelo era "cacheado com cachos dourados". Seus olhos eram de "um azul intenso". Era uma "propaganda viva de ideais agressivamente puros".[11]

Os shows de Hanussen em Berlim, no começo dos anos 1930, haviam se tornado cada vez mais elaborados e ambiciosos. Ele se cobrava constantemente para estar sempre à frente da concorrência e para que seu próximo show fosse sempre melhor do que o último. Durante sua turnê de um mês no Teatro Scala, um dos mais luxuosos de Berlim, voluntários da plateia esconderam alguns objetos pequenos no teatro. Hanussen, apesar de vendado, encontrou todos, é claro. Ele já havia feito esse truque tantas vezes que era pequena a chance de errar. Mas, sabendo o que alguns cínicos espectadores estavam pensando: "Tédio. Isso já foi feito tantas vezes no passado", Hanussen se antecipou.

"Agora", anunciou, "farei um experimento que ninguém nunca tentou antes. Quero que pensem num evento que aconteceu no seu passado. Digam-me a data em que isso aconteceu. Mas não me digam qual foi o evento. Eu lhes direi o que aconteceu naquela data." Além de um ou outro sussurro nervoso, a plateia se mantinha em silêncio. Então, um homem no fundo do auditório gritou: "12 de dezembro de 1923". Por vários segundos, Hanussen fechou seus olhos e pareceu estar se contorcendo como num sonho profundo. "Vejo uma casa em chamas", declarou. "Três pessoas estão descendo as escadas... Crianças estão chorando... No final, todos se salvam."

Hanussen caminhou até a beirada do palco e olhou para o fundo do teatro. "É verdade, senhor?", perguntou. "Fale com voz alta e de forma clara. Diga-me se o que eu disse foi o que realmente aconteceu no dia 12 de dezembro de 1923." Do fundo, surgiu uma voz: "Sim, senhor, é verdade". E o Scala foi tomado por um enorme aplauso.[12]

"Rápido!", ordenou Hanussen. "A próxima data, por favor." Quase metade da audiência começou a gritar datas. Escolhendo uma das datas dentre as dezenas que escutava, Hanussen novamente fechou os olhos e entrou em transe. "Vejo a Rússia", murmurou. "Vejo neve sem fim... Está frio... Vejo um militar guardando seu posto... É um soldado... Está pensando em sua casa... De repente, tem a sensação de que algo terrível aconteceu em sua casa... Nesse momento é atingido por uma bala... Quase ao mesmo tempo, na casa do soldado em Rhineland, uma mulher cai no chão por causa de um infarto."

"Foi isso o que aconteceu naquele dia?", quis saber Hanussen de quem havia gritado a data. "Foi exatamente isso o que aconteceu", alguém respondeu. Uma vez mais, a audiência aclamou em apreciação ao homem baixinho com grandes sobrancelhas que sabia tudo.[13]

Sem hesitar, Hanussen gritou: "Outra data, por favor". "Trinta de julho de 1898", veio de um homem nos camarotes. "Deixe-me ver", disse Hanussen. "Há uma casa numa floresta densa e verde... Um gigante está deitado numa cama branca... O gigante está dando seu último suspiro... O mundo inteiro está com a respiração suspensa... Bismarck morreu."

Pouco a pouco, um largo sorriso tomou conta do rosto de Hanussen, que até então estava impassível, quase sem expressão. "Meu caro senhor", disse com uma suave condescendência, "se você quiser testar a clarividência de Erik Jan Hanussen, não esqueça que ele também é um historiador. Não pedi datas históricas. Pedi uma data em sua vida."[14]

A plateia agora adorava Hanussen, e as pessoas passaram a gritar datas numa velocidade maior do que ele era capaz de responder. Suas respostas eram tão rápidas e precisas que um jornalista que estava no teatro aquela noite — um judeu que acabou deixando a Alemanha alguns anos depois — escreveu: "O público quase parou de respirar". E toda vez que Hanussen — aquele redemoinho clarividente no palco do Scala — dava uma resposta, ele perguntava: "É verdade? Foi isso o que aconteceu?". E toda vez a pessoa que havia feito a pergunta respondia: "Sim, está certo".[15]

Hanussen estava levando surpresa e maravilhamento a uma cidade que precisava disso. A cada ano, a luta e a tensão entre os comunistas e os nazistas e outros demagogos à direita e à esquerda beiravam o apocalipse. Todos pregavam que o fim dos tempos políticos estava próximo — a revolução que acabaria com o capitalismo ou a democracia, dependendo de quem fosse o líder. A atitude dos comunistas em relação ao oculto era óbvia para todos os que sabiam como Karl Marx menosprezava a religião e a fé como fantasias e ilusões capazes de oferecer esperança e distrações vazias. "O homem", disse Marx, "é o mundo do homem — Estado, sociedade." E a religião era "o suspiro da criatura oprimida, o coração de um mundo sem coração, e a alma das condições sem alma. É o ópio do povo." As atitudes dos nazistas eram menos evidentes e consistentes. Apesar de Hitler negar que fosse supersticioso, ele apreciava o poder que algumas palavras, datas, números ou estrelas tinham sobre *outras* pessoas. Tolos, os homens fracos as usavam como muletas, mas não Hitler. Para ele, a superstição se igualava à ignorância e à estupidez, mas ainda assim ele a valorizava não por fazer sentido, mas exatamente por não fazer. Dizia, por exemplo, que os horóscopos eram uma fraude, de modo que teve prazer quando soube da história de um jornal britânico, durante a Segunda Guerra Mundial, que tentou provar que um astrólogo que havia predito a vitória alemã era um charlatão. E quando, em 1941, um oficial do staff de Hitler — "algum imbecil", murmurou o Führer — atribuiu as dificuldades enfrentadas no front oriental à data que a Alemanha havia invadido a Rússia, em 22 de junho (o mesmo dia em que Napoleão começou sua desastrosa campanha em 1812, observou o oficial), Hitler corrigiu-o, com precisão, dizendo que a invasão de Napoleão havia começado no dia 23 de junho.[16]

Mas se por um lado Hitler adorava se mostrar como o mais sensível dos homens, por outro às vezes ele falhava. Em 1934, um ano depois de se tornar chanceler, Hitler se viu persuadido por seu velho medo do câncer a contratar um especialista em radiestesia para varrer a chancelaria em busca de sinais de "radiações vindas da terra" que causassem câncer. Ele também acreditava que as mãos das pessoas revelavam seu caráter, inteligência e alma na mesma intensidade que o formato do crânio revelava a personalidade para um frenólogo. Quando Hitler conhecia alguém pela primeira vez, olhava atentamente para suas mãos: seu tamanho e largura, o formato de suas unhas, a estrutura das juntas e dos nós. Generais e diplomatas com frequência se perguntavam por que Hitler começava uma conversa de forma cordial para, logo em seguida, ficar frio e insensível a ponto de deixar a sala. Só depois viriam a descobrir que suas mãos haviam desagradado ao Führer.[17]

(Um livro sobre as mãos foi encontrado na biblioteca de Hitler, assim como o *Art of Worldly Wisdom* [*A arte da sabedoria mundana*], escrito pelo místico do século XVII Balthasar Gracian, que pode ter sido a base do projeto pelo qual Hitler alcançou o poder. Os princípios de *A arte da sabedoria mundana* mesclavam tons moralistas com a sagacidade e a duplicidade maquiavélica. "A verdade, mas não toda a verdade", aconselhava Gracian. "Nem todas as verdades podem ser ditas." Hitler seguia fielmente tal princípio. Apesar de respeitar também uma outra regra do *Sabedoria mundana* — "Coloque um pouco de mistério em tudo, e o próprio mistério despertará a veneração" —, Hitler levianamente desprezou duas outras. Uma era: "Inicie um conflito controlando seu temperamento. [...] Todo excesso de cólera é uma digressão da conduta racional". A outra era: "Declare guerra com honra — a nobreza conquista o louvor de todos os homens: deve-se lutar de modo a conquistar não apenas pela força, mas pela forma como ela é usada". O temperamento forte de Hitler é lendário e sua conduta nunca foi sinônimo de *nobreza*. Ele teria sido mais esperto se tivesse estudado Gracian um pouco mais.)[18]

Hitler, ao que parece, com frequência se voltava para a fantasia — e a uma convicção de que agia numa esfera acima das pessoas comuns. Tendo isso em mente, uma conversa animada entre Hitler e Hanussen a respeito de poderes sobrenaturais talvez tivesse revelado qualidades fascinantes em cada um deles. Ainda adolescente, por exemplo, Hitler ficou perdidamente apaixonado por Stephanie Jansten — uma menina alta e magra, com cabelo longo e farto que ela sempre prendia num coque. Hitler ameaçava pular da ponte se ela não o notasse — "Darei fim a isto!", disse a um amigo — e escreveu uma série de poemas românticos exagerados para ela, sem nunca os ter enviado, inclusive o "Hino para a Amada", no qual Stephanie é uma linda donzela vestida com um robe de veludo cavalgando sobre um cavalo branco pelos campos, suas longas tranças cobrindo-lhe os ombros enquanto um cintilante céu de primavera a enchia de uma felicidade pura e incandescente. Adolescentes sempre se sentem atraídos por garotas e com frequência lhes escrevem poemas. A atração de Hitler e sua poesia são particularmente cômicas porque ele jamais dirigiu uma palavra a Stephanie. Nem sequer a conheceu pessoalmente. Só a admirava de longe, na rua, tendo uma vez rejeitado a proposta de um amigo que queria apresentá-los explicando que, mais cedo ou mais tarde, "tudo ficaria claro [entre eles] sem sequer trocarem uma palavra". Por que se importar com as palavras se Hitler tinha certeza de que ele e Stephanie já se comunicavam — apenas com os olhos? "Para seres excepcionais como ele e Stephanie", disse mais tarde um amigo de Hitler, não havia necessidade de comunicação com palavras. "Seres humanos extraordinários se entendem apenas pela intuição." Para Hitler e para Hanussen a intuição era a estrada real para o poder, a fama e um controle absoluto sobre os outros.[19]

Tanto Hitler como Hanussen se impunham perante os outros através do poder de seu olhar, daquele brilho vindo do subterrâneo de seu inconsciente — Hanussen deslumbrava seu público; Hitler assustava o mundo ou, como disse o historiador britânico H. R. Trevor-Roper, "seduzia a mente e a afeição de todos que se subjugavam ao seu poder" simplesmente com seus olhos, "olhos de hipnotista". Tanto Hanussen como Hitler acreditavam que tinham qualidades sobre-humanas — Hanussen achava que podia agir fora do tempo e do espaço, e Hitler não apenas achava que era um deus como convenceu uma nação inteira de que era. Certa vez, uma mulher assistindo a uma peça da Paixão em Oberammergau suspirou enquanto Cristo era pregado à cruz: "Lá está ele. É o nosso Führer, nosso Hitler". Transformar um ex-vagabundo da Áustria em santo era muito comum: um dos assessores econômicos de Hitler — que tinha certa sofisticação — disse a seus amigos em Londres que Hitler se comunicava diretamente com Deus. E da Suíça veio o diagnóstico de um homem que também era fascinado por pessoas que alegavam ser divinas — Carl Jung, que diagnosticou o poder de Hitler como mágico, não político. "O acesso excepcional de Hitler a seu inconsciente", disse Jung, fez com que se comportasse "como alguém que ouve atentamente um fluxo de sugestões feitas por uma voz sussurrante, vindo de uma fonte misteriosa, e age baseado nelas." A maioria de nós é muito racional, muito sensível, para obedecer ordens de outra dimensão. Mas não Hitler, que, como percebeu Jung, "obedece e ouve". O veredicto de Jung a respeito de Hitler se aplica igualmente a Hanussen, embora ele estivesse simplesmente interessado em ganhar dinheiro, não em controlar o mundo.[20]

Dois dos principais conselheiros de Hitler tinham ideias ainda mais estranhas que seu líder. Heinrich Himmler, chefe da Gestapo e da SS, acreditava na teoria da Cosmogonia Glacial, que dizia que o sistema solar foi formado milhões de anos atrás, quando um enorme bloco de gelo colidiu com o Sol. O material fundido da explosão formou os planetas, e a força gravitacional liberada por três Luas orbitando a Terra criou uma raça de super-homens — os arianos — que foram mortos numa rebelião de escravos. Através de uma procriação cuidadosa e científica, acreditava Himmler, o nazistas restaurariam os arianos ao seu justo lugar como governantes da Terra. E Hermann Göring, o comandante da Luftwaffe, tinha certeza de que a Terra era oca, uma ideia que aprendeu com um velho amigo — o grande piloto da Primeira Guerra Mundial, Peter Bender. Bender dizia que toda a raça humana vivia *dentro* da superfície de uma enorme esfera que continha todo o universo. Ao inverter todos os fatos aceitos a respeito da física e da astronomia, a teoria da Terra oca fazia do universo uma ilusão de ótica, encolhendo alguns corpos celestes a um tamanho menor que o de um amendoim numa tentativa de explicar como eles se apresentam a olho nu. A Lua, de acordo com Bender, tinha um diâmetro de 955 metros, o Sol, de 2,5 metros, e todas as estrelas tinham dois milímetros. O pobre Plutão tinha o tamanho de uma bactéria. Para Göring, a Terra oca representava o paraíso. Se todo o universo estava contido na Terra, e se os nazistas controlassem a maior parte do planeta, então eles controlariam o cosmos, com todas as suas galáxias, sistemas solares e nebulosas: o sonho supremo e definitivo de um bando de misantropos. Göring adorava tanto a teoria da Terra oca que chegou a enviar navios da Marinha para o mar Báltico, onde eles apontaram câmeras especiais *para o alto* — através do centro vazio e côncavo — para fotografar os navios ingleses no Atlântico Norte (ou é o que eles esperavam). Quando Hitler soube disso, teve um chilique porque recursos estratégicos estavam sendo desperdiçados num momento crucial da guerra.[21]

Comparado a Himmler e Göring, Hanussen era um modelo de sanidade, apesar de que alegar ler mentes e prever o futuro refletisse toda a loucura que varria Berlim naquele momento — uma cidade que pendia ao bizarro, ao fictício e ao assustador. O que Hanussen fazia, e que alguns nazistas acreditavam, era parte de um espectro de irracionalidade que aos poucos conquistava a Alemanha. Esses homens reconheciam que os alemães estavam procurando algo além de si mesmos, e cada um deles oferecia uma salvação que não poderia ser encontrada em nenhum outro lugar. Hanussen, no entanto, estava praticamente cego ao que se passava além de sua área imediata de influência. Prestando pouca atenção aos lunáticos e brutamontes que tomavam a capital, ele se preocupava unicamente em lotar os melhores teatros na cidade durante seus shows — e ganhar um monte de dinheiro. Hanussen ficou, de fato, muito rico depois de seu julgamento em Leitmeritz. Era dono de um pequeno império editorial, vários apartamentos nos melhores bairros de Berlim e de um luxuoso iate, o *Ursel IV*. Era tão popular que, enquanto navegava o Báltico, podia parar em qualquer estância turística à sua margem e conseguir alugar um teatro na mesma noite. Num desses shows, Hanussen previu que, em cinquenta anos, todos seriam telepatas e capazes "de viajar no espaço-tempo". É claro que ele já tinha esse poder. O resto do mundo ainda precisava alcançá-lo. Mas ele era completamente normal, dizia a seu público — adorava comer bem e beber bem, e amava as mulheres. Também adorava ser rico e ostentar. Quase todas as noites em Berlim, seu motorista o levava em uma de suas limusines a um café ou boate. Invariavelmente, Hanussen tinha uma linda mulher a seu lado, que com certeza não era sua esposa. Hanussen não precisava da teoria da Terra oca. Ele era o centro de seu próprio universo, o que, por ora, funcionava muito bem.[22]

Capítulo 9

Uma aliança de canalhas

A despeito das boas-vindas que Hanussen recebeu em Berlim após Leitmeritz, ele já passava por maus bocados na capital alemã antes mesmo que seu julgamento na Tchecoslováquia terminasse. No dia 1º de abril de 1930 — seis semanas antes de começar a segunda parte do julgamento —, Hanussen processou o *Berliner Herold* por difamação. O jornal alegava que ele "lia mentes" com a ajuda de assistentes que se espalhavam pelo teatro onde se apresentava, coletando informações a respeito dos espectadores e repassando-as a Hanussen através de códigos e sinais. O julgamento se deu logo após Hanussen ter sido absolvido em Leitmeritz. Ele não se deu tão bem com os juízes alemães quanto tinha se dado com os juízes tchecos, que haviam lhe demonstrado certa simpatia. Os juízes que Hanussen agora tinha que defrontar se recusaram a decidir se o que ele fazia era real, em parte porque a clarividência não tinha uma definição muito clara. Mas eles também acabaram descobrindo que o ceticismo quanto a esses poderes paranormais não era tão incomum, e que o ceticismo em relação a Hanussen, em particular, era razoavelmente comum — jornalistas e cientistas sempre questionavam seus poderes. E, de qualquer maneira, diziam, ele "não havia sido tão insultado" assim para conseguir ganhar o processo.[1]

Sentado no tribunal estava o homem que perseguiria Hanussen pelo resto de sua vida: Albert Hellwig, diretor do tribunal regional em Potsdam. Desde

1904, no começo de sua carreira, o juiz Hellwig era fascinado pela forma como a lei tratava a superstição e o oculto, especialmente pelo fato de alguns criminosos alegarem que "uma força maior" lhes permitia cometer crimes. Por volta de 1910, com a popularização do cinema, Hellwig atacou o que chamava de "filmes sujos" — filmes que estavam influenciando pessoas a cometer crimes que haviam visto nas telas dos cinemas. Para ele, esse novo tipo de entretenimento devia ser censurado para que evoluísse e causasse menos dano — novos padrões eram necessários para uma nova mídia. Como sempre, Hellwig se preocupava que as fraudes e as influências danosas pudessem desencaminhar o povo. Elas deveriam ser restringidas: tinha gente demais sujeita a seu poder. Se Hanussen — um dos maiores videntes de seu tempo — tivesse sido mais honesto sobre a maneira como fazia seus shows, Hellwig talvez não fosse tão duro com ele. "As pessoas querem experiências reais com o oculto", reconheceu Hellwig. "Elas também querem a verdade. Seria muito legal se Hanussen se chamasse de 'artista' e não fingisse ser outra coisa."[2]

Hellwig não era um homem para ser desprezado. Sua severidade era evidente tanto no tribunal quanto em casa, onde demonstrava pouca paciência com seu único filho, um menino chamado Gerhard. Hellwig tinha muita coisa na cabeça para ser um bom pai. Tillman Hellwig, que nunca conheceu seu tio-avô, disse que a tradição da família havia espalhado a imagem de "um homem muito dominante e ocupado", uma combinação "que não resulta em uma boa vida familiar. O dia só tem 24 horas". Severo como era, sua coragem não pode ser menosprezada. Ele tinha um senso prussiano sobre o que é certo e errado, o que estava fora de moda, e se recusava a se intimidar. Por volta de 1935, quando lhe perguntaram por que ele mantinha relações próximas com judeus, Hellwig disse que "preferia um judeu intelectual a um ariano charlatão". Ao saber disso, o *Der Strumer* (o infame jornal nazista antissemita) denunciou Hellwig como um cidadão em quem não se podia confiar. Hellwig e sua esposa foram até o escritório local do Partido Nazista e exigiram uma retratação. Conseguiram. Mesmo os nazistas se curvaram ante Albert Hellwig. Ele deve ter sido um dos sujeitos mais durões em Potsdam.[3]

Hellwig ficou obcecado em desmascarar Hanussen depois que ele começou a se gabar de ter ajudado a polícia a solucionar um dos piores casos de assassinato em série da história da Alemanha. Apesar de Hanussen ter sido um dos vários videntes a terem se oferecido para ajudar a polícia — na verdade, eram tantos que até um nome foi cunhado em sua homenagem: *Kriminaltelepathen*, ou telepatas criminais —, ele era o mais famoso e o que estava em evidência. Alguns foram julgados por fraude, assim como Hanussen havia sido em Leitmeritz. Alguns foram condenados; uns poucos, absolvidos. Mas nenhum deles aparecia nas manchetes como Hanussen. E muitos deles caíram no anonimato. A recusa de Hanussen em sair de cena — sua resiliência flexível — só estimulava Hellwig, cujo compromisso com a verdade e a justiça se igualava ao seu desprezo pela ardileza e pelo engano.[4]

Outra fonte de motivação para Hellwig foi um relatório que conseguiu com um instituto psicológico na Tchecoslováquia. Em 1928, Hanussen havia pedido ao instituto que testasse seus poderes. Ele constatou que Hanussen tinha uma "alta inteligência [...], apropriada para frequentar uma faculdade ou universidade". Seu "conhecimento geral" era muito bom. Sua memória de curto prazo era esplêndida. Mas ele não passou em nenhum teste que medisse poderes psíquicos. O instituto concluiu que Hanussen estava usando sua "inteligência e esperteza" para convencer plateias de que ele era um clarividente. Quanto a isso, dizia o relatório, Hanussen "não era diferente de nenhum artista do teatro de revista".[5]

A campanha de Hellwig estava na vanguarda dos ataques contra Hanussen, os quais, em breve, se espalhariam por toda a Alemanha. A combinação de ataques dos extremos políticos — direita *e* esquerda — e o centro sensibilizado (corporificado em Hellwig) forçaria Hanussen a buscar aliados onde pudesse — uma busca que foi tomando um caminho cada vez mais duvidoso quanto mais inquieto Hanussen ficava.

Por muitos anos, telepatas criminais haviam assediado a polícia em toda a Alemanha para que os deixasse solucionar crimes. Com o enfraquecimento da economia, boa parte do país estava em ruínas, e quase ninguém se sentia seguro. Em meados dos 1920, a quantidade de roubos havia dobrado, os assaltos haviam triplicado, e só em Berlim os assassinatos haviam mais que quadruplicado em uma década. A inflação estava levando os moradores da cidade para o campo, onde roubavam tudo o que pudessem. "Lâmpadas são roubadas de corredores", escreveu um alemão, "placas de bronze são removidas da fachada de edifícios e até mesmo latas de lixo deixadas fora de casa desaparecem."[6]

A polícia estava precisando desesperadamente de ajuda. Os centenas, talvez milhares, de telepatas criminais que se ofereceram para ajudar eram, com frequência, comparados aos cães policiais em sua habilidade de perseguir pilantras, assassinos e ladrões. Às vezes, esses videntes ajudavam de verdade. Em 1921, por exemplo, promotores em busca do assassino de um administrador florestal perto da cidade de Mügeln convocaram, de Leipzig, uma clarividente chamada Louise Diedrich. Em quatro sessões com os investigadores, Diedrich chegou a fornecer o endereço do assassino e parte de seu nome, informações sobre seu cúmplice e onde os homens haviam escondido as armas usadas no crime. Ela acertou em todos os casos. Mas, às vezes, os *Kriminaltelepathen* eram um estorvo. No princípio, enquanto investigavam o "Monstro de Düsseldorf" — o caso que serviu de base para o desprezo de Albert Hellwig pelos telepatas criminais e, especialmente, por Hanussen —, a polícia ficava contente com a ajuda de qualquer um. Mas assim que os policiais perceberam que a maior parte do que os videntes lhes diziam não servia para nada, eles os enxotaram. "Nenhuma força policial", escreveu Hellwig, "deveria se basear nessas fraudes, que só estão atrás dos holofotes. Isso é perigoso, irresponsável e não faz nenhum sentido."[7]

Não fazia sentido nem para a polícia de Düsseldorf, cidade que entre 1929 e 1930 estava subjugada a um reino de terror. Em fevereiro, houve dois assassinatos. Em agosto, seis mulheres e três crianças foram estranguladas, afogadas ou esfaqueadas. Em setembro, uma empregada doméstica foi estuprada e morta. No mês seguinte, duas mulheres foram mortas com um martelo. Em novembro, uma menina de cinco anos foi estrangulada, sendo depois perfurada 36 vezes com uma tesoura. A variedade de vítimas e armas usadas nos crimes persuadiu a polícia de que se tratava de mais de um assassino. As pessoas chegaram a denunciar aproximadamente 900 mil nomes para as autoridades como sendo suspeitos potenciais — mais do que o dobro de toda a cidade.[8]

O caso começou a ser resolvido quando, em maio de 1930, uma mulher foi atraída até a casa de um simpático desconhecido que a guiou até uma floresta próxima sob o pretexto de que a estava levando até uma pensão para mulheres. Depois de tentar estuprá-la, ele a deixou ir embora quando ela lhe garantiu que não tinha ideia de onde ele vivia. Alguns dias depois, Maria Budlick levou a polícia até o apartamento de três cômodos no quarto andar da Mettmannerstrasse número 71 — a casa de Peter Kürten, um homem tão comum e pacífico que seus vizinhos protestaram quando ele foi preso. Psiquiatras descobriram que Kürten sofria de um narcisismo desenfreado. "Kürten", escreveu um dos médicos, "se amava profundamente. O cerne de sua tragédia, talvez, tenha sido sua incapacidade de amar qualquer outro ser humano." Em setembro de 1931, Kürten foi executado na guilhotina.[9]

No auge da caçada humana, quatrocentos telepatas, grafologistas e astrólogos se ofereceram para ajudar. Hanussen se juntou a eles. Sua carta aberta ao assassino foi publicada em vários jornais. "Estou no seu encalço e vou encontrá-lo", advertiu Hanussen. "Você deve se entregar para a polícia. Não aumente as acusações contra você ao cometer um novo crime." Hanussen se ofereceu para ir a Düsseldorf ajudar a solucionar os assassinatos. Não cobraria nada; o dinheiro da recompensa seria o suficiente — 15 mil marcos. A polícia não aceitou sua oferta. Assim, indesejado em Düsseldorf, Hanussen saiu em turnê, dizendo a uma de suas plateias que em Stuttgart haveria um total de catorze assassinatos (na verdade, houve nove) e listando 26 detalhes sobre o assassino — todos errados. O assassino não era, como dissera Hanussen, um jovem que lia muito, vinha de uma família de intelectuais e nunca fumou. Quando foi pego, o assassino na verdade tinha 47 anos, era um fumante inveterado, de uma família de classe baixa e sem muita educação, e a única coisa que já lera foram as matérias de jornal sobre ele e seus crimes. Ainda assim, depois que Kürten foi preso, Hanussen disse a uma plateia que ele havia ajudado na solução do caso. O chefe de polícia de Düsseldorf ficou enraivecido. "Hanussen não ajudou em nada", disse aos jornais. E em Potsdam, nas cercanias de Berlim, o juiz Hellwig ficou furioso — Hanussen podia se gabar no palco; afinal, esse era o seu meio. Mas devia ser mantido longe dos policiais honestos, que faziam o melhor possível para solucionar crimes que estavam paralisando a cidade. Hanussen era um perigo para o público, uma ameaça à sua confiança na polícia e um risco para a ordem pública. Ele tinha que ser detido.[10]

Pelo menos nesses casos, a polícia poderia servir de intermediária entre Hanussen e o público. Hellwig se preocupava mais com as pessoas que eram doentes, desesperadas ou necessitadas. Quem as protegeria de Hanussen quando o buscavam para uma de suas caríssimas consultas particulares? Essas sessões, temia Hellwig, tornavam as pessoas irresponsáveis. Elas deixavam que Hanussen tomasse decisões importantes sobre sua própria vida. Já era tarde demais para ajudar a qualquer um que já "tivesse sido enfeitiçado por Hanussen", disse Hellwig, mas talvez fosse possível evitar que novos clientes fossem às consultas. Foi por isso que Hellwig entrou em ação no final de 1931, quando ouviu que Hanussen planejava transformar um castelo em Godesberg num spa.[11]

A aproximadamente 580 quilômetros de Berlim, Godesberg é uma das cidades mais antigas à margem do Reno, cercada de castelos e orgulhosa de seu passeio à beira-rio, que proporciona uma linda vista dos barcos navegando pelo Reno. A cidade era famosa em toda a Alemanha por seus vários spas e atraía milhares de pessoas todos os anos em busca de cura e conforto. Hanussen ainda não era parte desse mercado. Mas agora ele queria ser.

As pessoas em Godesberg ficaram alarmadas, especialmente os médicos. Um deles escreveu para Hellwig: "Temos que proteger o povo, que, em sua maioria, é estúpido". Ele se incomodava com o fato de que algumas pessoas estivessem desesperadamente dispostas a pagar a Hanussen trinta, cinquenta ou talvez até cem marcos por consultas particulares. A controvérsia tinha mais a ver com Hanussen do que com a ajuda que um spa poderia dar a alguém. A eficácia dos spas estava firmemente imbuída na cultura alemã — naquele mesmo ano, um folheto sobre spas distribuído no exterior pelo governo alemão se gabava de não haver "sequer uma doença" que os spas não poderiam curar ou prevenir. Gota, paralisia, diabetes, "doenças femininas" — qualquer uma; os spas as curariam. As pessoas não precisavam ser salvas dos spas; elas precisavam ser salvas de Hanussen. Hellwig advertiu o prefeito de Godesberg que aquele "artista de teatro de variedades mancharia a reputação" daquela cidade cuja economia dependia, e muito, dos visitantes que frequentavam seus diversos spas em busca de cura e consolo. Pior ainda, essas pessoas seriam "psicológica e emocionalmente perturbadas". De Berlim, a Associação Alemã Contra a Fraude Médica declarou *não* ao spa! De Potsdam, Hellwig ofereceu-se para dar uma palestra em Godesberg. O tema? "Não ao spa!" E na própria Godesberg, os juízes locais exigiam: "Não ao spa!".[12]

Hanussen contratou um arquiteto. Antes mesmo de os seus planos serem aprovados, ele já estava distribuindo folhetos propagandeando os poderes das fontes hidrominerais de sua propriedade e a eficácia da terapia magnética que ele pretendia oferecer lá. (O poder curativo dos ímãs estava muito em voga na Alemanha, e quem praticava tal terapia alegava que ela era capaz de curar enxaquecas e artrite, além de melhorar a circulação sanguínea. Um desses praticantes, Balthasar Wehdanner, dizia aos quatro ventos que ele dominava as forças que Cristo usou para ressuscitar os mortos.) Cinco meses mais tarde, Hanussen cancelou seu projeto em Godesberg. Nada ainda havia sido construído, a despeito da distribuição de uma enorme quantidade de material publicitário. Hanussen abriu mão do projeto porque as pressões contra ele eram grandes demais: pelo menos daquela vez as estrelas não estavam a seu favor. Godesberg era segura e a medicina alemã era segura. Isso até o mês de janeiro seguinte, quando Hellwig recebeu uma carta da Sociedade Contra a Fraude Médica informando-o da existência de vários cartazes em quiosques de Berlim anunciando os serviços de Hanussen no tratamento de doenças. Olha ele aí de novo. Será que ninguém conseguiria detê-lo?[13]

Hanussen era mais resiliente do que havia pensado o juiz Hellwig. Além disso, estava envolvido em tantos projetos que era difícil acompanhar todos ao mesmo tempo: sua carreira nos palcos, suas consultas particulares, seus jornais e, pouco tempo depois, sua associação com os políticos mais repulsivos da Alemanha. Também havia suas previsões. Ao final de 1931, Hanussen previu que o novo ano seria cheio de "mudanças extraordinárias". Um acadêmico alemão famoso morreria. Um lutador de boxe alemão perderia. A venda de automóveis cairia, mas só um pouco. O crime aumentaria, porém apenas por alguns meses. Como um todo, Hanussen via a Alemanha progredindo. A indústria ganharia um novo fôlego e o consumo pessoal cresceria. Haveria uma demanda maior por equipamentos militares e a inflação acabaria. Uma parceria econômica entre a França e a Alemanha — que nunca foram grandes amigas — seria o estopim de tal prosperidade. Tudo isso seria liderado por um político que governaria a Alemanha com "mão de ferro" e que seria até capaz de dissolver o Reichstag.[14]

Hanussen não deu o nome do político e nem precisava. "O mundo não se tornará bolchevique", disse Hanussen em sua previsão para 1932. "Muito pelo contrário, ele se tornará fascista." A despeito de seus instintos, dizia Hanussen, quando os nazistas assumissem o poder, eles respeitariam a democracia. Seu breve reino seria um caminho amargo, mas necessário, para uma Alemanha mais forte e saudável. Graças aos nazistas, disse Hanussen, "as gerações futuras dirão que 'foi só então'" — em 1932 — que a Alemanha conseguiu estancar o sofrimento causado pelo Tratado de Versalhes, que pôs fim à Primeira Guerra Mundial, só então que a Alemanha conseguiu recuperar sua autoestima.[15]

Pelo menos Hanussen havia entendido o espírito que dominava o país. A Alemanha estava desesperada. Quase 30% dos alemães estavam desempregados. Em Berlim, mais de 700 mil pessoas estavam sem trabalho — mais de 10% do total de desempregados de todo o país. A fome e o frio castigavam as pessoas, roubando-lhes as forças, tanto física quanto moralmente. Aproveitando a situação, Joseph Goebbels, o gênio da propaganda nazista, insistia cada vez mais para que Hitler se candidatasse a presidente, mas o Führer ainda vacilava. "A eterna espera está acabando comigo", suspirou Goebbels em seus diários. Até que, no final de fevereiro de 1932, Hitler anunciou que seria candidato, fuzilando a oposição: "Sei o seu slogan. Vocês dizem: 'Manteremos o poder a qualquer preço'. Eu porém lhes digo: 'Nós os derrubaremos a qualquer custo'".[16]

Em 12 de março, o *Der Angriff*, o jornal nazista em Berlim que Goebbels havia fundado cinco anos antes, proclamou: "Amanhã, Hitler será o presidente do Reich". O jornal estava errado. Paul von Hindenburg foi reeleito presidente, e Hitler conseguiu apenas 30% dos votos. O contratempo não importava; viriam outras eleições e triunfos maiores. Quase ninguém percebeu que Hanussen, o profeta, não havia mencionado esses reveses em suas previsões para 1932. Ou ele sabia que não seria prudente ofender Hitler ou ele não tinha ideia do que estava falando. De qualquer maneira, Albert Hellwig deveria estar se ocupando com o apoio de Hanussen aos nazistas, não com os seus planos de construir um spa numa pequena cidade no centro da Alemanha.[17]

Até o começo dos anos 1930, Hanussen nunca precisou de alguém que o protegesse. Ele era esquivo o suficiente para confrontar os céticos, os promotores e os que impulsionavam uma cruzada para desmascará-lo. Mas, pouco tempo depois da vitória em Leitmeritz, ele começou a cultivar um relacionamento com uma estrela nazista em ascensão, o conde Wolf-Heinrich von Helldorf. Essa amizade seria de proveito mútuo. Berlim era um lugar perigoso, o número de críticos de Hanussen estava crescendo, e Helldorf estava se tornando cada vez mais poderoso. Sua esfera de influência envolveria Hanussen num casulo protetor enquanto a República de Weimar — a sempre aleijada democracia da Alemanha — se desfazia, aos poucos, tornando-se uma paródia das palavras "liberdade", "justiça" e, o mais importante, "autonomia".

Helldorf chegou a ser chamado de "um dos personagens mais contraditórios do Terceiro Reich", um "*hooligan* da SA", "um aproveitador militar da pior espécie", "um estúpido, bêbado em busca da glória" e "um aventureiro sinistro". Dois historiadores disseram isso: um jornalista alemão e o embaixador francês na Alemanha. Até Hitler acabou chamando-o de "canalha", mas isso só se deu depois de Helldorf participar, no dia 20 de julho de 1944, de um atentado para matar o Führer. No final de sua vida, Helldorf tinha poucos amigos e muitos inimigos. Nesse sentido, ele se parecia bastante com Hanussen. Ainda assim, Hanussen escolheu Helldorf de forma sábia. No fundo, o conde era fraco, precipitado e volúvel; um homem propenso a ser financeira e psicologicamente dependente de uma personalidade forte como a de Hanussen.[18]

Por fora, Helldorf era o nazista ideal: loiro e de olhos azuis, descendente de muitas gerações da nobreza alemã. Por séculos, sua família havia vivido na Saxônia, a cerca de trinta quilômetros a oeste de Leipzig, tendo prosperado por meio da agricultura e do serviço público. Casamentos bem-arranjados haviam ligado os Helldorfs a outras famílias proeminentes. Helldorf entrou no exército pouco depois da eclosão da Primeira Guerra Mundial. No seu aniversário de dezoito anos, seu regimento chegou ao front de batalha, onde ele serviu de forma corajosa e honrosa, comandando unidades de metralhadoras em algumas das piores batalhas da guerra, tendo sido condecorado com a Cruz de Ferro. Se forem levados em conta os três meses que passou num hospital se recuperando de uma doença venérea, Helldorf serviu o exército por quase quatro longos e miseráveis anos.[19]

Pouco depois do fim da guerra, o governo de Weimar isolou os aristocratas alemães ao acabar com seus privilégios e diminuir as cotas do alto escalão tanto nas forças armadas como no funcionalismo público, que eram tradicionalmente reservadas para eles. O exército foi uma das poucas instituições alemãs à qual Helldorf se dedicou. Agora, ele havia sido barrado. Como válvula de escape de suas frustrações, conseguiu uma carreira paralela no Freikorps — ex-combatentes ultranacionalistas que combatiam os comunistas, discordavam do Tratado de Versalhes e tentavam derrubar o governo. Em 1920, Helldorf teve que fugir para a Itália após o fracasso de um golpe que havia organizado. Quando voltou, alguns meses mais tarde — Weimar era um governo que perdoava facilmente —, ele se casou e recebeu sua herança: um solar de oitenta anos cercado por uma vastidão de terras.[20]

Era para Helldorf ter sossegado pelo resto da vida. Mas ele não o fez. Gastava a maior parte de seu tempo recrutando mais tropas para os Freikorps e em reuniões com os colegas próximos a Hitler. Depois de ter servido por quatro anos no Landtag — o Parlamento da Prússia — como um nazista, voltou para sua fazenda no final da década de 1920 e começo da de 1930. Foi uma péssima hora. Os preços dos produtos agrícolas estavam em queda. E seu comportamento só piorava as coisas — estava sempre gastando mais do que ganhava. Por exemplo, gastou 5 mil marcos que não tinha no batismo do filho. Com sua renda em queda, o aumento de suas dívidas devido ao vício do jogo e seus gastos exorbitantes, Helldorf acabou por perder sua propriedade. Sua única fonte de renda era o seu cavalo de corrida, Narcissus, que se deu muito bem entre 1929 e 1930, mas não ganhou um marco sequer em 1931, o ano em que Helldorf ficou inadimplente. Sem a fazenda, sem terras e com dívidas enormes, Helldorf não sabia como sobreviver. Então os nazistas prontamente o ajudaram.[21]

No outono de 1931, Helldorf foi designado chefe das tropas de assalto em Berlim, oficialmente conhecidas como *Sturmabteilung*, cujo diminutivo era SA. Isso se deu apenas alguns dias depois de ele ter liderado um pogrom em um dos mais elegantes bulevares de Berlim, o Kurfürstendamm, no ano novo judeu, o Hosh Hashaná. Gritando "fora judeus" e "morte aos judeus", mil membros da SA tomaram a rua em grupos de cinquenta ou mais pessoas, destruindo janelas de lojas de judeus e atacando qualquer um que se parecesse com um judeu. Um homem de 63 anos teve sua cabeça aberta por um soco-inglês, assim como dois estudantes armênios que estavam sentados no Café Reimann. Enquanto isso, Helldorf passava de carro, para cima e para baixo da rua, com um motorista, gritando frases de encorajamento aos seus capangas. Numa esquina, um policial perguntou a Helldorf em que encrenca ele havia se metido, ordenando-lhe que saísse dali. Ao ignorá-lo, Helldorf mandou seu motorista bloquear um carro enquanto ele gritava: "Judeus banqueiros! Judeus banqueiros!", referindo-se ao chavão que dizia que os judeus controlavam as instituições financeiras alemãs. Um policial que havia se oferecido para ajudar as pessoas que estavam presas no carro se voltou para Helldorf e pediu seus documentos. "O quê?", protestou Helldorf. "Temos que mostrar nossos documentos para esses judeus banqueiros?" Ele acabou sendo preso e levado a uma delegacia perto dali.[22]

Depois de algumas negociações de bastidores feitas por Goebbels, Helldorf foi absolvido da acusação de ter começado a manifestação e multado em cem marcos por ter insultado "os judeus banqueiros". Agora com a ficha criminal suja, Helldorf era um nazista oficial, tão orgulhoso do tempo que havia passado na prisão que entrou para a lista dos *Melhores e Maiores*, abrilhantando seu novo currículo ao aumentar de seis semanas para dois meses o tempo em que ficou preso esperando o julgamento.[23]

Agora que Helldorf havia provado as nazistas quem era — um antissemita assim como eles —, eles o puseram para trabalhar, explorando suas credenciais de elite como cartão de visita para os conservadores que queriam arregimentar. Depois de o chanceler Franz von Papen ter se encontrado, em agosto de 1932, com Helldorf e Ernst Röhm, comandante de toda a SA na Alemanha, o chanceler murmurou que Röhm "parecia-se muito com um buldogue". E, de fato, parecia mesmo: baixinho e parrudo, cabelo curto, rosto redondo e uma cicatriz no queixo que poderia passar por uma lesão obtida num duelo ao defender sua honra, mas que na verdade foi causada por uma bala durante a última guerra. Em outra batalha, a parte de cima do nariz de Röhm havia sido arrancada por uma bala. Ele não era bonito. Mantendo certa distância de Röhm, Von Papen deu mais atenção ao conde. Conhecia Helldorf havia anos e se sentia confortável com sua "aparência deveras aristocrática", em enorme contraste com Röhm. Os dois homens "monopolizaram a conversa", ignorando o pobre, gordo e desfigurado Röhm.[24]

Em 1933, Helldorf já havia conquistado a confiança dos mais altos escalões da máquina nazista. Quando Hitler ouviu boatos, no dia 29 de janeiro, na véspera de assumir como chanceler, que havia um golpe iminente para impedi-lo de formar um gabinete, ele delegou a Helldorf a segurança de Berlim e colocou as tropas de assalto em alerta. Ao poucos, Göring abriu o caminho para que Helldorf fosse designado chefe de polícia de Potsdam (apesar de ainda ser o chefe da SA em Berlim). Dois anos depois, Helldorf foi promovido a chefe de polícia em Berlim (onde sua primeira missão foi fechar mais cedo, por uma semana, sorveterias de judeus). Uma das principais razões de Helldorf ter virado chefe da polícia na capital foi porque os nazistas sabiam que ele faria o que eles queriam. O chefe anterior, o contra-almirante Magnus von Levetzow, nunca havia concordado com a brutalidade dos nazistas ou com o seu antissemitismo. Pelos três anos em que esteve no cargo, tentou (geralmente sem sucesso) limitar os excessos da SA e, de vez em quando, impediu as turbas nazistas de atacarem os negócios que pertenciam a judeus. Em julho de 1935, depois de os judeus promoverem um protesto *dentro* de um cinema que passava um filme antissemita, Goebbels e Hitler dispensaram Von Levetzow e colocaram Helldorf como chefe de polícia. Numa coletiva de imprensa, Helldorf declarou que limpar as ruas de judeus era sua principal função. Goebbels estava felicíssimo. "Levetzow fora", escreveu em seu diário. "Helldorf dentro. Bravo!"[25]

Quanto mais a carreira de Helldorf progredia, mais sua vida pessoal ia ladeira abaixo: seu casamento estava por um fio, havia brigado com sua mãe e os credores não saíam do seu pé. Por sorte, um amigo o apresentou a Hanussen, que sempre estava por perto para socorrê-lo. Tudo o que Helldorf precisava fazer era assinar uma nova promissória. Aos poucos, formou-se uma pilha delas dentro do cofre de Hanussen. O vidente havia começado a distribuir seu dinheiro protetor — um pouco para Helldorf e outros homens-chave da SA, um pouco para suprimentos e até mesmo um carro para os que estavam em suas fileiras. Hanussen era o anjo protetor das tropas de assalto no momento em que elas mais precisavam de um: estavam quase falidas. As duas eleições nacionais durante os seis meses anteriores à ascensão de Hitler como chanceler, em 1933, quase zeraram as contas bancárias dos nazistas, que haviam despejado quantias enormes na eleição de julho de 1932, quando tiveram sua melhor votação até então — quase 14 milhões de votos, 13 milhões a mais do que em 1928. Com 230 cadeiras, os nazistas agora eram o maior partido no Reichstag. Mas ainda não haviam conseguido a maioria das 608 cadeiras do Parlamento e se deram pior ainda na eleição seguinte, em novembro. Conforme Goebbels escreveu: "Dinheiro é algo extraordinariamente difícil de conseguir. Todos os homens de 'propriedade e educação' estão do lado do governo". Mesmo os mais fiéis ao partido estavam se cansando de tantas eleições. Os comunistas conseguiram onze cadeiras no Reichstag, chegando ao total de cem. Os nazistas perderam 34 cadeiras, reduzindo seu total para 196 delegados. Por toda a organização nazista, a moral estava baixa, em especial entre as tropas de assalto, cujos líderes precisavam desesperadamente de dinheiro. As coisas estavam tão ruins no leste da Alemanha que um comandante teve que penhorar sua própria máquina de escrever e copiadora para garantir suprimentos à sua tropa. A SA necessitava tanto de fundos que teve que retomar suas campanhas de arrecadação. Ela já havia tentado levantar dinheiro alguns anos antes, principalmente vendendo armas usadas por gangues e marginais (socos-ingleses e adagas), ou vendendo camisas pardas, braçadeiras com suásticas e quepes militares para os novos recrutas. Agora ela passou a endossar produtos — lâminas de barbear, margarina e a marca de cigarros Sturm. Os símbolos e os slogans nazistas vinham impressos nos maços de cigarros, e a SA ficava com uma parte das vendas. Em troca, os fabricantes contavam com uma ajuda de marketing das tropas de assalto, do tipo "uma demonstração de energia", que desencorajasse os donos de bares a venderem marcas de cigarros diferentes. O negócio com o Sturm foi uma bonança para todos os envolvidos: em algumas partes da Alemanha, as vendas aumentaram em até dez vezes. Alguém a par das negociações disse que muitos líderes da SA "conseguiam sobreviver sendo representantes" da companhia de cigarros. Algumas unidades da SA estavam ganhando até 1.200 marcos por mês com comissões. Ainda assim, as tropas de assalto precisavam de dinheiro. Foi por isso que o bolso cheio de Hanussen e sua amizade com Helldorf foram uma bênção. No segundo semestre de 1932, os nazistas estavam à beira do desespero. A generosidade de Hanussen deu à SA alguns dos suprimentos de que ela tanto precisava e manteve Helldorf longe do alcance de seus credores. Em troca, Helldorf garantiu que nada de errado aconteceria a Hanussen enquanto Berlim afundava no caos.[26]

Esperto o suficiente para manter sua religião em segredo, Hanussen começou sua amizade com o conde Helldorf menos de um ano após ter voltado a Berlim de seu julgamento em Leitmeritz. Helldorf era um sujeito interessante. Com a crescente tensão política e a violência na cidade, era sábio ter um aliado de peso ao seu lado. Mas Hanussen se sentiu ainda mais motivado a se aliar aos nazistas em 1932, quando um jornal comunista, o *Berlin am Morgen*, começou uma campanha contra ele que duraria oito meses. Hanussen era um alvo lógico para o jornal: uma celebridade e o mais famoso mentalista numa cidade repleta deles, além de amigo de nazistas poderosos. Nesse cenário cada vez mais perigoso, Hanussen estava entre os simpatizantes dos fascistas com maior visibilidade — e era um dos mais descarados. Expô-lo talvez enfraquecesse os nazistas.

Esse era um momento crucial para Hanussen, a encruzilhada final onde ele apostaria sua sorte nos homens mais desprezíveis. Todas as partes cometiam erros: os comunistas, que acharam que poderiam derrotar Hitler ao derrubar Hanussen; os nazistas, que confiaram em um homem cujos segredos ninguém conhecia, nem mesmo os próprios nazistas; e Hanussen, cuja inocência política não poderia tê-lo atrapalhado mais. Essa esperteza inadequada das três partes simbolizava bem o desespero que crescia em Berlim, uma cidade atormentada por rumores, intrigas, suspeitas e paranoia alimentadas pela certeza de todos de que a República de Weimar estava à beira da morte e pelo medo do que a substituiria. A Alemanha estava à beira de perder sua sanidade. Agora sabemos disso. Mas naquela época as movimentações políticas simplesmente pareciam estar jogando uma facção problemática contra a outra. Ninguém era capaz de prever o nível de depravação ainda por vir. O que era aparente no curto prazo era que só os nazistas estavam se beneficiando do fenômeno Erik Jan Hanussen, tolerando seus pronunciamentos sobre um futuro glorioso apenas enquanto ele lhes era útil. E nisso eles eram bons.

A cruzada do *Berlin am Morgen* contra Hanussen começou quando seu novo editor, Bruno Frei, ordenou a seus repórteres que provocassem o vidente até que ele entrasse na justiça. Frei achava que qualquer juiz sensato — pelo menos um mais sensato do que aquele que havia absolvido Hanussen em Leitmeritz — julgaria que ele era uma farsa. Isso, achava Frei, derrubaria não só Hanussen como também Hitler. Assim como muitos em Berlim, Frei tinha certeza de que Hanussen tinha contato com os nazistas do mais alto escalão e que era ele quem aconselhava Hitler em sua oratória, sendo alguém de confiança que frequentava seu círculo mais próximo, garantindo que os mapas astrais estivessem a seu favor. "Camaradas", disse Frei à sua equipe, "nem todos que acreditam em Hanussen acreditam em Hitler. Mas temos que chegar à raiz do problema. O alicerce de toda religião [...] está na crença em milagres."[27]

Em maio de 1932, o *Berlin am Morgen* deu início à sua série de reportagens: "Ein Scharlatan Erobert Berlin" [Um charlatão conquista Berlim]. As matérias iam além da simples exposição de uma fraude. Elas igualavam Hanussen a Hitler. Ao explorar a irracionalidade que varria a Alemanha, tanto Hanussen quanto Hitler estavam tirando proveito "da estupidez das pessoas de forma desavergonhada", usando "a autopromoção inescrupulosa, são capazes de transmitir uma inverdade como se fosse verdade". Hanussen era "a contraparte de Hitler". "Não descansaremos", disse Frei, "até que Berlim esteja limpa do último vestígio da escória desse clarividente."[28]

Por ser comunista, Frei desprezava a religião — "estupidez humana", conforme dizia. "Grandes ilusionistas", Frei afirmava à sua equipe, "são amostras da decadência da sociedade." Cagliostro, ocultista italiano, era parte da decadência de Versalhes; Rasputin era parte da podridão dos czares. Hanussen era o ponto fraco de Hitler. Quando Hanussen caísse, Hitler também cairia. "As pessoas que acreditam em Hanussen", explicou Frei, "também acreditam em

Hitler. [...] É preciso erradicar o mal onde ele começa a crescer. Parte de nossa batalha antifascista é pôr um fim nessa crença no sobrenatural."[29]

Em novembro, os ataques de Frei começaram a distrair Hanussen — o que não era bom para alguém que precisava estar totalmente concentrado no palco. Abalado pelos artigos do *Berlin am Morgen*, Hanussen aprofundou sua amizade com Helldorf, conseguindo-lhe mulheres e talvez até drogas, além de frequentemente levá-lo para passeios no *Ursel*. As fofocas a respeito desses cruzeiros se espalharam por toda Berlim. As pessoas sabiam que aconteciam coisas erradas neles. Mas ninguém sabia o *quão* erradas.[30]

Mais do que depressa, Hanussen transformou seu jornal, o *Erik Jan Hanussen Berliner Wochenschau*, num órgão pró-nazista. O jornal era vendido em toda a Alemanha e tinha uma tiragem de aproximadamente 200 mil exemplares. O apoio de Hanussen era uma chance de os nazistas expandirem o alcance de sua propaganda com o selo de aprovação do mais famoso vidente da Alemanha.

O jornal de Hanussen misturava notícias, horóscopo, crítica de cinema, humor e conselhos amorosos. Uma edição de abril de 1932, por exemplo, dava destaque na primeira página à história do assassinato de Rasputin durante os últimos dias dos czares. Também havia uma matéria sobre um clube onde as mulheres eram hipnotizadas, bem como a propaganda de um detetive particular e de um café que ficava do outro lado da rua do Teatro Scala (onde Hanussen em geral se apresentava). A imagem no anúncio do café era claramente racista: um homem africano, seminu, com um osso espetado no nariz, parecia estar a ponto de praticar algo inapropriado a uma mulher branca indefesa mas sedenta. Quase todas as edições tinham anúncios sobre a cura de Hanussen para os problemas dos nervos, timidez, preguiça, gagueira, insônia e tabagismo: um *gomboloy*, do mesmo tipo daquele terço de doze contas que ele usava no palco para ajudar a se concentrar. Por apenas dois marcos, era possível comprar o livreto de Hanussen, *Meu método de controlar os nervos*, e levar um *gomboloy* grátis — "uma linha de pérolas do Oriente". Outra seção regular no jornal era uma coluna de aconselhamento. Quando a sra. G. de Aussich perguntou, em setembro de 1932, se ela deveria comprar um hotel, lhe foi dito: "Não compre o hotel agora. Não é a melhor hora para tal compra". Não se sabe se ela seguiu ou não a sugestão.[31]

Quando o periódico comunista de Bruno Frei intensificou seus ataques a Hanussen, todos esses elementos foram relegados às páginas internas do jornal. Em julho de 1932, a primeira página de todas as edições foi reservada para histórias sobre Hitler e para grandes fotos do Führer: Hitler usando um uniforme nazista e oferecendo uma bandeira para um menino orgulhoso e radiante. Hitler liderando uma linha infindável de tropas de assalto, marchando em direção a uma nova Alemanha. Hitler, amável, ardente, benigno, viril: salvador da pátria. Antes de todas as eleições — e houve muitas entre 1932 e 1933 —, o jornal previu a vitória nazista: "Hitler vencerá!", "Hitler assumirá o governo", "Hitler derrotará o comunismo". No fim das contas, o jornal de Hanussen acabou se tornando um capacho dos nazistas, com suásticas colocadas estrategicamente no topo de cada página. Em uma edição, num mapa astral tendo um capacete do exército alemão ao centro, lia-se: "Sem Hitler, não há Alemanha". Em outra edição, uma história intitulada "Hitler desperta a Alemanha!" mostrava a foto de um tanque decadente da Primeira Guerra como um símbolo do declínio alemão e da decisão de Hitler de restituir à nação a sua glória passada.[32]

Hanussen havia feito sua escolha. Ele adotara os nazistas como refúgio: o centro do espectro político estava se desintegrando; centristas como o juiz Hellwig desprezavam os videntes e o oculto, e a esquerda empreendia uma cruzada contra ele. Por mais de um ano, Hanussen aprofundou seus laços com nazistas como Helldorf, e ele estava por fim colhendo os frutos de tais manobras. Politicamente, Berlim estava em frangalhos mais do que qualquer cidade da Europa. E foi na extrema direita que Hanussen julgou ter encontrado um porto seguro.

Perturbado pela cruzada dos comunistas, em novembro de 1932 Hanussen contratou membros da SA para garantir a ordem no Teatro Bachsale onde ele se apresentaria. Apesar de suas performances nunca terem sido interrompidas, ele queria garantir que, caso ocorresse algum problema, quem quer que o tivesse causado fosse rapidamente retirado do teatro. A última coisa que um vidente precisa é ter que dividir sua atenção entre o seu ato e o medo de que algum membro da plateia atrapalhe sua concentração.

Por algum tempo, os espetáculos ocorreram muito bem. Hanussen recobrou sua autoconfiança — até o mês seguinte, quando quase aconteceu um desastre. Uma vez mais, Hanussen jogou pesado e anunciou que o seu jornal deixaria de ser semanal e passaria a ser diário, o que implicava que ele concorreria diretamente com o jornal de Goebbels. Para se vingar, o *Der Angriff* publicou uma história a respeito do "Judeu tcheco Hanussen", com evidências sobre os detalhes da ascendência de Hanussen dadas por Ernest Juhn, um insatisfeito ex-funcionário dele. Helldorf, que apoiava Hanussen, ficou chocado — com razão — e exigiu explicações. Hanussen, esperto como nunca, inventou prontamente uma nova história. Ele havia sido adotado por um bondoso casal de judeus depois que seus pais — nobres dinamarqueses — morreram num acidente nas montanhas da Morávia. Isso explicava suas noções de iídiche e sua afinidade com os judeus. Dois dias depois, *Der Angriff* — pressionado por Helldorf — voltou atrás em sua história, chamando Hanussen de "um grande homem e uma força importante na nova Alemanha". Não querendo perder a chance, o jornal comunista de Frei revelou, em seguida, que o tio de Hanussen era um famoso rabino austríaco, Daniel Prossnitz. Uma semana mais tarde, Frei publicou uma outra bomba em sua primeira página: uma carta manuscrita por um rabino em Rumburg, pequena cidade do norte da Tchecoslováquia, dizendo que no dia 1º de janeiro de 1928 ele havia celebrado o casamento de Hanussen e Elfriede Rühle, a terceira esposa dele. Hanussen sempre conseguiu disfarçar o fato de ser judeu. Agora, seu disfarce estava indo por água abaixo.[33]

Hanussen conseguiu dois mandados contra o jornal de Frei. O primeiro proibia o jornal de chamá-lo de charlatão, caloteiro ou fraude. Isso estava atrapalhando os negócios de Hanussen, e a lei alemã considerava a clarividência um negócio legítimo. O outro mandado proibia o jornal de repetir que Hanussen teria alguma relação com um famoso rabino. Isso também atrapalhava os negócios, especialmente depois do crescimento do antissemitismo na Alemanha. Por que ficar lembrando os clientes que um empresário era judeu?[34]

No entanto, os problemas de Hanussen com a imprensa não pararam. No final de dezembro, ele processou Alfred Hurtig, editor do *Welt am Abend*, outro jornal comunista de Berlim. Na primavera do ano anterior, o jornal de Hurtig havia culpado Hanussen pela morte de um piloto de corrida. Hanussen havia previsto que um príncipe tcheco, George-Christian Lobkowicz, morreria no Grande

Prêmio da Alemanha. Alguns dias antes da corrida, Hanussen disse aos organizadores: "Vejo um sério acidente com o príncipe Lobkowicz. Ele não deveria correr. Se vocês puderem detê-lo, por favor o façam". Os organizadores não fizeram nada. Na noite anterior à corrida, Alfred Neubauer, gerente da equipe de corrida da Mercedes, estava num bar com amigos. Hanussen também estava lá. Neubauer desafiou Hanussen a prever quem ganharia a corrida. Hanussen escreveu dois nomes num pedaço de papel, guardou-o num envelope fechado, entregou-o ao barman e o instruiu para que não o abrisse até a noite do dia seguinte. "Um de nós nesta mesa será o vencedor amanhã", disse Hanussen a um pequeno grupo. "O outro morrerá. Os dois nomes estão no envelope." Na noite seguinte, Neubauer abriu o envelope. Dentro dele estava o papel onde Hanussen havia escrito o nome do vencedor: Manfred von Brauchitsch. Ele também escreveu o nome do motorista que morreu na primeira volta da corrida: o príncipe Lobkowicz.[35]

A polícia considerou a causa do acidente uma falha mecânica. O *Welt am Abend* culpou Hanussen, declarando que sua previsão havia perturbado o príncipe, que deve ter ouvido algo a respeito.[36]

Se os organizadores de corridas impedissem pilotos de correr sempre que um vidente sentisse algum perigo, ninguém sequer participaria da largada. O perigo está no cerne das corridas. Mas Hanussen tinha algo a seu favor — o Bugatti de trezentos cavalos e quinhentos quilos do príncipe era uma máquina muito possante, chegando a 144 km/h na primeira marcha. Anos mais tarde, Phil Hill, lendário piloto de corridas, testou um Bugatti Type 54, o mesmo modelo que o príncipe usou. Hill disse que aquele era o carro mais assustador que ele já havia dirigido.[37]

Hanussen retirou a acusação logo após o julgamento ter começado em Berlim — ele acabara de saber que o réu não era a pessoa que editou o número do *Welt am Abend* que o havia culpado pelo acidente de Lobkowicz. Hanussen deveria ter verificado essa informação antes. Quando ele apresentou seu passaporte ao juiz para se identificar, seu verdadeiro nome veio à tona, aquele que quase ninguém em Berlim conhecia: Hermann Steinschneider, nome claramente judeu. E quando se apresentou ao juiz, tentou insinuar-se dizendo: "Eu represento os interesses dos partidos de direita alemães". Isso não impressionou o juiz, que não simpatizava com os nazistas.[38]

No dia seguinte — véspera de Natal — o jornal de Frei tinha a seguinte manchete: "Hanussen se fez de bobo". A história começava assim: "O nome do sujeito é Hermann". Hanussen ou Steinschneider — ou quem quer que fosse — não teve um bom Natal.[39]

Não ficou claro a ninguém como Hanussen havia sido capaz de prever o acidente de Lobkowicz no verão anterior. Teria ele sabotado o Bugatti? Pouco provável. Hanussen estava sempre cercado de marginais e sociopatas, mas não era uma pessoa violenta. Isso ele deixava para os outros. Um sabotador teria confiado nele? Pouco provável. Lobkowicz não tinha inimigos conhecidos, e nunca houve suspeitas de sabotagem em nenhum Grande Prêmio. O esporte já é perigoso por si só. O que poderia nos levar a crer — com certa relutância e cuidado — na possibilidade de Hanussen ter desenvolvido alguma habilidade psíquica por volta de 1932. Sem dúvida, durante boa parte de sua carreira ele havia transformado a fraude em arte e sustento. Ainda assim, durante os muitos anos que Hanussen afiou sua concentração para os seus espetáculos, talvez tenha, sem querer, desenvolvido habilidades que surpreenderam até mesmo a ele, fazendo com que se beneficiasse de sua própria fraude. Mas esse foi um dom que ele não ganhou, já que a verdadeira clarividência — não a do tipo usada no *show business* — exige uma humildade profunda e purificadora, e Hanussen detestava a humildade. Para Hanussen, as pessoas humildes eram fracas e covardes. Ele era forte e orgulhoso. Seria contra sua natureza ser humilde, embora isso talvez lhe tivesse sido útil para os seus shows — a humildade se abre para o obscuro, o esquivo e o misterioso. Toda a vida e a performance de Hanussen se baseavam em raramente, ou nunca, deixar transparecer uma única falha ou sinal de vulnerabilidade. Assim, as habilidades ou poderes que porventura ele possuía vieram à tona sem o pré-requisito da preparação interior, que é a razão por que muitas pessoas não o levavam muito a sério. Ele se esforçava demais para parecer genuíno. Se tivesse sido um pouco menos convencido, talvez tivesse conseguido ter mais credibilidade. E se o príncipe Lobkowicz chegou de fato a ouvir falar da previsão de Hanussen sobre o acidente, poderia ter havido a chance de ele tê-la levado a sério e ter sido mais cuidadoso naquela adorável tarde de maio na pista de Avus. Mas talvez não tenha sido assim. A despeito do quão confiável fosse Hanussen, é mais provável que o príncipe tivesse assumido o volante de seu Bugatti e tivesse explorado ao máximo seu motor incrivelmente possante já na primeira volta. As pessoas participam de corridas numa aposta contra seu destino e para frustrar os deuses, mesmo quando um vidente diz que já estão condenadas.

Capítulo 10

O nó se aperta

Hanussen precisava sair de Berlim. As tensões, pressões, disputas políticas e processos judiciais estavam exaurindo suas forças. Durante os últimos meses de 1932, ele foi viajar para a Dinamarca, França e Itália, apesar de processos contra ele estarem sendo abertos (e fechados) na Alemanha, e apesar de ele ter sido definitivamente identificado como judeu. Mesmo viajando cada vez mais longe da capital alemã, não tinha como fugir da premonição que o seguia como uma sombra, de que a catástrofe era iminente. Seu melhor refúgio, talvez o único, eram as habilidades que ele havia desenvolvido por décadas. A coragem e a esperteza o haviam levado até ali, e não seria agora que elas iriam decepcioná-lo.

Em Copenhague, Hanussen se hospedou no Dagmar, hotel um pouco aquém do Palads, o melhor da cidade, que ficava a apenas dois quarteirões dali e se gabava de possuir "conveniências modernas" em todos os seus 175 quartos. Mas como o preço do Dagmar para um quarto de casal era oito coroas menor que o do Palads, seria sábio economizar de vez em quando, mesmo para Erik Jan Hanussen. Afinal de contas, era 1932, o auge da Grande Depressão.[1]

Um jornal dinamarquês se referia a Hanussen como o "assunto mais quente" de Copenhague. Todas as noites os seus shows no Concert Palace lotavam, e todos os dias as consultas particulares o mantinham ocupado em seu quarto de hotel desde as onze até as dezessete horas. As consultas particulares podem ser consideradas o maior erro de Hanussen. Os shows noturnos eram entretenimento. Mas suas lucrativas consultas durante o dia poderiam ser consideradas fraudes, em que ele atravessava a linha que dividia o artista do conselheiro pessoal, cujas percepções e premonições, prometia ele, levariam seus clientes a ter uma vida mais feliz e melhor. Quando um jornal reclamou que nenhum "exame científico" havia sido feito sobre os poderes de Hanussen, os repórteres se deleitaram pesquisando um relatório sobre Hanussen que havia sido publicado havia pouco tempo no jornal alemão *Archive für Kriminologie.*[2]

O artigo fora escrito por Albert Hellwig, o juiz de Potsdam que acompanhava Hanussen havia quase dois anos. Nele, eram listadas todas as reclamações contra Hanussen: ele era uma fraude. Não podia curar ninguém. Não podia adivinhar o passado, prever o futuro nem sequer dizer com certeza quando a sua própria revista, a *Outro Mundo*, seria publicada. (O primeiro número estava agendado para o verão de 1931. "Problemas econômicos" a haviam atrasado até o outono daquele ano.) E Hanussen, alegava Hellwig, jamais havia solucionado um crime como ele defendia. Especialistas, escreveu o juiz, "que não são 'paranormais' conseguem fazer um trabalho melhor que Hanussen".[3]

Armados com o artigo de Hellwig, os repórteres e a polícia começaram a investigar as consultas particulares de Hanussen, as mesmas que o haviam metido em encrencas em Leitmeritz alguns anos antes. Um repórter visitou o quarto de Hanussen no Dagmar a tempo de ouvir, à distância, um jovem casal discutindo se deveriam "pagar para dar uma olhada no futuro" e a resposta da secretária de Hanussen lhes dizendo: "Não há garantia. Não damos nenhuma garantia". O casal pagou pela sessão mesmo assim. Quando partiram, Hanussen e sua assistente começaram a contar o lucro do dia — "demorou bastante", escreveu o repórter, porque a maior parte dos pagamentos era em dinheiro. O repórter perguntou o valor de uma consulta. "Cento e cinquenta coroas para as mais fáceis", respondeu a secretária de Hanussen. "Empresários querendo saber informações da Bolsa de Valores pagam quinhentas coroas. Magnatas pagam mil." Sabendo que Hanussen havia feito ao redor de cem consultas aquele dia, o repórter calculou que o vidente havia ganhado aproximadamente 15 mil coroas — por volta de 44 mil dólares na época — em menos de seis horas.[4]

A polícia em Copenhague não estava pronta para agir contra Hanussen — não havia prova conclusiva de que ele era uma fraude ou de que estava explorando as pessoas que o pagavam pelas consultas. Uma propaganda do show de Hanussen, no entanto, não agradou muito as autoridades. Ela incluía um apoio inesperado: "O delegado-chefe diz: Hanussen não é e não pode ser uma fraude!". Algumas horas mais tarde, o delegado-chefe da cidade disse aos repórteres que o entrevistavam a respeito do apoio que ele havia gostado da única performance de Hanussen da qual participou: "Sei, com certeza, que havia pessoas presentes que Hanussen não conhecia, mas cuja mente ele leu". Se por um lado o delegado não gostou que Hanussen o tenha citado no anúncio, ele enfatizou que se preocupava, principalmente, com as consultas *particulares*. Era lá que estava a verdadeira enganação. Nelas, quase com certeza, Hanussen desencaminhava as pessoas usando algum aspecto muito pessoal de sua vida.[5]

Hanussen havia sobrevivido ao julgamento de Leitmeritz, mas talvez não tivesse tanta sorte dessa vez. A polícia de Copenhague o estava investigando, e os jornais locais gozavam dele. Um deles publicou uma charge de Hanussen vendado descobrindo o conteúdo de dois envelopes fechados. "Acho que um é da polícia", mostrava a legenda, "e o outro do cobrador de impostos." Depois de duas semanas, já estava na hora de Hanussen concluir seus negócios na cidade. Sua secretária agora dizia aos clientes que ele não receberia mais ninguém. Volte na próxima quarta, dizia ela. Era sexta-feira. Na quarta ele já tinha ido embora.[6]

Hanussen tentou entrar na Noruega, mas foi barrado mesmo depois de ter prometido não fazer nenhuma sessão particular. A polícia norueguesa alegou que as pessoas que assistiam a seus shows eram "psicologicamente fracas", "facilmente enganáveis", ou estavam "sob forte stress emocional". Hanussen tinha uma personalidade tão forte que "as pessoas acabavam se rendendo cegamente" a ele. Algumas talvez "ficassem psicologicamente perturbadas".[7]

Hanussen voltou a Berlim, onde não conseguiu relaxar. Os comunistas continuavam a expô-lo em seus jornais e os nazistas deliberavam, a portas fechadas, o que fazer com ele. Para eles não importava se ele era um vidente ou uma fraude. O que *importava* era que o aliado e patrocinador deles era um judeu.

Além disso, Hanussen já havia percebido, a cidade estava exaurida, surrada ao testemunhar a morte da democracia. Algumas pessoas tinham começado a deixar Berlim, que não era mais uma nova Atenas, com artistas e intelectuais debatendo questões fundamentais da estética noite afora. Agora só se falavam das lutas de rua entre nazistas e comunistas, sobre os caminhões cruzando a cidade cheios de armas, mangueiras de borracha, adagas, socos-ingleses, barras de ferro e dinamite para explodir prédios. Berlim era uma zona de guerra, escolhida cuidadosamente pelos nazistas que sabiam que, depois de Moscou, a capital alemã era a maior fortaleza comunista no mundo, sede de um partido com 250 mil membros, 4 mil células, 25 jornais e 87 organizações afiliadas. Os comunistas tinham um sistema de entregas expressas eficiente, uma rede de informantes e uma sofisticada operação de vigilância. A União Soviética estava despejando enormes quantias de dinheiro na cidade, ensinando membros do partido a forjar assinaturas e passaportes, espalhar propaganda, infiltrar-se em organizações rivais e executar operações secretas. Dar uma surra nos comunistas dali faria dos nazistas os salvadores do capitalismo.

A princípio, os nazistas não chegavam aos pés dos comunistas. Mas eles rapidamente os alcançaram com a ajuda de banqueiros e industrialistas, com o gênio de Goebbels para a propaganda e o de Hitler para despertar paixões, e com as brigas de rua que mantinham os moradores em suas casas, acuados e com medo. Em 1932, 84 nazistas foram mortos em brigas de rua; no primeiro semestre de 1933, 75 comunistas foram mortos. Ambas as partes estavam engajadas num embate violento, transformando bares, tavernas, salas de reunião, apartamentos, ruas e pontes em campos de batalha. Comunistas atiravam de carros em alta velocidade nas tavernas frequentadas por membros da SA. Numa briga de gangues na vizinhança de Reinickendorf, um comunista levou um tiro e um nazista uma facada; ambos morreram. Um comunista que entrou por engano num bar frequentado pela SA alguns minutos mais tarde saiu com uma faca em seu abdômen. Morreu duas semanas depois.

Berlim não era a única cidade alemã estraçalhada pela violência. Quando 7 mil nazistas marcharam numa vizinhança comunista em Hamburgo, os comunistas responderam com franco-atiradores disparando de janelas e telhados. No fim do dia, dezoito pessoas estavam mortas. Em Potempa, uma pequena vila na Alta Silésia (província na Polônia que a Alemanha considerava sua), cinco homens da SA invadiram o apartamento de um comunista, o arrancaram da cama e o pisotearam na frente de sua mãe. Os nazistas controlavam tão bem algumas cidades da Alemanha que muitas pessoas que discordavam deles temiam sair de casa. Conforme um comunista disse aos membros do partido em Berlim, "há ruas [em Brunswick, cidade ao norte da Alemanha] nas quais nossos camaradas não têm coragem de ser vistos à noite. Um camarada de Brunswick me relatou que [...] ele e sua família só podiam sair de casa à noite se estivessem disfarçados".[8]

Depois de Hanussen ter sido acossado na Dinamarca e impedido de entrar na Noruega, ele esperava que Berlim pudesse ser o seu refúgio. Achava que ele era esperto o suficiente para mediar os nazistas contra os comunistas, que os nazistas ainda dependiam de sua generosidade com a SA e que eles desconsiderariam o fato de ele ser judeu. Mas a cidade, tal como a Alemanha, estava um caos. Assim que possível, Hanussen partiu para uma temporada no Théâtre Impérial em Paris. Talvez a Cidade Luz pudesse dissipar parte das trevas que caíam sobre o clarividente que havia levado o encanto e o maravilhamento a tantas pessoas.[9]

O Impérial, um dos melhores teatros de Paris, costumava apresentar pessoas como o sofisticado cantor e dançarino Maurice Chevalier e novidades como Keith Clark, um bonitão de bigode fino, *timing* perfeito e uma série fixa que ele chamava de "Seda Suprema" — um enorme lenço se materializava no ar, dividindo-se em seguida em dois lenços do mesmo tamanho. Quando Clark os amarrava, do nada surgia um terceiro lenço, seguido de um quarto, quinto, sexto, até que dezoito lenços se materializavam a partir da "quarta dimensão", e a plateia ficava tão encantada quanto perplexa.[10]

Hanussen não era nenhum Keith Clark e definitivamente não era um Maurice Chevalier. Mas ele acabou por negociar um bom acordo para si mesmo: um mínimo de 5.200 francos por dia, além de 30% das vendas de ingressos até que o valor chegasse a 30 mil francos. O Impérial chamava o seu número de "Les Merveilles de la Telepathie" — as Maravilhas da Telepatia. O problema era que não se tratava de uma maravilha. A audiência se entediava com seu ritmo letárgico: tudo o que Hanussen dizia tinha que ser traduzido para o francês. Assim não dava para estabelecer um relacionamento com as 1.200 pessoas da plateia. O crítico que chamou Hanussen de medíocre foi mais bondoso que aquele que o chamou de terrível. Hanussen ficou só três dias no Impérial.[11]

Antes de deixar Paris, Hanussen fez mais um show — no Club du Faubourg, algo mais próximo de um salão dedicado à troca de ideias que um cabaré com lindas garotas e homens cantando e dançando. O Faubourg promovia discussões três vezes por semana, geralmente a respeito de política, medicina ou literatura. Leo Poldes, o socialista que gerenciava o clube, odiava os fascistas e às vezes os convidava para falar: ele queria transcender a ideologia — ou, pelo menos, entendê-la à sua própria maneira. No Faubourg se buscava a verdade, mas não sua definição. De vez em quando, uma noite era destinada ao oculto. E foi aí que entrou Hanussen. Antes do show, Poldes achou que poderia se divertir. Depois de ir ao camarim de Hanussen, apresentou-lhe sua mão e perguntou o que ele via. Hanussen olhou para a mão de Poldes e se recusou a responder. Poldes insistiu para que Hanussen lhe dissesse algo. "Meu caro", disse Hanussen, "o senhor morrerá de uma morte violenta." Impressionado, Poldes pegou a mão de Hanussen: "E o senhor", disse, "morrerá assassinado".[12]

Poldes morreu em 1970 de causas naturais; Hanussen morreria quase quatro décadas antes dele.

A vida de Hanussen foi sempre marcada pela urgência. Agora ele parecia um maníaco: um fantasista perdendo o controle sobre suas fantasias. Copenhague havia sido um desastre. Paris não foi melhor. Berlim era onde ele tinha sua vida, esposa, carreira e amigos, carros e apartamento de luxo. Também era o lugar onde os nazistas e os comunistas esperavam por ele. Assim como eles, Hanussen acreditava em manipulações, e tudo o que precisava para se aproximar do público era martelar alguns pontos repetidas vezes, apelando para as emoções, não ao intelecto. Os nazistas conseguiam fazer isso de forma brilhante, com um veneno que reduzia a dramaticidade de Hanussen a algo infantil, um entretenimento inútil. Hanussen havia gastado décadas para dominar algumas técnicas: para ele, tudo era irônico. Nada era levado muito a sério. Mas os nazistas não entendiam muito de ironia e levavam tudo muitíssimo a sério. E eles tinham deixado de gostar de Hanussen, já que havia toda essa conversa sobre ele ser judeu e sobrinho de um rabino. Assim, antes de embarcar no trem que o levaria a Berlim, Hanussen precisava fazer só mais uma coisa, que talvez o salvasse de nunca mais ver aquela cidade.

Hanussen não havia visto mais Therese, sua segunda mulher, desde o seu divórcio em 1924. Naquela época ela morava no norte da Itália com seu segundo marido e com Erika, a filha que teve com Hanussen. Therese não sentia saudade do tempo que viveu com Hanussen, mas ela ainda gostava dele.

Therese vivia numa casa de três andares, pintada de cor salmão, em Merano, próspera cidade incrustada num profundo vale nos Alpes italianos. Com frequência ela se sentava na varanda, vendo a filha brincar no enorme jardim da família. Therese era feliz em meio a essa beleza e à vida doméstica. Hanussen foi visitá-la. Therese não sabia o motivo, mas o velhaco, pensou com algum afeto, devia estar querendo aprontar alguma.

Hanussen ficou hospedado por oito dias no Hotel Meranerhof, um dos melhores hotéis da cidade, com um grande jardim aos fundos, repleto de palmeiras e cedros do Líbano e um pátio onde era servido o café da manhã com o frescor do alvorada. O hotel ficava a uma curta caminhada da casa de Therese, a mais ou menos uns dez quarteirões de distância. Hanussen ia lá todos os dias. Brincava com Erika, então com doze anos, que gostava de vestidos brancos cheios de laços e sapatinhos com botões. Ele não a via desde que tinha quatro anos. E a mimou com brinquedos e doces e lhe comprou uma câmera e outros presentes que a fizeram se sentir especial e amada. Estava conhecendo a filha, para a qual ele era um desconhecido. Esperava que, caso não conseguisse persuadir Therese a fazer o que ele tinha em mente, talvez conseguisse convencê-la por meio da filha, que era a única coisa que os dois tinham em comum a essa altura.

"Então, Risa", disse ele a Therese um dia, usando o apelido que dera a ela, "já tive várias mulheres, mas houve apenas uma Risa." Ela riu. Num outro dia ele propôs deixar Fritzi (a esposa que o esperava em Berlim) e Therese deixar Fuchs (que administrava sua cervejaria) para que então os dois fugissem para Nova York — só os dois e Erika —, onde seriam uma família de novo. Therese ruborizou, impressionada com o fato de Hanussen ter viajado até lá por *isso*! Ele não havia mudado. Continuava tão amável quanto antes. Mas ele merecia uma única resposta, e foi a que ela lhe deu: "Oh, Hanussen, você continua o mesmo. Sempre quer a mulher de outro homem". Sua melhor oferta foi que ele poderia levar Erika "num breve cruzeiro em seu iate, mas você não me terá".[13]

Hanussen voltou para Berlim. Ele achava que nem os nazistas nem os comunistas o impediriam de ter a vida que sempre imaginou para si naquela cidade. Sua esperteza e seu esquecimento da política e dos motivos sinistros de algumas pessoas com as quais ele se envolvia o haviam levado até onde chegou na vida. Tinha certeza de que eles o levariam ainda mais além. Quanto pior a vida ficava em Berlim, mais ele romantizava o que poderia ter acontecido se tivesse ficado em Merano com Therese e Erika.

Algumas semanas depois de voltar à Alemanha, Hanussen mandou à sua filha algumas fotos de seu iate e um bilhete:

> Minha querida Erika,
> Você pensa em mim às vezes? Nesse caso, por favor me mande uma carta de vez em quando. Como está sua bicicleta? Já aprendeu a andar bem? Para o Natal vou lhe mandar as fotos que tiramos juntos e algo mais que sei que você vai gostar. Saudações para todos!

Na margem esquerda do bilhete, ele rascunhou: "No verão viajaremos no meu barco".[14]

Mas não haveria verão para Hanussen.

Numa carta para Therese, Hanussen avisou que tinha um novo endereço em Berlim — Lietzenburgerstrasse 16, na adorável vizinhança de Charlottenburg. Dada a situação política, mudar-se, nem que apenas alguns quarteirões, pareceu ser uma boa ideia. O antigo apartamento de Hanussen na Bendlerstrasse 17 ficava do lado do Bendlerblock, o epicentro das forças militares alemãs. A carta de Hanussen a Therese estava datada de 4 de fevereiro de 1933 — o dia seguinte ao encontro de Hitler no Bendlerblock com o alto-comando alemão em que apresentou seus planos para o *Lebensraum* — o espaço vital. No esquema de Hitler, a Alemanha se rearmaria de forma secreta para em seguida conquistar as enormes extensões territoriais ao leste para agricultura e moradia, onde os alemães poderiam se espalhar psicologicamente: eles achavam que o Tratado de Versalhes os estava sufocando. Mas seria necessário mais do que alguns quarteirões para afastar Hanussen dos nazistas: qualquer judeu em Berlim descobriria rapidamente que os judeus precisavam de sua própria versão do espaço vital e que nunca havia o suficiente. A cidade estava se fechando contra todos os que os nazistas considerassem indesejáveis. Estava se fechando, em especial, para Hanussen.[15]

A situação não estava nada boa. Os planos de Hanussen para um spa em Godesberg fracassaram; Albert Hellwig e a Sociedade Alemã Contra a Fraude Médica não largavam do seu pé; comunistas e nazistas observavam cada movimento seu; e muitos cínicos estavam dizendo que ele não lia mentes — lia apenas sinais que recebia de seus assistentes sobre as pessoas na plateia. A melhor decisão que havia tomado recentemente fora se mudar para um apartamento que era tão grande que ele não precisava mais fazer suas consultas particulares em nenhum outro lugar. Até então, ele fazia suas consultas num cômodo no Esplanade, um dos hotéis mais elegantes da cidade. O kaiser, antes da guerra, promovia jantares exclusivos só para homens no hotel, e nos anos 1920 estrelas de cinema como Charlie Chaplin e Greta Garbo se hospedavam lá sempre que iam à cidade. Fazer as consultas no Esplanade dava a Hanussen certo toque de classe — um lugar famoso para um tipo de trabalho meio diferente. De todas as pessoas que foram até lá ver Hanussen, uma de que ele nunca se esqueceu foi uma rica americana que, Hanussen entendeu imediatamente, desprezaria qualquer coisa que ele lhe dissesse. Antes mesmo de ela abrir a boca, ele lhe disse: "Você quer me perguntar se deve vender as ações que ganhou de seu marido. Isso lhe custará mil marcos porque você é uma mulher rica e porque você vai ganhar um monte de dinheiro se seguir o meu conselho. Você me pagará mil marcos. Ouvirá meu conselho. E não o seguirá".

A mulher pagou, ouviu e desprezou o conselho de Hanussen. Ela também perdeu um monte de dinheiro.[16]

Hanussen gostava do fato de agora oferecer suas consultas em seu novo e enorme apartamento na Lietzenburgerstrasse. Não gostava dos ataques contra ele, que se tornavam cada vez mais frequentes e intensos. Para defender sua honra, lançou um desafio em fevereiro: daria 10 mil marcos para qualquer um que pudesse provar que ele recebia sinais secretos de seus assistentes ou que, durante os seus shows, ele lia a mente de pessoas que já conhecia. Para esse desafio, Hanussen lotou o Teatro Beethovensaal, um enorme salão de espetáculos normalmente reservado para as apresentações da Filarmônica de Berlim.

No começo do show, Hanussen garantiu à plateia que ele nunca havia se encontrado com nenhuma das pessoas que participariam do show. E, de fato, todos os que ele convocou confirmaram o que disse: o cavalheiro que Hanussen disse estar preocupado com alguém desaparecido, o homem que Hanussen disse ter tentado o suicídio e a mulher que havia se recuperado completamente daquilo que os médicos haviam diagnosticado, por engano, como uma doença incurável.[17]

Excetuando o homem que disse que Hanussen estava "meio certo" a seu respeito, e outro que disse que a clarividência era totalmente errada, Hanussen se deu muito bem. Ninguém voltou para casa com a recompensa, e pelo menos uma pessoa — um escritor — deixou o teatro fascinado. Ao provar "sua habilidade numa atmosfera parecida com a de um tribunal", escreveu, a vitória de Hanussen "será lembrada até que os inimigos do oculto cheguem ao seu fim". Mas esse escritor, colunista de uma revista de ocultismo, era um dos fãs de Hanussen.

Mas outro jornal, o *Die Wahrheit*, não estava convencido de que Hanussen fosse qualquer coisa além de um animador de auditório. O *Die Wahrheit* notou que quando Hanussen convidou uma mulher da plateia a escrever o nome de uma pessoa que ele teria que encontrar, Hanussen se virou para que não pudesse ver o que ela escrevia. Mas ele se voltou antes de ela terminar e colocar o papel no envelope fechado. A impressão de que Hanussen conseguiu ver o nome, reportou o *Die Wahrheit*, foi enfatizada quando ele perguntou "se ela havia escrito a primeira letra de uma forma típica, tipo um *D* que lembrava um *B*". Supostamente, isso serviu para que Hanussen conseguisse mais informações sobre o que havia acabado de ver. Depois de ela pôr o pedaço de papel no envelope, Hanussen pediu para que apertasse firmemente o seu pulso — Hanussen ainda fazia leitura muscular dezessete anos depois de Joe Labero tê-lo ensinado a fazer isso —, e eles começaram a andar na direção da pessoa cujo nome estava no envelope. Se o *Die Wahrheit* especulou corretamente sobre o fato de a maioria das pessoas escrever o nome de alguém que havia se sentado ao seu lado, ou mesmo de alguém que estava sentado perto delas, tal fato aumentava as chances de Hanussen saber aonde ir, já que ele lembrava onde a mulher se sentara.[18]

No final do primeiro ato, Hanussen pediu à plateia que anotasse rapidamente algumas datas em pedaços de papel durante o intervalo. Eles poderiam entregar os papéis aos seus assistentes numa pequena saleta ao lado do lobby. Quando o show voltasse, ele anunciaria o que aconteceu em cada data. Como o público frequentou o lobby, disse o *Die Wahrheit*, algumas pessoas se gabavam que a *sua* data enganaria Hanussen; algumas pessoas, de forma ainda mais tola, diziam a seus amigos o que tinha acontecido naquela data. Era impressionante, notou o jornal de forma áspera, "que somente aquelas senhoras ou cavalheiros que [...] [estavam] falando muito alto" foram autorizados a entrar na sala onde os assistentes de Hanussen estavam aceitando os papéis com as datas. E, já que só era permitido entrar uma pessoa por vez na sala, tudo o que Hanussen precisava para bater uma data com um evento era contratar assistentes com uma boa audição e uma excelente memória.[19]

O fato de o *Die Wahrheit* ter tomado a iniciativa em acusar Hanussen não era um bom sinal. O jornal era declaradamente antissemita. Se ele estava chamando Hanussen de mentiroso e trapaceiro e revelando seus segredos, então era certo que ele não estava impressionando todos os nazistas. A cada dia, a vida de Hanussen se tornava um exercício de equilíbrio, com os comunistas e os socialistas numa cruzada contra ele, e os nazistas cada vez mais revoltados com ele por ele ser uma fraude. Ou um judeu. Ou ambos. Fugir para Nova York com Therese e Erika nunca havia lhe soado tão bem.

Capítulo II

O judeu da corte do Führer

Em janeiro de 1933, ao se aproximar a decisão do presidente Hindenburg de nomear Hitler chanceler, cada número do jornal de Hanussen, *Erik Jan Hanussen Berliner Wochenschau*, elogiava Hitler da primeira à última linha: "Hitler assume a ofensiva", "A Alemanha assumirá o poder", "Hitler não desiste antes da grande decisão". Fotos extravagantes mostravam o Führer cercado das bajuladoras tropas de assalto ou aceitando um buquê de uma criança que o admirava com olhos que mesclavam curiosidade, medo e adoração. Quando Hitler finalmente se tornou chanceler no dia 30 de janeiro, o jornal de Hanussen se gabou, de forma simples e jubilosa: "Hitler está no topo". Uma enorme foto mostrava um Hitler severo. Como legenda, o texto: "Meu poder será ilimitado". Essas foram as palavras de Hitler.[1]

Hanussen havia previsto que o dia 30 de janeiro seria "um dia de sorte. Bom para todos os tipos de empreendimento". Porém não seria bom para sindicatos, liberais, comunistas, socialistas, intelectuais, judeus, gays, ciganos, escritores, cientistas ou o clero, para qualquer um com um bom coração e uma mente aberta. Mas um grande dia para os brutamontes de camisa parda que correram para o mais importante bulevar em Berlim — o Unter der Linden — e marcharam por horas, cada um deles carregando uma tocha. Essa marcha de fogo passou sob o Portão de Brandenburgo em formação militar, desceu a Wilhelmstrasse, onde os manifestantes prestaram homenagem ao frágil e velho Hindenburg, que os assistia de uma janela do palácio presidencial, passando finalmente pela chancelaria sob os olhos orgulhosos e triunfantes do Führer. Naquela noite, disse um nazista anos depois, "todos sentiam o mesmo — tudo vai melhorar". Edgar Mowrer, americano que vivia em Berlim naquela época, não estava tão entusiasmado. A vitória de Hitler, disse, foi "a rejeição da Alemanha a mil anos de civilização".[2]

Até aquela noite, os nazistas poucas vezes se sentiram à vontade em Berlim. Aquela nunca fora sua cidade, já que a maioria dos seus moradores votava consistentemente nos comunistas ou nos sociais-democratas. Hitler via a cidade como uma incubadora da modernidade, do capitalismo, do socialismo e de judeus — embora os 160 mil judeus da cidade não passassem de 4% da população. Sentindo que haviam conquistado a capital de seus inimigos, os nazistas se prepararam para recriar Berlim política e fisicamente, planejando um dia rebatizá-la de Germânia e construir enormes e desproporcionais bulevares por toda a cidade, com um deles — o Konigsplatz — cercado pelo palácio do Führer de um lado (a ser terminado em 1950 — eles pensavam longe) e uma enorme arena do outro lado, capaz de acomodar 150 mil pessoas, reunidas sob uma cúpula de quase trezentos metros de altura para escutarem Hitler falar num espaço dezesseis vezes maior que a Catedral de São Pedro em Roma. Cinco quilômetros ao sul haveria um grande arco — duas vezes e meia mais alto que o Arco do Triunfo em Paris — entalhado com os nomes do 1,8 milhão de alemães mortos na Primeira Guerra Mundial. Germânia seria a cidade mais imponente da Europa, um testamento para o homem que ergueu a nação da angústia e da vergonha, estabelecendo-a como o paradigma do mundo.[3]

Na noite em que Hitler se tornou chanceler, as pessoas se reuniram para comemorar no apartamento de Hanussen. Os nazistas — alguns deles ainda dependentes da generosidade do judeu clarividente, alguns ainda incertos do quão antissemitas eles teriam que ser no novo regime — estavam pomposos em seus uniformes. Mesmo a realeza destituída que lá se encontrava, como o quarto filho do kaiser, estava muito alegre com a vitória dos nazistas, acreditando que Hitler restauraria a monarquia. Alguns escritores de segunda linha celebravam a crença de que sua prosa comum e sem inspiração se tornaria moda sob os nazistas. Todos exultavam por Hitler ser o chanceler: graças a ele, a Alemanha estava no limiar de uma nova e inspiradora glória. Mas também estavam lá para prestar homenagem a Hanussen: afinal de contas, o vidente havia previsto o sucesso de Hitler, trabalhado por ele e convencido milhões de pessoas que ele aconteceria, que *tinha* que acontecer, que os astros e o destino estavam todos alinhados para que acontecesse. Naquela noite, Hanussen era o seu guru, seu mago, seu profeta. Ele conhecia o futuro e sabia que tal futuro floresceria sob a suástica.[4]

Se, por um lado, Hanussen adorava tal mesura, por outro ele era esperto o suficiente para saber que só poderia confiar nas pessoas daquela sala até certo ponto. Mais tarde, quando os convidados já haviam bebido o bastante, dizem que ele fotografou o conde Helldorf abraçando uma linda mulher judia. Vários convidados queriam a foto: que maravilha! Helldorf e uma judia! Hanussen supostamente a enviou a um amigo na Holanda no dia seguinte, por segurança, junto com a instrução para que fosse publicada no caso de algo acontecer a ele. Ao dormir naquela noite, Hanussen pensou: "Sou o judeu mais seguro da Alemanha".[5]

Mas ninguém estava seguro na nova Alemanha — nem os ricos, nem os pobres; nem a esquerda, nem a direita. Nem mesmo os aliados dos nazistas ou os próprios nazistas. Alguns já estavam armando complôs contra os outros: os nazistas eram menos uma organização política unificada do que uma ampla e frouxa aliança de conspiradores paranoicos, para os quais os conluios e as facadas pelas costas tinham tanta importância quanto a intriga e a ideologia. Os judeus, claro, estavam na pior situação. Apesar de Hanussen pensar que havia manipulado bem os nazistas por quase dois anos, os últimos artigos de jornal que focavam no fato de ele ser judeu estavam arruinando tudo o que construíra, principalmente agora que Hitler havia assumido o poder. Hanussen nunca negou que fosse judeu. Na verdade, todos os seus casamentos foram celebrados em sinagogas, e os seus divórcios foram igualmente divórcios judeus. Ao adotar o nome artístico de Erik Jan Hanussen, ele não havia feito nada muito diferente dos outros artistas que mascaravam sua identidade religiosa ou simplesmente queriam um nome mais pomposo para suas performances. A despeito de todo o serviço que havia prestado aos nazistas, o fato de Hanussen ser judeu agora havia se voltado contra ele, e ele sabia disso.[6]

Mas Hanussen não era o único judeu pró-nazista ou que acreditava que algo de bom poderia vir de Hitler. Em lugares distantes como Salonika, na Grécia, um judeu que administrava a filial local de uma empresa alemã hasteou uma bandeira com a suástica diante dos seus quinze funcionários judeus. Em Berlim, o chefe da Associação dos Judeus de Nacionalidade Alemã defendia Hitler das acusações "claramente falsas" de antissemitismo e o louvava por uma "revolução sem sangue e tão calma como não se via há séculos". Em Frankfurt, Max Warburg, banqueiro judeu que viria a ajudar os nazistas a trazer estabilidade econômica à Alemanha, pleiteou que os protestos contra Hitler em outros países acabassem. "Por favor, deixem-nos resolver nossos próprios problemas internos", implorou aos amigos que viviam no exterior. "Nós, alemães, resolveremos nossos problemas se nos deixarem em paz." Mesmo alguns socialistas tinham certeza de que os alemães de bom-senso — bem como um mundo de bom-senso — iriam perceber que Hitler e sua turma eram psicóticos e os forçariam a abandonar o poder em não mais que seis meses. O otimismo não se restringia aos alemães. Um observador veterano da Alemanha servindo na embaixada americana em Berlim mandou um telegrama para Washington dizendo que "há muitas razões para crer que o chanceler, sr. Hitler, não aprova as ações gerais e indiscriminadas que têm sido tomadas contra os judeus [...]. Acredita-se que ele seja muito moderado em suas opiniões a esse respeito". Um repórter do *New York Times* concordou. "Hitler", escreveu ele, "abandonará sua postura antissemita."[7]

O mais bizarro entre os judeus pró-Hitler na Alemanha era Max Naumann, advogado que liderava a Liga dos Judeus Nacionalistas Alemães. A Liga atraía judeus de classe média — médicos, advogados, banqueiros — obcecados com a assimilação. Naumann queria que os judeus fossem invisíveis. Os judeus que houvessem emigrado do Leste europeu e que se "pareciam com judeus" deveriam ser expulsos. Eram um embaraço. Os sionistas que ficavam reclamando por uma pátria deveriam se calar. Estavam incomodando os gentios. E Hitler? Um idealista mal compreendido que havia abandonado seu antissemitismo da juventude. Naumann encorajava os judeus a celebrarem o Natal e a guardarem o Shabat no domingo como todo mundo. "Nós rejeitamos Yahweh, o velho Deus tribal da horda nômade asiática", exortava Naumann. "Temos um deus alemão." A Liga de Naumann enojava os poucos estrangeiros que a conheciam. Um americano imaginava esses judeus gritando, ao sair marchando de suas reuniões: "Abaixo a nós mesmos! Abaixo a nós mesmos!", com seus braços esticados fazendo a saudação nazista. Naumann morreu de câncer em maio de 1939, com sua fé em Hitler ainda intacta.[8]

Hanussen era diferente desses bajuladores. Ele não era da classe média. Não era um nacionalista. Nem tampouco liderava uma organização ou instituição. Assim como muitos artistas, ele sempre viveu como que à margem da sociedade. Contente por ter sido esperto o bastante e escolhido o lado vencedor da guerra política que havia chacoalhado a Alemanha, e ciente de que Hitler governaria com mão de ferro, a principal preocupação de Hanussen era ficar do lado direito daquela mão

Tendo isso em mente, as previsões a respeito dos nazistas no começo de 1933 ficaram mais evidentes que nunca. Também ficaram mais desesperadas. Em seis anos, não sobraria mais nenhum marxista na Alemanha. Isso quatro anos antes do próprio cronograma de Hitler para se livrar deles. E quando eram encontrados cadáveres pelas ruas de Berlim — vítimas de homicídios e brigas de rua —, Hanussen sabia de antemão quem eram os assassinos. "Olhem para os sindicatos", ele advertia a polícia. "Os socialistas estão matando seus próprios camaradas para criar mártires e conseguir simpatia." Quando o governo invadiu o quartel-general do Partido Comunista, Hanussen se viu aliviado pela libertação da Alemanha da "praga vermelha". Os comunistas, escreveu, "não tiveram um fim glorioso. [...] Eles pareciam aqueles valentões que levam um chute no traseiro depois de incomodar pessoas pacíficas por muito tempo. Tenho sonhado, há anos, com este dia. Hitler impedirá que eles voltem".[9]

E, numa carta aberta a Hitler publicada no jornal de Hanussen alguns dias após o nazista ter se tornado chanceler, o vidente declarou que sua "única missão" era "dizer o que minha segunda visão me diz: eu previ sua vinda e verdadeiramente falei dela". Por isso, Hanussen foi ridicularizado como um "profeta nazista". Seu único conforto, ele garantiu a Hitler — quase se prostrando —, era "saber que estava em boa companhia: a sua!".[10]

Hanussen reiterou o que dissera em tantas previsões: não havia "coincidências". O destino de Hitler fora "escrito havia muito tempo". As tochas que brilharam nas manifestações em Berlim no dia em que Hitler virou chanceler "não iluminaram apenas [...] o rosto sóbrio e sério de Hitler. Elas já brilhavam no coração de milhões de alemães desde o dia que perceberam: tem que ser Hitler!". Aquele rio de tochas que tomou conta das ruas na noite em que Hitler assumiu a chancelaria redimiu a honra de cada alemão morto na guerra, barrou a ameaça de Moscou e trouxe esperança para milhões de alemães famintos, sem teto ou desempregados. Hitler devolveria aos alemães "o seu lugar ao sol" ao governar com sabedoria e justiça a favor de "toda pessoa decente que honestamente deseja o melhor para a Alemanha" — tudo isso pode ser entendido como um pedido de clemência se Hitler se voltasse contra Hanussen, já que Hitler com certeza "era uma pessoa decente" que queria o "melhor para a Alemanha" e, implicitamente, não causaria mal a ninguém.[11]

Em um aspecto, Hanussen se desviou publicamente da linha do Partido Nazista: ele não acreditava em sua fantasia obscena de governar por mil anos. O reino de Hitler, dizia Hanussen, terminaria assim que a Alemanha estivesse forte e estável, e em igualdade com a comunidade das nações. Um governo conservador e mais democrático sucederia o dos nazistas. Seria essa uma forma de autoproteção do próprio Hanussen para o caso de Hitler ser removido do poder? Se isso acontecesse, Hanussen poderia argumentar que ele apenas defendia os poucos anos em que Hitler fora o remédio que a Alemanha precisava para voltar a ficar em pé.

Hanussen terminou sua carta para Hitler da mesma maneira abjeta que a havia começado: "Senhor chanceler do Reich, poder repetir isso mais vezes" — ao celebrar Hitler e sua causa — "é o propósito da minha vida, o que finalmente se deu no feliz momento em que o senhor se tornou chanceler".[12]

Coube a Hanussen torcer para que Hitler lesse, de fato, a carta. E rezar para que o Führer não visse no vidente um impostor como ele, apesar de haver outras similaridades entre esses dois homens. Ambos tiveram um péssimo relacionamento com seus pais: Hanussen achava que seu pai era um fracassado — "um pobre-diabo" e um desgraçado que "trabalhou toda a sua vida por nada" —; Hitler achava que o seu era um homem grosseiro. (Alois Hitler com frequência batia em Adolf com um chicote.) Quando tinham mais ou menos a mesma idade, ambos tentaram fugir de casa. Hanussen conseguiu: sua vida na estrada foi o começo de sua carreira como artista. Hitler não chegou tão longe: seu pai o alcançou e o trancou em seu quarto. Os dois idealizavam suas mães, que haviam morrido quando ainda eram pequenos. Ambos haviam vencido a pobreza, as dificuldades e a privação, e não tinham praticamente nenhuma educação formal. E ambos acreditavam estar unidos a uma força maior. Em 1914, por exemplo, enquanto servia no exército austríaco durante a Primeira Guerra Mundial, Hitler deixou a barraca do comandante do seu regimento minutos antes de ela ser bombardeada pela artilharia inglesa, matando três homens e ferindo seriamente seu comandante. Com certeza, concluiu Hitler mais tarde, ele havia sido salvo a fim de cumprir um propósito maior. E quando começou a discursar em público depois da guerra, ele tinha certeza de que estava acessando uma dimensão que nem ele mesmo compreendia: "Sei, agora e antes, que não sou eu quem falo, mas algo fala por meio de mim. [...] Agora como antes me ocorrem ideias, conceitos e visões que nunca li em lugar nenhum, nunca ouvi antes nem sequer pensei". As epifanias, as revelações e os sermões de Hitler — alguns dos primeiros nazistas o chamavam de sacerdote — levaram seu público a uma salvação coletiva e a uma redenção consoladora, quando não desesperada.[13]

Tanto com Hitler quanto com Hanussen, a fala, os gestos, o drama e a expectativa das plateias os ajudaram a vender as ilusões que propagandeavam. Mas, diferentemente de Hanussen, Hitler não precisava se vender como um vidente. Ele deixava que outros fizessem isso em seu lugar.

Hitler e Hanussen eram parecidos em outro aspecto: ambos conheciam suas fraquezas e limitações, no começo de suas carreiras, e desenvolveram métodos para compensá-las. Hanussen não havia hipnotizado Marta e lhe concedido poderes sobre-humanos, mas ela era uma atriz boa o suficiente para convencer a plateia de que a fonte de sua força era Hanussen. E Hitler, quando ainda era um novato na arte de falar em público, dedicava toda a sua capacidade para aprender as técnicas de escrita e de oratória: quando olhar com fúria, quando fixar o olhar, quando pausar ou olhar para o infinito, na busca de um sentido que só ele conseguiria alcançar. Aprendeu a gesticular com uma mão ou com as duas; quando dar socos no ar ou no palanque com uma ou duas mãos; quando suplicar à multidão diante dele com braços esticados ou clamar aos céus com um braço erguido, enquanto seus olhos miravam o sagrado e misterioso firmamento, a esfera de onde ele havia descido de acordo com a mitologia que se desenvolveria à sua volta. Tudo isso custou tempo e esforço, e Hitler e seus amigos nazistas foram brilhantes nesse ponto, criando um mito, ainda no começo da sua carreira, que o considerava um semideus, declamando feitiços que levavam mulheres adultas aos prantos e movia os homens corajosos à ação. Com o tempo, Hitler se tornou o mito. E, enquanto o fazia, muitos alemães aceitaram a ilusão de que ele era inevitável e irreversível, um dom sagrado para um povo que precisava do confortante rumor de que um messias lhe fora dado para livrá-lo do sofrimento, da dor e do pesar.[1]

E o complô foi se armando: por que Hanussen precisava escrever aquela carta para passar uma mensagem a Hitler, especialmente quando metade de Berlim sabia que Hanussen não apenas conhecia o Führer como também o vinha aconselhando por anos sobre como fazer discursos e escolher seus assessores mais próximos? Alguns rumores até alegavam que Hanussen, o sábio da magia negra, exorcizava maus espíritos que bloqueavam o caminho de Hitler ao poder. Seriam todos esses rumores falsos — um esforço para desacreditar tanto Hanussen como Hitler, criticando um homem por se associar com um monstro e o outro por se associar com um judeu? A verdade, embora tenha mais nuances do que os boatos, é muito mais perturbadora, já que qualquer um — especialmente um judeu — que ajudasse Hitler se tornaria um cúmplice das piores atrocidades do século XX.

Mas como foi que os dois se encontraram pela primeira vez? Uma das histórias diz que Hanussen e Hitler se conheceram num jantar na casa de uma rica socialite em Berlim em 1919. Lá, Hanussen supostamente disse a Hitler, ainda inexperiente na vida pública: “Se você quer levar a política a sério, Herr Hitler, por que não aprende a falar?”. De acordo com essa versão, sob tutela de Hanussen, Hitler se esforçou muito nos anos seguintes para desenvolver seu dom com as palavras, a fim de conquistar o coração de seu público, enchendo-o de medo, ódio e esperança. Hanussen ensinou a Hitler gestos hipnóticos capazes de fazer com que seus apelos se dirigissem diretamente ao subconsciente de quem os escutasse. Graças a Hanussen, a cada discurso Hitler juntava multidões cada vez maiores. E, aos poucos, ele começou a levá-las a um frenesi cada vez mais intenso e descontrolado. Em meados dos anos 1920, um novo Hitler — o Hitler de Hanussen — já entrava confiantemente em enormes auditórios. Usando um sobretudo e acompanhado por seu séquito, ele subia ao pódio. Ao levantar o braço direito na saudação nazista, a música aumentava, e uma procissão de bandeiras passava debaixo de onde ele estava; enquanto isso, as tropas de assalto ficavam em posição de sentido, e as palavras de seu líder reverberavam pelo auditório e seus gestos enfeitiçavam a plateia, fascinada por aquela força humana diante dela. Quando era interrompido pelo aplauso, Hitler estendia as mãos de forma teatral; quando enfatizava certas palavras e temas, levava o público ao ódio; quando atacava os judeus, quase espumava pela boca. *Isso*, diziam, era oratória — no estilo Hanussen. Foi *isso* que Hitler aprendera de seu mestre, Erik Jan Hanussen.[15]

Outra versão dessa história apareceu no dia 5 de julho de 1933, numa edição da *Vu*, revista francesa. O jornalista François Lassagne alegava que Hitler e Hanussen se encontraram pela primeira vez no começo dos anos 1930 na casa de um amigo mútuo — Hans Ewers, um escritor de segunda categoria. Hitler teria visto o show de Hanussen, gostado, e descoberto que o vidente admirava os nazistas. Hanussen e Hitler conversaram e perceberam que ambos compartilhavam uma profunda fé no oculto. Hanussen leu, então, o horóscopo de Hitler e a mão dele. Havia uma consistência: o poder e a sorte de Hitler só cresceriam. Hanussen rapidamente se tornou importante para Hitler, ensinando-o a usar os olhos — pequenos e encolhidos —, abrindo-os bastante como faziam os faquires da Índia: que tudo viam e tudo sabiam. Hanussen ensinou Hitler a concentrar toda a força de sua personalidade; a liberar tudo o que tinha dentro de si, sem reter nada; a mostrar ao seu país, seus inimigos, seus amigos e até a si mesmo a profundeza e a complexidade de sua alma.[16]

Mas Hitler não precisava de um treinador. Ainda em seus primeiros discursos em público, pouco depois da Primeira Guerra, as pessoas já o consideravam magnético e "uma força da natureza". Hanussen tinha modos persuasivos e o dom da concentração absoluta — habilidades importantes diante de uma plateia. Mas sua voz era estridente e aguda, e a velocidade e a intensidade de seu discurso — ele, com frequência, enfatizava demais as palavras e puxava nos "r" — o tornavam cansativo. Hanussen era determinado e direto, qualidades que Hitler certamente cultivava. Mas as cultivava à sua maneira, não à de Hanussen. Hitler não precisava de ninguém para lhe dizer como expressar sua fúria, e seus discursos violentos não se pareciam em nada com a presença comedida e controlada que Hanussen demonstrava nos palcos. Hanussen buscava o respeito de seu público; Hitler queria o medo. Com certeza, porém, uma qualidade que ambos compartilhavam era o apreço pelo poder da sugestão. A princípio, Hitler dependia igualmente do poder da sua personalidade e das propostas de sua agenda política para influenciar as audiências. Dado o seu radicalismo, Hitler havia sido muito claro em *Mein Kampf* a respeito de seus objetivos a longo prazo. Mas seus discursos eram outra conversa: neles, ele se mostrava mais cauteloso e oblíquo, ciente de poder usar seu poder hipnótico para convencer os alemães de que seria capaz de resgatá-los de sua dor e realizar os seus sonhos. Hanussen também conhecia o poder da persuasão: como convencer a plateia de que seus poderes não eram apenas truques de palco, mas algo real. E misterioso.

Também é improvável que Hanussen tivesse ajudado Hitler em seus comícios. A estética de Hanussen não condizia com a manifestação viril dos nazistas. Aquilo não era para ele. Aliás, não era para quase ninguém além do messias fascista, com seus gestos exagerados, intensificados pelo seu fanatismo e seu distorcido senso teatral.

Um pouco mais prováveis são as histórias de que o fotógrafo de Hitler o tivesse apresentado a Hanussen em algum momento durante a década de 1920. Heinrich Hoffman conhecia Hitler desde 1922. Eles eram bem próximos. Antes de Hoffman se envolver com os nazistas, ele frequentava um grupo razoavelmente boêmio de Munique, tendo fotografado, uma vez, o jovem artista francês Marcel Duchamp. E, pouco depois de se conhecerem, Hoffman escreveu em suas memórias que Hitler havia lhe confessado ser limitado como orador: "Nunca sei o que dizer mesmo num círculo pequeno e íntimo. É desapontador. Não tenho nenhuma serventia como orador, seja numa reunião familiar ou num funeral". Talvez tenha sido por isso que Hoffman achou que devesse arrumar um treinador de oratória para Hitler.[17]

Mas não há nada nas memórias de Hoffman, *Hitler wie ich ihn sah* [Hitler como o vi], a respeito de Hanussen. No livro, Hoffman lista uma série de nomes e é, com frequência, franco e até cruel com os assistentes e colegas de Hitler. Eva Braun, por exemplo, era uma "garota simples, bonitinha e inconsequente". Com certeza, se Hoffman tivesse apresentado Hitler a Hanussen, ele teria se gabado disso: afinal de contas, em 1955, quando o livro foi publicado, Hoffman não mostrava nenhum remorso quanto ao que havia feito como membro número 427 do Partido Nazista.[18]

Há ainda outra história sobre como Hitler e Hanussen se conheceram, e essa versão tem um pouco de verdade. A ocasião se deu no começo dos anos 1930, em Berlim. Naquela época, tanto Hanussen como Hitler já eram bem famosos e, graças à amizade de Hanussen com Helldorf, ambos frequentavam círculos comuns. Eles teriam se encontrado no restaurante do Kaiserhof, o hotel onde Hitler morava. De maneira calorosa, Hitler disse a Hanussen que seus experimentos com a clarividência o fascinavam, garantindo-lhe que os nazistas pesquisariam profundamente o oculto e ofereceriam cursos dedicados ao tema nas universidades que eles controlassem na Alemanha. Depois disso, Hanussen e Hitler passaram a ser vistos com frequência confabulando no Kaiserhof, e o vidente fazia ao nazista suas mais novas previsões, garantindo a Hitler que todo o universo — estrelas, luas e planetas — estava alinhado a seu favor: toda a criação estava torcendo para que ele consertasse o mundo. Herr Hitler, diria Hanussen, você não é desses políticos comuns que beijam bebês e fazem discursos até ficar roucos. É o destino da Alemanha: a alquimia final da história, um alívio para um povo nobre e sofredor, um redentor abençoado e um salvador heroico. As bajulações de Hanussen eram outra voz no coro que cercava Hitler, todos a garantir-lhe que seus anos vagando pelo deserto da política estavam no fim. Hitler talvez fosse cético quanto aos videntes, mas, por enquanto, ele não queria dispensar ninguém que estivesse otimista a respeito de seu futuro — e muito menos o famoso Erik Jan Hanussen, capaz de influenciar milhões de pessoas todas as semanas por intermédio de suas previsões em seu jornal. Hitler era mestre na tática. Fazer concessões a Hanussen era outra maneira de Hitler manipular as massas e convencê-las de que a tomada do poder pelos nazistas era inevitável.[19]

Essas reuniões no Kaiserhof teriam acontecido antes que o *Berlin am Morgen* tivesse publicado a carta de um rabino confirmando que Hanussen era judeu. Sempre que ocorriam, Hitler devia ter um terrível acesso de espirros: supostamente ele era capaz de farejar um judeu a quilômetros de distância.[20]

Houve ainda inúmeras histórias de como o relacionamento entre Hanussen e Hitler se desenvolveu enquanto Hitler marchava rumo ao controle da Alemanha. Consideremos uma delas, que diz que Hitler convocou Hanussen em dezembro de 1932. Tenso a respeito de seu futuro, Hitler perguntou a Hanussen o que ele via a seguir. Hanussen fez um horóscopo em linhas gerais favorável — apenas uns pequenos obstáculos estariam entre Hitler e o poder, e eles tinham que ser removidos. Hanussen teria se oferecido para fazer esse serviço ao arrancar uma mandrágora (uma raiz com forma humana) do jardim de um açougueiro na cidade onde Hitler nasceu. Voltando dessa missão bizarra no Ano-Novo de 1933, Hanussen deu a mandrágora de presente a Hitler junto com uma previsão evasiva de que ele seria chanceler até o final do mês:

> O caminho rumo a sua meta ainda está bloqueado,
> Os cooperadores certos ainda não foram arregimentados,
> Mas em três dias — a partir de três países,
> Por meio de um banco tudo mudará!
> E então, um dia antes do fim do mês,
> Você alcançará seus objetivos, numa virada do destino!
> Nenhuma águia será capaz de carregá-lo,
> Nem mesmo cupins roerão seu caminho!
> Tudo o que está podre e seco cai ao chão.
> Já ouço o ranger das vigas![21]

Essa história e poema aparecem em *Adolf Hitler*, biografia escrita pelo historiador John Toland, vencedor do prêmio Pulitzer. Hitler, diz Toland, "talvez tenha ficado muito impressionado" com a alusão do poema a uma importante reunião que se daria em três dias — que foi quando Hitler se encontrou em segredo com um banqueiro que planejava fazer pressão sobre Hindenburg para que designasse Hitler chanceler. Como Hanussen sabia disso? Fácil, disse Toland. Hanussen era "uma farsa esperta que baseava suas previsões em informação de fontes seguras". E a frase "por meio de um banco" na quarta linha do poema — em alemão, "*durch die Bank*" — talvez tenha sido uma forma de Hanussen cobrir diversas possibilidades, já que a frase também quer dizer "no todo", "tudo mais incluso". Ao substituir esse trecho, a linha agora poderia ser lida "Tudo mudará radicalmente", uma meta sem dúvida alinhada às ambições de Hitler.[22]

Dá para acreditar em qualquer uma dessas histórias? Não há registros de que Hanussen tenha usado mandrágoras para exorcizar qualquer coisa ou de que ao menos ele soubesse como fazê-lo, ou que tenha escrito previsões ou poesia. Ou — e talvez isso seja crucial — que Hitler fosse tão supersticioso para que tenha compactuado com tal aventura

Mas talvez a história mais cômica a respeito de Hitler e Hanussen tenha se passado nos dias anteriores a 30 de janeiro de 1933, quando Hitler se tornou chanceler. Achando que Hitler estava a ponto de assumir o poder, Hanussen pediu uma reunião com ele. Certo de que os nazistas perseguiriam os judeus, ele queria garantias de que seu serviço a Hitler o manteria a salvo. Não se preocupe, meu bom amigo, disse Hitler de maneira afetiva. Fazendo de Hanussen um "ariano honorário", Hitler lhe deu um bilhete advertindo que se alguém incomodasse o distinto Erik Jan Hanussen, tal pessoa sentiria a mão pesada do Führer. "*Was du mir geleistet hast, Erik*", Hitler garantiu a Hanussen, "*werde ich dir niemals vergessen.*" "Jamais esquecerei, Erik, o que você fez por mim." "O profeta ficou com os olhos cheios de lágrimas", de acordo com essa história. "Hanussen queria beijar as mãos do Führer, mas Hitler levantou a cabeça dele e o abraçou. Para demonstrar sua apreciação, Hanussen ergueu o braço direito: '*Heil Hitler*'."[23]

Essas histórias — e outras — constituem uma história maior: muitas pessoas queriam que Hanussen conhecesse Hitler, e algumas fariam o que fosse possível para provar tal feito. Elas sabiam que Hanussen e Helldorf eram amigos.

Estender essa ligação até Hitler é uma maneira de se ponderar a impossibilidade de um judeu ter se associado aos nazistas. Mas, durante um programa na televisão francesa em 1971, apenas um dos cinco participantes expressou sua crença que o clarividente tenha conhecido Hitler. A única exceção foi um autor, Pierre Mariel, que tinha certeza de que Hanussen havia ensinado hipnose a Hitler apesar de Mariel não ter apresentado nenhuma prova para sustentar seu ponto de vista. Discordando dele estava um editor alemão de esquerda que havia feito uma campanha contra Hanussen em 1932 e 1933. O editor sempre detestou Hanussen e agora estava certo de que o vidente "nunca deu nenhum conselho a Hitler. Ele nunca viu Hitler. Nos anos 1930, o povo alemão esperava por um milagre [...]. Hanussen fez em pequena escala o que Hitler fez em grande escala".[24]

Isso deveria ter esclarecido a questão de Hanussen ter trabalhado muito próximo a Hitler. Mas não foi assim, em parte porque, depois de desacreditar Hanussen desde 1930 até os anos 1970, o editor não parecia querer lhe dar nenhuma chance. Muitas outras pessoas também disseram ter visto Hanussen e Hitler no Kaiserhof — pessoas de credibilidade. Os assistentes de Hanussen apoiavam tais versões ao dizer que o vidente sempre estava com pressa de ver Hitler ou que os dois homens com frequência se falavam ao telefone.

Hanussen era muitas coisas, mas não era estúpido. Se é verdade que Hanussen e Hitler se conheceram e que Hanussen ajudou o Führer, então Hanussen era mais do que ingênuo: qualquer um com o mínimo de inteligência não teria testado os nazistas usando apenas a sagacidade e a esperteza. Mas essas eram as únicas armas de Hanussen. De alguma forma ele achava que conseguiria sobreviver à virulência nazista, ou quem sabe até transformá-la ou moderá-la. Um homem se fazendo de tolo — é bem provável que Hanussen acreditasse estar seguindo uma longa (e não necessariamente nobre) tradição na Europa, a tradição do judeu da corte: banqueiros ou financistas que emprestavam dinheiro aos nobres cristãos em troca de privilégios sociais. Se de fato Hanussen ajudou Hitler de alguma forma, talvez, então, ele estivesse agindo supondo que fosse um judeu da corte de Hitler, a salvo do pior período de antissemitismo da história.

Outra maneira de ver o comportamento de Hanussen a respeito de Hitler é lembrar que, para ele, a vida toda era uma ilusão: a ilusão de ser capaz de ler mentes, a ilusão de saber o futuro, a ilusão de poder influenciar Hitler. Dessa forma, Hanussen estava apenas se supervalorizando, como sempre fizera. Suas fantasias e sua imaginação o haviam ajudado no passado. Mas entrar numa jaula com animais selvagens usando a roupa emprestada de um domador quando ainda era adolescente teria sido mais seguro do que estar na mesma cidade, ou pior, na mesma sala com nazistas. Ele não poderia chicotear Hitler, assim como havia chicoteado Sultão, o leão rebelde. Quando isso funcionou, décadas antes, Hanussen murmurou com orgulho: "Na vida, o mais ousado sempre vence". Em 1933, ninguém na Alemanha era mais ousado que Adolf Hitler, e mesmo Hanussen, com todos os seus poderes e toda a sua fama, não chegava aos pés dele. Agora que havia voltado da visita que fizera a Therese e Erika, Hanussen estava mais determinado do que nunca a não sair de Berlim. O que ele não entendeu era que o nó no qual havia se metido estava cada vez mais apertado.

Capítulo 12

O fogo que consumiu um país

No começo de fevereiro de 1933, Hanussen se preparou para um show em Merano, a cidade no norte da Itália onde Therese e Erika moravam. Dessa maneira ele poderia passar mais tempo com elas enquanto ganhava algum dinheiro. E também se afastaria um pouco de Berlim. Embora amasse a cidade, ele sabia — quase que de forma paradoxal — que precisava passar um período longe da pressão de ser alvo dos nazistas e dos comunistas, sem contar Albert Hellwig, aquele desagradável juiz de Potsdam. Hanussen havia alugado um teatro na capital alemã por todo o mês de março e um em Viena para a segunda metade de abril. Entre esses compromissos, ele sugeriu a Therese que produzisse seu show em Merano, cuidando da propaganda e garantindo seu pagamento. Antevendo que ela não gostaria do valor que ele havia proposto, Hanussen tentou convencê-la, referindo-se a si mesmo na terceira pessoa (já que é assim, afinal, que as pessoas importantes falam de si mesmas), e garantindo a ela que tal valor era o seu mínimo: "Você tem que dizer quanto você garante porque, sem garantias, ninguém de prestígio viajaria da Alemanha para Merano. O vidente Erik Jan Hanussen geralmente recebe uma garantia de 2 mil marcos para uma noite como essa. E ele sempre consegue isso".[1]

Hanussen pediu a Therese que lhe reservasse o Teatro Puccini Stadt — a dois quarteirões de distância do Hotel Meranerhof, onde havia se hospedado no outono anterior. O teatro atraía Hanussen: nobre e palaciano, do lado de fora de sua entrada cercada de colunas havia uma pequena fonte com água fluindo da boca de uma estátua de Baco, e baixos-relevos no exterior mostravam deuses romanos tocando flautas e címbalos enquanto brincavam pelas matas. Hanussen se sentiria em casa.

A carta de Hanussen para Therese não tratava só de negócios. Ele queria saber quanto devia a Therese pela câmera que havia pedido para ela comprar para Erika. E estava "incrivelmente empolgado" com a perspectiva de ver sua filha novamente. Uma carta que havia recebido dela o havia deixado "muito estranho". Suas duas primeiras palavras — "Querido pai" — haviam despertado emoções estranhas com as quais não estava familiarizado. "Nunca fui tratado assim em toda a minha vida", confessou Hanussen a Therese. "Balancei a cabeça e pensei: 'Há coisas na vida...'" E não conseguiu encontrar as palavras certas para terminar seu raciocínio.[2]

Agora que Hitler era chanceler, Berlim havia se tornado mais perigosa do que nunca, especialmente para um judeu. Mas se Hanussen havia sido capaz de dobrar os argumentos dos juízes em Leitmeritz, seria tão difícil assim passar a perna nos nazistas? Nenhum deles o havia impressionado como sendo muito inteligente. Um hipnotista amigo seu, Fred Marion, concordava mas ainda não conseguia entender como Hanussen havia apostado todas as suas fichas nos nazistas. Marion lhe perguntou a esse respeito: "Eles assumirão o poder, como nós dois sabemos", disse Marion. "Mas com certeza um homem com os seus poderes videntes é capaz de perceber que eles um dia cairão."[3]

Com um sorriso forçado, Hanussen concordou com Marion. "Eu sei", disse. "Estou ganhando um caminhão de dinheiro [dos shows, consultas particulares e publicações]. [...] Assim que conseguir um pouco mais, saio deste país e vou para a América. Lá serei capaz de escrever um livro sobre os bastidores do que se passa aqui e ganhar milhões de dólares."[4]

Confrontando tamanho "exemplo de traição", Marion não conseguiu pensar em nada que pudesse lhe dizer. Ele estava preocupado com o fato de Hanussen estar usando de forma errada a sua magia, tomando aquilo que Marion chamava de "caminho da esquerda" — a rota sinistra, demoníaca. E agora ele tinha certeza disso. Hanussen, escreveu Marion, estava se voltando para a "magia negra. Eu o adverti de forma sincera contra os terríveis danos que enfrentam aqueles que tentam controlar os poderes das trevas. [...] Qualquer lapso, qualquer pequeno desvio do caminho escolhido, e quem se envolve com a magia negra acaba dominado pelos poderes que usa".[5]

Marion considerava Hanussen um artista de talento que poderia ter tido uma "vida agradável e confortável". Ele não precisava ter tomado o caminho do diabo. Por trás disso, Marion culpava a ganância de Hanussen, a qual Marion chamava de "um fogo consumidor".[6]

Fogo. Haveria muito fogo na vida de Hanussen nas semanas seguintes. Por enquanto, o fogo que incomodava Fred Marion — o fogo da cobiça — estava levando Hanussen a usar seu lindo e novo apartamento na Lietzenburgerstrasse como uma armadilha para a poderosa elite de Berlim. Por semanas, carpinteiros, pintores e pedreiros lotaram o lugar para pôr em prática a visão de Hanussen: uma mistura de tolices místicas e astrológicas, mescladas com um retumbante neofascismo. Espalhadas pelo apartamento havia quatro estátuas de Buda. Astros e signos astrológicos estavam pintados no teto, e um arco-íris no chão. Havia fontes e aquários em todo canto. Estufas guardavam lagartos, cobras, plantas exóticas e pássaros sonoros. Vários lustres eram da altura de um adulto. Sofás enormes e mesas colossais, tudo muito grande e fora de proporção, copiavam a decoração de interiores megalomaníaca tão ao gosto de Hitler e Mussolini. Luzes indiretas, na sua maioria amarelas e verdes, formavam uma aura amedrontadora. A grande peça central de tudo isso era uma mesa enorme e circular feita de vidro, iluminada por cima e por baixo. A mesa era grande o suficiente para acomodar dez pessoas, com Hanussen elevado um pouco acima delas numa cadeira cuja cabeceira era iluminada por trás. Esse era o seu trono, e aquele o seu halo. Hanussen chamava essa parte de seu apartamento de Palácio do Oculto.[7]

O palácio não saiu barato, e a exigência de Hanussen de que os empreiteiros terminassem o seu trabalho dentro do prazo — 26 de fevereiro — só aumentou ainda mais os custos. A inauguração foi bem frequentada, com a presença de alguns nobres reais (um ou dois príncipes e alguns condes) e alguns nobres fajutos (uma mulher que dizia ser a princesa Anastásia, a única sobrevivente da família real russa que havia sido assassinada). Lá também estava o gerente do Teatro Scala, onde Hanussen havia reservado todo o mês de março para suas performances; e Hans Ewers, escritor fracassado que agradara aos nazistas ao escrever a biografia de seu mártir Horst Wessel, morto por um comunista em 1930. Completando a multidão havia vários atores e cantores, além de comediantes e nazistas — muitos nazistas — em seus uniformes. Legalistas, monarquistas, bajuladores e patifes — todos estavam fascinados pelo palácio de Hanussen. "Ao entrar no apartamento", escreveu um repórter que estava lá naquela noite, "você fica sem palavras. Você perde a fala. Depois de dez minutos naquele lugar, o filme mais elaborado se torna realidade."[8]

Por volta da meia-noite, os hóspedes se sentaram em fileiras de cadeiras, as luzes foram diminuídas e começou uma sessão. Hanussen garantiu que a mulher na sala que dizia ser Anastásia era, de fato, a filha do último czar da Rússia e que todos estavam honrados de estar em sua presença. (Era muito provável que essa Anastásia em particular — havia várias — fosse uma operária polonesa, Franziska Schanozkowska. Seu DNA, testado depois de sua morte em 1984, provou que ela não tinha uma gota sequer de sangue Romanov.) Voltando-se ao seu querido amigo conde Helldorf, Hanussen garantiu-lhe que Hitler, agora na sua quarta semana como chanceler, confirmaria ser sábio e eficiente, uma inspiração para todos. "E agora", perguntou Hanussen, "quem quer ser um voluntário para uma leitura de mente?" Ninguém levantou a mão: relutavam em ter alguém mexendo com sua cabeça. Hanussen olhou para Maria Paudler, atriz famosa que havia chegado de sua apresentação no teatro. A escolha de Paudler era conveniente: ela estava sentada ao final de um corredor. Era famosa: todos sabiam quem ela era. E todos gostavam dela. Quando Hanussen pediu sua ajuda, ela não pôde rejeitar. "Eu não queria ser uma desmancha-prazeres", escreveu depois em sua autobiografia.[9]

Paudler se sentou numa confortável cadeira na frente dos outros convidados. Hanussen ficou em pé diante dela. Alguém deu a ela uma taça de champanhe. Um pouco nervosa, ela tomou a taça quase que num único gole. "Então", lembrou-se mais tarde, "aquele homem pequenino [...] moveu sua mão sobre a minha cabeça, tentando penetrar-me com os olhos." Paudler deixou escapar uma pequena gargalhada. Talvez isso tenha irritado Hanussen:

sempre que hipnotizava alguém, ele exigia sua completa concentração. Mas não queria trocar a atriz por outra pessoa. Para ajudá-la a relaxar, começou a tocar-lhe o rosto com seus dedos. A princípio, ela se lembrou depois, "achei isso muito desagradável". Então, ao fechar os olhos, ela começou a flutuar.[10]

Já distante, Paudler escutou Hanussen perguntar se ela estava vendo círculos vermelhos. Sim, ela respondeu, percebendo mais tarde que não era surpresa que ela visse círculos: todos os signos do zodíaco na sala estavam muito iluminados — e a voz de Hanussen, suave e tranquila, era muito persuasiva. Dando sequência ao tema vermelho, Hanussen levou Paudler por um caminho que ela não necessariamente gostaria de ter tomado. "Será que o vermelho não são chamas?", perguntou. "Não estavam saindo de dentro de uma grande casa?" Hanussen continuava conduzindo-a para o vermelho, as chamas e a casa, enquanto Paudler "sem dúvida passava a sentir que toda essa cena estava indo muito além de uma performance de entretenimento por esse cavalheiro. Eu não queria ser usada daquela maneira".[11]

"Então, o que uma lady deveria fazer num momento como aquele?", pergunta Paudler em suas memórias. "Ela desmaia! Afinal, por que não deveria me beneficiar de minha prerrogativa feminina?"[12]

O assistente de Hanussen segurou Paudler ao vê-la quase cair ao chão e lhe ofereceu um copo d'água. Tudo, lembrava-se ela, "funcionou de forma perfeita", enquanto o palácio voltou ao seu humor alegre. A despeito da obsessão de Hanussen com as chamas e o falso desmaio de Paudler, a noite foi um sucesso. Conforme relatou um jornal, no meio de "uma economia decadente, pessoas com os mais diferentes pontos de vista conseguiram se reunir sob o teto de um clarividente". Se foi necessário um vidente para juntar tais pessoas nas primeiras semanas do Terceiro Reich, talvez Hanussen tivesse mesmo poderes especiais.[13]

No dia seguinte, 27 de fevereiro — uma segunda-feira —, os jornais de Berlim estavam repletos de notícias sobre a sofisticada festa no palácio de Hanussen, os convidados glamorosos, a decoração esquisita e, especialmente, sua estranha fascinação com chamas. Ninguém prestou muita atenção na conflagração que Hanussen havia evocado. Com o passar dos anos, ele havia falado sobre muitas coisas estranhas. Algumas eram verdade. Muitas eram falsas. Com toda a conversa de que Hanussen era o xamã favorito dos nazistas, muitos riam dele como artista — bom e esperto, mas não mais que um espetáculo bizarro e sofisticado.

Pelos padrões de Berlim, o dia estava bem agradável, com a temperatura pouco acima do normal. A noite continuou assim. Rudolf Diels, líder da Gestapo, a descreveu como *"ein regnerischer Vorfruhlingsabend"* — uma noite úmida, pré-primaveril. As pessoas levavam a vida sem nenhuma preocupação com as enormes mudanças prestes a ocorrer. Naquela noite, Bella Fromm, uma judia que era colunista social do respeitado jornal liberal *Vossische Zeitung*, participou de uma festa no Hotel Esplanade junto com muitos diplomatas estrangeiros e autoridades alemãs. De repente, um assistente do comandante militar de Berlim, coronel Ernst von Schaumberg, entrou correndo no recinto e sussurrou algo apressadamente ao seu superior. Schaumberg se levantou e educadamente disse. "Com licença", disse. "O Reichstag está pegando fogo!" Schaumberg saiu correndo do hotel, seguido por vários de seus convidados, que foram de carro até o Reichstag, o enorme Parlamento alemão a quase dois quilômetros dali. Ninguém queria perder nada.[14]

Mais ou menos na mesma hora, Franz Hollering, editor do jornal liberal *12 Uhr Blatt*, estava tirando uma soneca no seu escritório, exaurido pelo esforço de gerenciar um jornal sob os nazistas. No domingo, um editorial que escrevera advertia que os nazistas poderiam não ganhar as eleições para o Reichstag marcadas para o dia 5 de março, "a menos que algum imprevisto aconteça". Hollering não tinha ideia do que poderia ser, mas não considerava nada impossível para Hitler. Então o grito de um repórter na outra sala acordou Hollering: "Fogo no Reichstag". Achando ter havido um curto-circuito, Hollering se virou para o outro lado e voltou a dormir. Depois houve um segundo, um terceiro e um quarto grito. Hollering deu um pulo. O Reichstag estava em chamas! O imprevisto havia acontecido.[15]

Alguns minutos antes, um jovem estudante de teologia voltando a pé da biblioteca estatal ouviu vidros sendo quebrados no Reichstag, onde viu um homem carregando uma tocha. Depois de correr até um policial, o estudante contou o que havia visto. O oficial imediatamente chamou os bombeiros. Era 9h10. Às 9h23, oito caminhões de bombeiros já se dirigiam ao Reichstag. Mais deles estavam a caminho, e os bombeiros já escalavam as laterais do prédio. Às 9h24, um holandês de 24 anos, Marinus van der Lubbe, que poderia (ou não) ser um comunista, foi preso dentro do Reichstag. Ao mesmo tempo, um bombeiro, Waldemar Klotz, conseguiu passar pelo lobby até o grande salão onde os deputados se reuniam; o corredor estava tomado por uma densa fumaça. Tudo o que Klotz conseguiu ver foi um brilho no canto nordeste da sala. Às 9h30 — vinte minutos depois da primeira ligação para os bombeiros — o telefone tocou no escritório de Franz Hollering. Era Hanussen.[16]

"Como está o incêndio no Reichstag?", perguntou Hanussen.

"De onde você está ligando?", respondeu Hollering. Ele temia por Hanussen: o homem associado aos nazistas.

"Do meu apartamento" — que ficava a quilômetros do Reichstag.

"Como ficou sabendo do incêndio?"

Hanussen evitou responder. "Na verdade", disse, "quero adverti-los — todos vocês. Fiquem alertas hoje à noite. Ninguém sabe o que pode acontecer. Os comunistas puseram fogo no Reichstag."

"Os comunistas? Ridículo! Eles jamais ousariam. Não querem cometer suicídio..."

"Espere e verá! E é melhor tomar cuidado."[17]

Assim que Hanussen desligou, Hollering se lembrou das histórias sobre a obsessão de Hanussen com as chamas no Palácio do Oculto na noite anterior. Agora que de fato havia acontecido um incêndio, Hanussen já sabia disso do outro lado da cidade. E estava culpando os comunistas. O erro de Hanussen (primeiro se concentrando num incêndio na noite anterior no Palácio do Oculto, depois ligando para Hollering poucos minutos depois de ele ter começado) foi ter antecipado os nazistas no próprio roteiro deles *se*, de fato, o incêndio — e o seu responsável — era parte de um complô orquestrado pelos altos escalões do regime de Hitler. Tal complô tem sido a peça central do entendimento comum a respeito daquele incêndio por mais de oitenta anos. O incêndio do Reichstag permanece um dos maiores mistérios não resolvidos da história moderna, apesar de o envolvimento de Hanussen pelas bordas certamente implicar os nazistas num dos maiores incêndios da história.

Naquela noite, Hitler estava jantando com Goebbels e a esposa deste em sua casa em Berlim — relaxando, contando histórias, ouvindo música em seu gramofone, discutindo planos para a eleição que se daria na semana seguinte. Por respeito a Hitler, um vegetariano comprometido, não havia nenhum prato com carne, apesar de ter sido servida uma grande carpa. Quando ela foi oferecida a Hitler, ele recusou. "Eu achava que você comia peixe", disse Frau Goebbels. "Peixe não é carne, certo?" Sorrindo, Hitler respondeu meio sarcástico: "Suponho então que o peixe, minha cara senhora, é uma planta".[18]

Tais prazeres foram interrompidos por um telefonema de Ernest Hanfstangl, chefe do departamento de imprensa estrangeira do novo governo. "O Reichstag está pegando fogo!", gritou ao telefone. "Diga ao Führer!"

"Pare de bobagens", respondeu Goebbels, incomodado com a piadinha. "Nem tem graça."

"Mas estou dizendo a verdade."

"Chega de gracinhas. Boa noite." Goebbels bateu o telefone, mas Hanfstangl ligou novamente.

"O que estou dizendo é verdade. É seu dever avisar o Führer. Se não o fizer, garanto que haverá problemas." Se Hitler e Goebbels não acreditassem nele, então que fossem os dois ao Reichstag ver por si mesmos. Dessa vez foi Hanfstangl quem bateu o telefone.[19]

Quando Goebbels transmitiu a mensagem, Hitler imediatamente gritou: "Foram os comunistas! Haverá um confronto por isso! Devo ir imediatamente! Desta vez os peguei!". Subindo na Mercedes do chanceler, Hitler e Goebbels "correram a 90 quilômetros por hora pela Charlottenburger Chausse rumo à cena do crime", disse Goebbels mais tarde. O que viram os deixou chocados: labaredas enormes saíam do prédio enquanto a grande cúpula, orgulho do último kaiser, desabava numa chuva de vidro e cobre. A polícia havia isolado o prédio para manter a multidão distante, e quase todos os caminhões de bombeiros de Berlim, ajudados por barcos de bombeiros no rio Spree, jogavam água nas chamas. Göring, que fora informado de que um comunista havia sido preso dentro do Reichstag, também estava lá, gritando: "Este é o começo de uma nova revolução comunista! Não devemos perder nenhum minuto.

Não teremos clemência. Qualquer autoridade comunista deve ser morta onde quer que esteja. Todo deputado comunista deve ser enforcado".[20]

Assumindo a fala, Hitler enfureceu-se com Sefton Delmer, jornalista britânico que ele conhecia havia vários anos:

> Queira Deus que isso tenha sido obra dos comunistas. [...] Você está testemunhando a obra de uma nova grande era na história alemã. O incêndio é o começo. [...] Consegue ver esse prédio? Veja como queima! Se os comunistas tomassem o poder na Europa e o mantivessem por seis meses — não, não, não — por dois meses, o continente inteiro estaria em chamas, assim como esse prédio.[21]

Quase como uma assombração, Franz von Papen, o vice-chanceler, apareceu diante de Hitler. Segurando-o pelo braço, Hitler exclamou: "Esse é um sinal dado por Deus. [...] Se esse incêndio for, como eu acho, obra dos comunistas, devemos esmagar essa peste assassina com mão de ferro".[22]

No dia seguinte, Hitler convenceu o presidente Hindenburg a assinar os Decretos do Incêndio do Reichstag "para a proteção do povo e do Estado". Suspendendo as seções da Constituição que garantiam liberdades individuais e civis, os decretos impunham "restrições à liberdade pessoal, ao direito de livre expressão de opinião, incluindo a liberdade de imprensa, bem como os direitos de reunião e associação". Acabou-se com a privacidade nas cartas, telegramas e ligações telefônicas; mandados para buscas em casas ou confisco de propriedade poderiam ir "além dos limites legais [a não ser que] proibidos de outra forma"; e as pessoas poderiam ser presas sem mandato. Quando o governo do Reich considerasse necessário, ele poderia intervir nos diversos estados alemães, e a sentença de morte agora se aplicava a uma série de crimes, incluindo "sérios distúrbios contra a paz" por qualquer pessoa armada. As tropas de assalto assumiram oficialmente o papel de uma "polícia auxiliar". Quatro mil comunistas, socialistas e liberais foram presos. Nos poucos dias até a eleição do dia 5 de março, reuniões de partidos democráticos foram invadidas, e somente os nazistas e seus aliados podiam fazer campanha sem nenhuma restrição. Ainda assim, enquanto os nazistas ganharam 288 cadeiras (mais do que qualquer outro partido, e 92% mais que na eleição anterior), 56% dos alemães votaram em outros partidos, e até mesmo os comunistas conseguiram ficar em terceiro lugar. Os nazistas ainda não controlavam a maioria das 633 cadeiras do Reichstag, mas o incêndio do Parlamento na semana anterior serviu como pretexto para um aumento de seu poder, tanto política quanto juridicamente, e de alguma forma Hanussen estava bem no meio disso.[23]

De pé, diante do Reichstag em chamas, no dia 27 de fevereiro, Goebbels e Hitler gritaram: "Comunistas". Agora os comunistas estavam gritando "Nazistas", com seus representantes no Reichstag, que passou a se reunir na Ópera Kroll, insistindo que poderiam provar que fora Hitler o responsável pelo incêndio. A Alemanha aos poucos se desintegrava no caos, com trocas de acusação entre a direita e a esquerda, e o próprio líder do governo — Hitler — sendo acusado de atear fogo ao prédio que hospedava o braço legislativo mais alto do país. Alguns meses depois, a briga se espalhou além da Alemanha quando um best-seller explicou (com uma lógica um tanto quanto tortuosa) como os nazistas puseram fogo no Parlamento para instaurar pânico entre os alemães de forma que acreditassem que uma tomada de poder pelos vermelhos era iminente. O *Braunbuch über Reichtagsbrand und Hitler terror* [*Livro marrom sobre o incêndio do Reichstag e o terror hitlerista*] foi traduzido para mais de 24 línguas e publicado em mais de 55 edições. (Nos Estados Unidos, o *Livro marrom* foi publicado pelo famoso editor Alfred A. Knopf.) Por décadas, o livro foi referência na explicação do fogo do Reichstag. Ele alegava que Marinus van der Lubbe — escravo sexual de Ernst Röhm, líder homossexual da SA — era um imbecil com tendências a incêndios criminosos. Ele já tentara atear fogo a vários prédios em Berlim; agora havia se voltado para transformar o Reichstag em cinzas num confuso complô nazista de forma a incriminar os bolcheviques. Supondo que fosse necessário mais que um homem para fazer tal serviço, Goebbels e Göring ordenaram que a SA entrasse no Reichstag com Van der Lubbe por meio de um túnel subterrâneo partindo da residência oficial de Göring, o presidente do Reichstag. Para implicar ainda mais o "comunismo internacional", os nazistas prenderam Ernst Togler, líder da bancada comunista no Reichstag, e três comunistas búlgaros que se encontravam em Berlim por coincidência. A suposição do *Livro marrom* era que os nazistas tinham certeza que o incêndio, as prisões, o espectro de uma conspiração mundial comunista deixariam os eleitores aterrorizados, entregando a Alemanha — de forma absolutamente legal — a eles na eleição de março.[24]

O que o *Livro marrom* não mencionou foi que o Comitê Mundial das Vítimas do Fascismo Alemão — o suposto autor do livro — era uma fachada para Willy Munzenberg, ex-chefe da propaganda do Partido Comunista alemão. Munzenberg havia escapado da rede nazista um dia antes do incêndio e fugido para Paris, onde preparou sua vingança contra os nazistas com o auxílio de alguns ajudantes muito criativos na Margem Esquerda. Um deles, o jornalista, escritor e comunista de carteirinha Arthur Koestler, mais tarde admitiu que o *Livro marrom* era uma coletânea de "fontes de informações isoladas, dedução, adivinhação e puro blefe. [...] Não tínhamos nenhuma prova, nenhum acesso a testemunhas. [...] Não tínhamos, na verdade, a menor ideia das circunstâncias reais". Em outras palavras, esse livro, que clamava resolver o incêndio do século, era uma obra de ficção. Até mesmo Munzenberg disse a um amigo que boa parte do *Livro marrom* era pura fantasia.[25]

Quer Van der Lubbe tenha sido um criminoso, ou se foi ajudado por membros das tropas de assalto; quer tenha sido um comunista, um fascista ou um burro, ele certamente foi uma dádiva aos nazistas. Deu a eles uma desculpa para declarar emergência nacional, para jogar milhares de comunistas e socialistas em campos de concentração, para aterrorizar todo o país com visões apocalípticas de uma ameaça vermelha. Mas a história não acabou com Van der Lubbe nem quando os nazistas o decapitaram em janeiro de 1934. (Os quatro homens acusados de serem seus coconspiradores foram absolvidos um mês antes.) Em 1939, Sefton Delmer, o jornalista britânico que conversou com Hitler enquanto o Reischstag estava em chamas, concluiu que Van der Lubbe agiu de forma independente e sozinho. Delmer revisou as investigações policiais (eles até seguiram a rota de Van der Lubbe dentro do Reichstag com um cronômetro); seus esforços de seguir os passos do homem desde que deixou a Holanda; e suas confissões: "Fiz sozinho. Eu estava lá. Eu sei". Para Delmer, tudo isso fazia mais sentido do que a fantasia comunista de que foram os nazistas que atearam o fogo, ou do que a ideia igualmente maluca dos nazistas de que uma vasta conspiração comunista estava por trás de tudo.

Mas Göring e Hitler, disse Delmer, tiveram que se manter fiéis à sua narrativa. "O fogo", escreveu, "tinha que ter sido obra de uma gangue — uma gangue comunista. Se assim não fosse, toda a fundação moral de seu novo estado policial não faria sentido."[26]

Perdido em meio a toda essa maquinação (o incêndio foi um complô nazista, um complô comunista, um plano maluco de um único criminoso) estava o testemunho do conde Helldorf — o amigo de Hanussen — no julgamento do incêndio do Reichstag em outubro de 1933. Helldorf disse ao tribunal que no dia 27 de fevereiro ele estava jantando num restaurante na Rankestrasse com um amigo quando um assistente lhe telefonou a respeito do incêndio. Helldorf disse calmamente a seu assistente que fosse ao Reichstag o mais rápido possível e o avisasse se ele seria útil por lá. Depois disso, Helldorf foi até seu apartamento na Nurnbergerstrasse. Uma ligação às 22 horas lhe disse que sua presença no Reichstag não seria necessária. É muito estranho que Helldorf tenha recebido a notícia do incêndio com tanta calma, a não ser que seu assistente tenha simplesmente confirmado o que ele já sabia que iria acontecer. De outra forma, um incêndio no Reichstag, especialmente após os rumores que varriam a cidade de que um levante comunista era iminente, deveria ter assustado tanto Helldorf que ele teria insistido em vê-lo em primeira mão. Em vez disso, mandou seu assistente, mesmo sabendo que Hitler, Goebbels e Göring estavam a caminho naquele mesmo instante.[27]

O que nos leva de volta a Hanussen e à visão das chamas na inauguração do seu palácio e às suas ligações para o editor do *12 Uhr Blatt* — um homem que Hanussen praticamente desconhecia — na noite do incêndio. Com aquela ligação para Hollering, Hanussen havia se tornado o garoto de recados dos nazistas. Nenhum nazista ligaria a um editor liberal para dizer que o fogo tinha sido obra de comunistas. Isso seria transparente demais. Seria mais sábio que alguém que quase não fosse um nazista (ou que fosse judeu) ligasse ao editor para garantir que a notícia que causaria o pânico de um complô comunista estaria no jornal no dia seguinte. Se foram os nazistas que instruíram Hanussen a fazer o que fez ou se ele simplesmente não conseguiu manter a boca fechada (como já havia acontecido na noite anterior, quando ele tentou guiar Maria Paudler a falar sobre uma "grande casa" em chamas), está aberto a discussão.

Nem Helldorf nem Hanussen agiram de forma natural enquanto o Reichstag estava em chamas: Helldorf ficou inacreditavelmente calmo; Hanussen estava politicamente agressivo. Assim algumas perguntas continuaram no ar: Por quê? Como Hanussen sabia do incêndio? Talvez ele fosse um vidente de verdade, apesar de pouco na sua história sustentar essa tese. Ou talvez o *Livro marrom* — aquela obra-prima da propaganda comunista — de alguma forma tinha acertado ao chutar que Helldorf era um dos nazistas que havia planejado o incêndio. E, caso tenha sido assim, como Hanussen sabia de tudo? Uma teoria é que os dois tenham conversado na inauguração do Palácio do Oculto. Hanussen temia que, se Hitler perdesse a próxima eleição, qualquer novo governo se revoltaria com a associação de Hanussen com os nazistas e sua carreira chegaria ao fim. Para acalmá-lo, Helldorf lhe disse o que aconteceria na noite seguinte no Reichstag. Hanussen estava tão feliz que não pôde se conter durante a sessão com Maria Paudler minutos depois.[28]

A história é confusa. O incêndio do Reichstag é confuso. E a política é sempre uma confusão, especialmente sua atitude indiferente em relação à verdade. O incêndio fez com que as duas partes — a esquerda e a direita — desenvolvessem sua própria narrativa do que aconteceu, satisfazendo suas intenções. Ambas as narrativas, até certo ponto, eram ilógicas. Mas o que deve ser lembrado é que essas versões — ou pelo menos em parte delas — não são necessariamente falsas apenas porque fazem parte de um contexto de propaganda mais amplo. Elementos tanto da versão nazista quanto da comunista podem ser corretos. Apesar de Van der Lubbe ser um comunista desencantado, talvez ele ainda se opusesse ao fascismo; e seu entusiasmado chamado à ação — "a revolução deve começar com algum grande incêndio" —, feito diante de um escritório da seguridade social num subúrbio de Berlim alguns dias antes do incêndio do Reichstag, talvez tenha chegado até alguns nazistas, que o ajudaram a pôr fogo no prédio sem que Van der Lubbe tenha sequer sabido quem o auxiliou.[29]

Nos registros sobre Hanussen e o incêndio do Reichstag que acabaram sendo escritos, ele acabou se tornando um vidente melhor ainda do que alegava. No final dos anos 1930 e durante boa parte da Segunda Guerra Mundial, refugiados alemães escreviam sobre Hanussen em revistas americanas supervalorizando o que de fato aconteceu no Palácio do Oculto. Nesses relatos, ele não tentou colocar palavras na boca de Maria Paudler a respeito das chamas — uma vã manipulação que prova que as chamas estavam na sua cabeça, não na dela. Esses relatos falam que o conde Helldorf passou um bilhete para Hanussen na sessão com data de 27 de fevereiro — a noite do incêndio— perguntando o que aconteceria em seguida. Hanussen entrou em transe e teve uma premonição do incêndio e uma visão tão clara e tão detalhada que o fez parar momentos antes de dar o nome do prédio que seria queimado ou seu endereço. Afundando num profundo devaneio, Hanussen disse numa voz distante, oca: "Vejo as tropas marchando! Tropas alemãs! O Führer está liderando seus homens à glória! [...] O mundo se curva diante do líder alemão. A Alemanha é como um ímã, atraindo cinco, dez nações para o seu lado. O mundo todo se volta para a Alemanha! O Führer é como Deus — está no comando e governa o universo".[30]

E depois, com mais paixão — quase gritando, de fato —, Hanussen disse:

> Vejo chamas! Um grande incêndio... um prédio enorme... um grande prédio do governo alemão está em chamas! As labaredas lambem as paredes até o topo de uma grande abóboda! As chamas aumentam rapidamente. Consigo ouvi-las conforme sobem ainda mais alto! Chegam até o topo! A abóboda ferve em chamas! Toda a vizinhança está acesa! É aqui, é aqui em Berlim! Vejo uma fila de estátuas. É no Siegesallee! Um prédio majestoso ao final da avenida está em chamas. Os inimigos do Führer atearam o fogo! Um crime covarde! Devemos esmagar os vermes que tentam roubar a vitória do Führer e colocar o bolchevismo em seu lugar.[31]

De acordo com essas versões da sessão, Hanussen tira a venda dos olhos, exausto. Alguns convidados deixam o local, incomodados demais para continuarem ali. Todos entenderam o que Hanussen queria dizer: o único "prédio majestoso" na Siegesallee com uma fileira de estátuas de mármore de guerreiros e heróis alemães era o Reichstag.[32]

Sem dúvida, essas versões de como Hanussen previu o incêndio do Reichstag eram propaganda antinazista. Em quase todas elas, Paudler não é mencionada e Hanussen assume o centro do palco, dando detalhes sobre o incêndio, o prédio, os culpados e a divindade de Hitler. Como propaganda, esses relatos eram melhores que falar de um clarividente que fez o melhor que pôde para seduzir uma linda atriz a fazer uma profecia vaga a respeito de chamas numa "grande casa". E eles deixavam implícito que Hanussen e, portanto, Helldorf (e, por conseguinte, outros nazistas) sabiam do incêndio antes de o primeiro fósforo ter sido aceso. Mas o ego de Hanussen não precisava ser massageado dessa forma. O esforço que ele fez para que Maria Paudler visse as chamas, a ligação para o editor do *12 Uhr Blatt* no qual ele pôs a culpa nos comunistas — todas as suas ações sugerem fortemente que ele sabia o que os nazistas estavam planejando e como eles queriam que o incêndio fosse interpretado. O crime de Hanussen foi não ter dito à Alemanha — e ao mundo — o que ele sabia. Os nazistas, no entanto, ficaram furiosos por ele ter vazado uma pequena parte de seu plano.[33]

Provavelmente o incêndio do Reichstag jamais será solucionado. Os detalhes são muito obscuros, confusos. O que fica claro é que a intrusão de Hanussen no roteiro do evento comprometeu a posição dos nazistas de que eram inocentes. Igualmente estranho é o porquê de Hanussen não ter conseguido se manter quieto a respeito do incêndio durante a sessão. Ao falar a respeito da tragédia — ou ao tentar fazer com que Maria Paudler o fizesse —, selou seu destino. A vida dele, agora, não valia mais nada para os nazistas.

Capítulo 13

Uma carona para uma terrível prisão

A despeito de tudo, os negócios continuavam a todo vapor no Palácio do Oculto. Hanussen cobrava dos figurões da cidade muitos milhares de marcos por consultas particulares, enquanto seus assistentes, que cobravam menos, o poupavam de ter que se encontrar com pessoas menos importantes. Esses clientes menores — quando ouviam que o mestre estava ocupado — aceitavam se consultar com seus assistentes. Ele os havia ensinado a como falar de coisas amplas, genéricas — "Naquela data, em 1917, houve um ataque no Ocidente. Vejo sangue. Um general morre. Alguém recebe a Cruz de Ferro" —, e os visitantes iam embora impressionados com as habilidades desses estranhos em destilar verdades, transcender o tempo e conhecer segredos a seu respeito que eles nunca haviam contado a ninguém.[1]

Esses assistentes faziam "leituras frias" — ofereciam verdades com base na intuição, na informação que as pessoas consultadas lhes passavam inconscientemente e baseando-se em seu talento para tecer cuidadosamente a linha que separa o óbvio do provável. Alguém que pratique essa leitura fria talvez faça uma observação que é uma verdade universal, mas que leve a pessoa que está pagando a concluir se tratar dela mesmo, tais como: "Vejo você na escola. Você está andando com outras crianças e há certa separação entre você e elas". Outra técnica clássica é fundir duas observações opostas e de senso comum de modo que pareçam únicas, ao mesmo tempo que se elimina qualquer aparente contradição entre elas. "Você é uma pessoa que naturalmente confia nos outros", talvez diga um vidente, "mas isso fez com que você se metesse em encrencas algumas vezes. Por isso, você agora é uma pessoa mais reservada." A pessoa que está sendo consultada fica lisonjeada (ela acredita nas pessoas e pensa o melhor a respeito delas) e ao mesmo tempo sente que o vidente a entende (ele sabe que as pessoas se aproveitaram de sua boa-fé). Ela vai embora grata por ter encontrado alguém que a conheça tão profundamente. Também fica intrigada com o fato de essa pessoa — que ela nunca viu — a conheça tão bem. Isso é parte do prazer — e da frustração — de consultar um vidente ou de desfrutar, de fato, de qualquer tipo de magia: não conseguimos descobrir por que nosso pensamento normal, coerente com o resto de nossa vida, serve agora para tão pouco. Seja qual for o caminho que escolhemos, parece que o vidente está um passo à nossa frente.[2]

Já que ninguém conseguia fazer leituras frias melhor do que Hanussen, ele reservava os clientes mais ricos ou famosos que iam ao Palácio do Oculto para si mesmo. Ao entrarem pela porta da frente, eram levados para dois pequenos cômodos, onde os assistentes de Hanussen olhariam fixamente para os visitantes, uma artimanha para parecer que estavam entrando numa esfera mística e de outro mundo. O verdadeiro trabalho dos assistentes era conseguir informações dos clientes, que eram mantidos esperando enquanto a equipe de Hanussen ligava para qualquer pessoa que pudesse oferecer alguma dica sobre o visitante. Quando a equipe conseguisse coletar informações suficientes, ela as passava a Hanussen, que só então deixava o visitante entrar em seu santuário interior. Assim que adentravam o covil de Hanussen, o vidente quase sempre estava terminando uma conversa telefônica com alguém famoso que ele aconselhava com frequência — ou ao menos era o que ele dizia. Tudo era convincente e calculado: não um teatro do absurdo, mas do ingênuo.[3]

O negócio das consultas de Hanussen continuou tão rentável quanto antes. Mas, conforme ele perdia sua importância para o novo regime, também passava a perder as vantagens que tinha com os teatros onde fazia suas performances. Em março, no final da primeira semana de um mês inteiro que ele havia reservado no Scala, e quase uma semana depois do incêndio do Reichstag, Hanussen foi até o gerente para cobrar o bônus que tinham negociado caso ele vendesse mais ingressos que o esperado. Sabendo que os shows haviam sido um sucesso, Hanussen esperava um generoso cheque pelos negócios lucrativos que ele proporcionava ao teatro. O gerente discordou. É verdade, disse ele, que as pessoas amam você. E nós amamos você. Mas se, por um lado, as vendas foram boas até agora, por outro, nossas projeções para o mês inteiro mostram que você não conseguirá manter seu bônus até o final.

"Vocês me enganaram", gritou Hanussen. "Não me apresentarei mais."

"Você quer que digamos ao público que você não conseguiu prever que estava fazendo um péssimo negócio?", perguntou o gerente. "Belo vidente, diriam as pessoas."[4]

Hanussen havia encontrado alguém mais esperto do que ele. Decidiu continuar no Scala, preocupado em ganhar o dinheiro que precisava para pagar as contas da sua equipe, de seu luxuoso apartamento, de seu iate e de sua frota de limusines. Fazer shows no Scala era bom para sua reputação, mas não tão bom assim para sua carteira. Porém ele estava tão ocupado que quase não tinha tempo para pensar em outras formas de ganhar dinheiro. Sua última tentativa de aumentar sua renda — fazendo com que seu jornal mudasse de semanal para diário — havia deixado Goebbels furioso. Afinal, ele não queria nenhuma concorrência contra o próprio jornal. Mas quando Hanussen descobriu que os nazistas queriam comprar todo o império editorial de Mosse, ele começou a arquitetar planos de como ganhar dinheiro com essa venda.

A família Mosse era judia. Eram donos de uma editora já havia três gerações: especializados em livros de qualidade e muito orgulhosos dos jornais da companhia, o *Frankfurter Zeitung* e o *Berliner Tageblatt*, os periódicos mais liberais da Alemanha. Eles refletiam a sensibilidade da família Mosse. Os Mosse eram cultos e bem-educados, patronos da arte e defensores do Iluminismo. Os membros da família moravam em várias mansões: uma delas tinha 32 acres na vila de Schenkendorf, quarenta minutos ao sul de Berlim. Ela tinha oito quartos, todos com seu próprio banheiro — um luxo até então desconhecido. Uma segunda mansão no Leipzinger Place de Berlim tinha sido inspirada num palácio do Renascimento italiano, com um jardim circundando uma fonte com estátuas de jovens dançarinas. Dentro, uma biblioteca com as primeiras edições de Goethe e uma coleção de arte que incluía um afresco representando Rudolf Mosse (o cabeça da segunda geração de editores entre os Mosse), sua esposa e filha vestidos à moda renascentista e sentados num banquete todo feito segundo os costumes italianos, conversando, brindando e se divertindo. Outra residência dos Mosse, na parte ocidental de Berlim, tinha quatro quartos no segundo andar, duas salas de estar decoradas no primeiro, um enorme salão de jantar decorado com tapeçaria dos Médicis e uma sala de concertos onde vários músicos famosos já tinham se apresentado. Havia no mínimo seis empregados para cada uma dessas mansões — cozinheiros, mordomos, damas, babás, governantas e, para a casa de campo, cocheiros. Tutores residentes, vindos da França e da Irlanda, ensinavam francês e inglês para as crianças. Alguns deles eram muito achegados aos filhos dos Mosse — algumas vezes tão próximos a ponto de deixar sua mãe tímida e distante com inveja.[5]

A família abriu orfanatos para as crianças abandonadas e albergues para as mulheres pobres; contratou o arquiteto modernista Erich Mendelsohn para projetar um luxuoso prédio de apartamentos e um enorme complexo teatral na Kurfürstendamm, a Quinta Avenida de Berlim; e contribuía generosamente para a Filarmônica de Berlim. Apesar de Hans Lachmann-Mosse — que havia se tornado o chefe da família depois da morte de seu sogro, Rudolf Mosse, em 1920 — dizer que a religião era uma bobagem, ele nunca rejeitou o judaísmo. Simplesmente queria ser um judeu moderno. Tendo isso em mente, entrou na maior congregação reformista de Berlim, um santuário ao racionalismo, e fez campanha para revolucionar a música de sinagoga, a qual ele desprezava como "muito ruim". Junto com o diretor musical do templo, selecionou músicas de Schubert, Beethoven e Handel para acompanhar a liturgia e pagou por uma gravação da Filarmônica com os melhores cantores de ópera, além de um coro de cem vozes. Os discos tocaram em templos reformistas por toda a Alemanha, garantindo que sua música fosse inspiradora e as cerimônias, modernas.[6]

Profissional e pessoalmente, os Mosses depositavam sua confiança na razão, no bom-senso e no poder diferenciador de uma mente bem desenvolvida. Tinham certeza de que a Alemanha repudiaria Hitler. Ela era, afinal, uma nação civilizada.[7]

Ou era, até 30 de janeiro, quando Hitler virou o seu chanceler. Hans Mosse fugiu para Paris; a família o acompanhou logo em seguida. Mosse deixou sua empresa nas mãos de Karl Vetter, o gerente-geral da firma, em quem confiava cegamente, apesar de a maioria da família discordar dele. Eles achavam que Vetter era um oportunista. Um deles até chegou a chamá-lo de "gênio do mal". Vetter acabou provando que eles tinham razão.[8]

Para Hitler, os Mosse representavam tudo o que havia de errado na Alemanha: eles eram elegantes. Eram cosmopolitas. Eram poderosos. Eram judeus. Eram parte da podridão que sufocava a Alemanha. Para silenciá-los, os nazistas ofereceram 2 milhões de marcos pela sua editora. Vetter pediu a Hanussen, que era seu amigo, que o aconselhasse nas negociações. Já que Hanussen conhecia bem os nazistas, com certeza ele saberia o que se passava na cabeça deles. "Dois milhões", disse Hanussen, "não é um preço ruim, mas é possível melhorar." Hanussen foi até seu cofre e tirou uma pilha de promissórias. A maioria havia sido assinada por Helldorf. Mencione isso para os nazistas, instruiu Hanussen, e diga que você quer 6 milhões de marcos. Essas pessoas, disse Hanussen, fariam *qualquer coisa* para que o público não soubesse que Helldorf não era apenas bom amigo dos judeus, bem como que os judeus o estavam financiando havia anos, pagando a maior parte de suas contas e garantindo que não falisse de novo. Hanussen e Vetter dividiriam o que ganhassem dos nazistas, com uma boa parte sendo paga a Hans Mosse, que estava longe, em Paris. Todos ficariam felizes.[9]

Um plano esperto, Vetter garantiu a Hanussen. Brilhante. O que Hanussen não sabia era que alguns membros da família Mosse estavam certos: Vetter não era de confiança. Sua próxima parada foi com Helldorf. "Senhor", disse, "sei que está com problemas financeiros. Aceite este cheque de 10 mil marcos. Considere-o um presente." Helldorf guardou o cheque no bolso, perguntando logo em seguida: "Como você sabia dos meus problemas financeiros?". Vetter explicou a ideia de Hanussen de usar as promissórias de Helldorf como chantagem para triplicar o preço da editora. O chantageador havia sido desmascarado.[10]

Hanussen já estava em maus lençóis com os nazistas por ter revelado os planos deles para o Reichstag na noite anterior ao incêndio. Helldorf ficou horrorizado ao saber que Hanussen planejava usar aquelas promissórias contra ele. Helldorf, amigo e protetor de Hanussen por mais de dois anos, havia se cansado dele. Hanussen, agora, estava por conta própria.

No dia 21 de março os nazistas oficialmente assumiram a editora de Mosse. Hans Lachmann-Mosse havia voltado a Berlim em segredo a convite de Goebbels para discutir o futuro de seus negócios. Garantindo a Mosse que ele estaria a salvo, Goebbels até insinuou que alguns judeus que tinham sido despedidos da firma seriam recontratados. Mas os nazistas não haviam convidado Mosse para um encontro amigável regado a conhaque. Durante a reunião com Mosse, Wilhelm Ohst, major da SA e responsável nazista na campanha de assumir a firma, ficou de pé diante dele, apontando seu revólver e ordenando que Lachmann-Mosse assinasse o contrato, repassando a editora para uma fundação que ajudava vítimas de guerra. A fundação, na verdade, era uma fachada para um conglomerado que acabou controlando quase todos os jornais da Alemanha. Poucas aquisições deram tanto prazer a Goebbels: uma década antes, o jornal havia rejeitado seu pedido de emprego.[11]

Enquanto a tinta da assinatura de Mosse ainda secava no contrato, Ohst — que não entendia nada de editoração e mercado editorial — tornou-se o chefe daquela que havia sido a melhor editora da Alemanha. (Os nazistas permitiram que Lachmann-Mosse deixasse a Alemanha são e salvo após assinar a transferência de seu império. Ele se estabeleceu na França. Quando os nazistas a invadiram, emigrou para os Estados Unidos e morreu em Oakland, na Califórnia, em abril de 1944 — sem sua nação, sua fortuna e sua mulher, que pediu divórcio convencida de que seu fraco senso de política e negócios desfizera tudo o que seu pai havia criado.) Alguns dias após Ohst ter virado o chefe dos negócios de Mosse, ele participaria do último espetáculo de Erik Jan Hanussen. Ohst não teve desgosto em fazê-lo. Foi para Ohst que Hanussen disse, certo dia, a respeito de Hitler: "Adolf se parece mais com um cabeleireiro desempregado que um César". Na nova Alemanha, tais palavras eram uma blasfêmia.[12]

Pessoas desapareciam em Berlim naquela época. Algumas estavam fugindo dos nazistas. Outras haviam sido pegas pelas tropas de assalto, que agiam com rapidez e faziam perguntas depois. Assim, a princípio, ninguém sabia o que fazer com o desaparecimento de Hanussen no dia 24 de março. Ao redor das 22 horas, no Teatro Scala, os acrobatas e cantores terminaram sua performance, enquanto a orquestra tocava em preparação para a atração principal, Hanussen, que tinha todo o segundo ato para si. Os assistentes de Hanussen estavam se colocando a postos em lugares onde poderiam ajudá-lo a encontrar itens escondidos pela plateia, ou guiá-lo para pessoas que estavam loucas para perguntar o que havia acontecido em datas-chave de sua vida. É claro que Hanussen acertaria tudo. Ele sempre acertava.

O gerente de palco estava ficando nervoso: já estava quase na hora do espetáculo e Hanussen ainda não havia chegado. Mandou sua equipe procurá-lo nos bares e cafés que frequentava. Ninguém o tinha visto. Em seguida, o gerente ligou para o apartamento de Hanussen. Ninguém respondeu. Ligou para o café ao lado do teatro onde Hanussen sempre ia antes do show. Um garçom lhe disse que uns 45 minutos antes dois homens se aproximaram de Hanussen quando ele pegava o chapéu para ir embora. "Senhor Hanussen", disseram, "precisamos conversar com o senhor." Acompanharam Hanussen até o carro e partiram dali. "Ele já deveria estar de volta ao Scala a esta hora", disse o garçom em tom encorajador. O gerente chamou a polícia — nenhum dos oficiais havia visto o carro que Hanussen usava aquela noite: uma limusine cinza, a mesma, como se soube depois, que ele emprestara para Helldorf em setembro de 1931 para que este pudesse dirigir nos dois sentidos na Kurfürstendamm, gritando palavras de estímulo para os membros da SA durante uma das primeiras manifestações antissemitas em Berlim.[13]

A plateia do Scala estava incomodada — vaiando e batendo palmas sem parar. Por fim, o gerente de palco disse que Hanussen havia tido um mal súbito e que o show estava cancelado. Seus ingressos poderiam ser trocados pelo do show da noite seguinte.[14]

Conforme o teatro se esvaziava, o diretor do Scala apareceu e ligou para um velho amigo da Primeira Guerra Mundial, Herr Fleischer, que agora era um figurão na SA. "Por favor, você poderia vir até aqui rapidamente?", perguntou. "Estamos preocupados com algo. E não posso falar a respeito ao telefone." Fleischer foi ao teatro imediatamente. Quando ficou sabendo que, mais cedo, naquele mesmo dia, alguns membros das tropas de assalto haviam feito perguntas sobre Hanussen ao porteiro do teatro, Fleischer ligou para bases da SA por toda Berlim, perguntando se alguém sabia quem tinha feito aquela visita. Fleischer não conseguiu nenhuma resposta.

"Talvez", disse Fleischer, "devêssemos ir até o apartamento de Hanussen. Quem sabe ele não está doente de verdade e ninguém está com ele?" O homem da SA já tinha algumas ideias do que poderia ter acontecido, mas não queria preocupar o amigo.

O porteiro do apartamento de Hanussen disse que o artista havia passado no prédio mais cedo, naquela mesma noite, com dois homens. Os três subiram e ficaram lá por uns quinze minutos, saindo novamente de carro. Hanussen parecia um tanto quanto pálido.

"Eles foram na direção do Scala?", perguntou Fleischer com alguma esperança.

"Não", disse o porteiro. "Foram em direção de Halensee", a direção oposta.

Fleischer e o diretor do Scala olharam em silêncio um para o outro. Na nova Berlim, a Berlim dos nazistas, um passeio de carro com estranhos nunca terminava bem.[15]

Hanussen havia sido levado para uma prisão na General Pape-strasse, a cerca de seis quilômetros do seu apartamento. Essa instalação estava entre as mais ou menos 150 prisões improvisadas que as tropas de assalto passaram a administrar depois do incêndio do Reichstag. No dia seguinte ao incêndio, quase que instantaneamente, milhares de pessoas foram presas — comunistas, socialistas, democratas e qualquer um que fosse corajoso o suficiente para discordar abertamente do novo regime ou infeliz o bastante para que os nazistas não gostassem dele. Eles tinham que ser colocados em algum lugar. As prisões comuns já estavam cheias, e, para todos os efeitos, esses "inimigos da revolução" precisavam aprender certas lições que não seriam dadas nas instalações que já existiam — lições além da lei, da moral e das regras das prisões já em funcionamento. Para montar as equipes dessas prisões, foram escolhidos os piores membros das tropas de assalto, homens empedernidos por anos de brigas de rua ou sádicos por natureza. Esses lugares eram campos de concentração (numa pequena escala, quase experimental) antes de o termo ter sido inventado — protótipos ainda crus das fábricas de morte dos nazistas: o começo do terror nazista que, em alguns anos, seria martelado na mente e no coração de todos os alemães em todas as cidades, vilas e povoados no Reich.[16]

Os horrores de Hitler começaram nessas prisões. Nos julgamentos de Nuremberg, em 1946, Herman Göring minimizou sua brutalidade. "É claro", disse ao tribunal com um raciocínio impecável e sensível, "que no começo houve excessos; é claro que inocentes foram injustiçados aqui e ali; é claro que havia agressões aqui e ali. [...] Eu naturalmente dei ordens para que tais coisas não acontecessem. [...] Era importante para mim trazer tais pessoas para o nosso lado e reeducá-las."[17]

Para Göring, as prisões foram estabelecidas para reformar e reabilitar, não para matar e torturar. Mas as tropas de assalto aproveitaram para descontar velhas desavenças e inventar novas. Essas prisões incomodavam até Rudolf Diels, o primeiro chefe da Gestapo. Diels as chamava de "campos selvagens" — incontroláveis e acima da lei. (Aparentemente ele não tinha problema com o sadismo que *ele* ordenava.) Perto de agosto de 1933, Göring, cansado das prisões, pôs fim ao poder da SA de prender pessoas — um poder que ele mesmo havia lhe concedido logo após o incêndio do Reichstag. Em seguida fechou todas as prisões selvagens, uma a uma. A mais problemática era a prisão de Papenburg, perto da fronteira holandesa, onde os membros da SA abriram fogo contra a polícia de Göring quando eles invadiram a prisão. Göring teve que pedir ajuda a Hitler para autorizar o uso de artilharia pesada para esmagar a resistência das tropas de assalto.[18]

A maioria dessas prisões era improvisada — uma delas, na vizinhança de Charlottenburg, em Berlim, ficava num centro de reuniões dos comunistas que havia sido invadido; outra ficava na Friedrichstrasse 234, um prédio comercial e residencial que fora doado para a SA por simpatizantes em 1932. Hanussen foi levado para um quartel construído nos anos 1890. O Tratado de Versalhes havia proibido o uso desses quartéis, uma obrigação que era parte do esforço dos aliados de desmilitarizar a Alemanha depois da Primeira Guerra Mundial. As tropas de assalto tinham invadido os quartéis em meados de março, poucas semanas antes de Hanussen ter sido levado até o de Pape-strasse, transformando o andar de cima em moradia para os brutamontes nazistas e o porão em uma prisão. Muitos membros da tropa de assalto estavam desempregados ou sem ter onde morar. Para eles era ótimo ter um teto. Alguns eram criminosos ou psicopatas. Todos adoravam ter um lugar onde pudessem aterrorizar aqueles de quem não gostavam.[19]

Na Friedrichstrasse 234, os prisioneiros ficavam por horas numa cela cheia de água. Um morador que vivia perto da prisão disse mais tarde: "Por vários dias durante a semana que se seguiu às eleições [para o Reichstag, no dia 4 de março], os vizinhos e quem passasse por perto conseguia ouvir os gritos e os gemidos das pessoas que estavam lá dentro". Quando a polícia finalmente invadiu o lugar, encontraram setenta comunistas — muitos deles mortos e outros espancados. Na prisão de Charlottenburg, as tropas de assalto enfiavam cabos de madeira no ânus dos prisioneiros ou os levantavam com cordas alguns centímetros do chão enquanto batiam na sola de seus pés com cassetetes de borracha: cada batida, disse um prisioneiro, parecia que chegava "até o cérebro". Um médico aparecia de vez em quando — não para repreender os nazistas, mas para determinar se a tortura podia continuar. Quase sempre podia. Pelo menos dois comunistas foram espancados até a morte na prisão de Charlottenburg; um terceiro morreu depois de as suas mãos terem sido decepadas.

No porão frio e úmido da prisão de Pape-strasse, o lugar para onde Hanussen foi levado, cerca de duzentos prisioneiros eram mantidos em treze celas. Cada cela tinha aproximadamente 160 metros quadrados e cada uma tinha entre vinte e trinta prisioneiros. Os poucos afortunados saíam em duas ou três semanas; a maioria ficava presa por meses. Não havia aquecimento nem cobertores, e a comida era pouca. As prisioneiras eram amarradas e estupradas por um carcereiro após o outro, enquanto as demais eram obrigadas a olhar. Em outra sala, os prisioneiros ficavam de frente para a parede enquanto membros das tropas de assalto os usavam como alvo de tiro. Numa cela usada exclusivamente para interrogatórios, ácido sulfúrico foi injetado no pênis de pelo menos um prisioneiro. Uma camada de areia cobrindo o chão estava encharcada do sangue dos prisioneiros que eram espancados. Quando um morador da região reclamou da confusão vinda da prisão, ele próprio foi preso e torturado por algumas horas. Uma cela foi separada para membros desleais do partido. Eles poderiam se reabilitar batendo em outros prisioneiros — formando uma fila pelo corredor de trinta metros por onde os prisioneiros eram obrigados a passar para serem surrados com bastões até desfalecerem.[20]

A maioria dos prisioneiros na prisão de Pape-strasse recebia uma numeração. O número 235 — Erich Simenauer — era um psicanalista e estudioso de Rilke. Mesmo tendo apanhado muito, conseguiu sobreviver. O prisioneiro 45 — Leo Krell, jornalista de um jornal comunista — não teve tanta sorte. Levado à prisão no dia 16 de março, morreu por espancamento no dia 21 — três dias antes de Hanussen ter sido levado para lá.[21]

Hanussen parece não ter recebido nenhum número. E não se sabe exatamente o que lhe aconteceu após ter sido escoltado para dentro das portas verdes da prisão. Ele pode ter sido jogado numa cela no porão junto com outros prisioneiros. Talvez não, já que voltou para casa algumas horas depois — abalado, mas sem ferimentos. Um membro das tropas de assalto disse mais tarde que a despedida de Hanussen da prisão foi "muito amigável" — tanto que ele chegou a voltar para a prisão para pedir um copo d'água. Se ele não foi levado para o porão onde ocorriam as torturas, estupros e espancamentos, talvez tenha subido os sete degraus para o primeiro andar para ser interrogado numa atmosfera um pouco mais cordial do que a encontrada no porão. O certo é que ele esteve lá durante a fase mais selvagem da prisão: sete pessoas foram mortas naquela semana. As tropas de assalto estavam aquecendo seus músculos — nada é mais anárquico do que um Estado totalitário em seu começo, ainda calibrando o quanto de terror é capaz de produzir sem ser pego. E, sem dúvida, as tropas de assalto se sentiram ainda mais corajosas depois do que havia acontecido no Reichstag um dia antes da prisão de Hanussen.[22]

No dia 23 de março, o Reichstag aprovou a Lei de Plenos Poderes (ou, para usar o seu nome completo, a Lei para Sanar o Sofrimento do Povo e da Nação). Seus cinco parágrafos suspendiam o poder do Reichstag de legislar, aprovar tratados com outros países, controlar o orçamento e propor emendas à Constituição. Todos esses poderes agora ficavam com o gabinete do Reich, cujas regras — rascunhadas pelo próprio chanceler Hitler — "poderiam", advertia a Lei, num dos maiores eufemismos do século XX, "desviar-se da Constituição". A Lei passou facilmente, com 441 votos a favor e 94 contra, graças em parte a Hermann Göring, que, como presidente do Reichstag, havia diminuído o número de deputados exigidos para se formar quórum ao não contar os comunistas. Depois da votação, os nazistas marcharam pelo saguão cantando um de seus hinos, o "Horst Wessel":

> Subam as bandeiras!
> Lado a lado
> As tropas de assalto marcham em ordem
> e em calma.

Por meio de um procedimento estritamente jurídico, os nazistas sequestraram o governo. Hitler agora tinha poder para fazer o que quisesse. Essa era a lei.[23]

Tal dissolução das estruturas legais restritivas da Alemanha talvez tenha sido o motivo de Hanussen ter acabado na prisão de Pape-strasse. Antes da aprovação da Lei de Concessão, aqueles que os nazistas haviam torturado ou matado, em sua maioria, eram inimigos políticos. Existiam algumas razões ideológicas para se livrar deles. Com Hanussen era diferente. Ele era uma celebridade. Sua fama ia além da política, apesar de ele sempre ter servido a uma função política — ao fazer do seu jornal um libelo de propaganda nazista, ao emprestar a Helldorf (e a outros nazistas) dezenas de milhares de marcos, e ao comprar botas, carros e oferecer dinheiro para as tropas de assalto. Ele havia cuidado bem dos nazistas. Nove dias antes da eleição de março, Hanussen exigiu em seu jornal: "Fora o Reichstag! Carta branca aos defensores da pátria!". Falando como um vidente que tudo vê e tudo sabe, capaz de impressionar plateias por toda a Europa, Hanussen previu que os alemães iriam "de forma voluntária e fiel" entregar o futuro do país nas mãos dos nazistas, os únicos capazes de salvar a nação de se tornar "uma escrava do bolchevismo". "A hora para debates já passou", declarou Hanussen. "A hora do Parlamento já passou. O destino da Alemanha está nas mãos de homens, e não de caprichos de tendências parlamentares."[24]

Hanussen conhecia bem o discurso do partido e ele o repetia bem. Mas os nazistas não precisavam mais de sua ajuda, não agora que Hitler havia se tornado chanceler, o Reichstag havia aprovado a Lei de Concessões e a SA cuidava das ruas. Com sua identidade judaica agora pública, sua inabilidade de se manter calado quanto ao incêndio do Reichstag e sua tentativa de lucrar com o negócio da editora de Mosse usando as promissórias de Helldorf contra os nazistas, ele havia deixado de ser um ativo e se tornado um passivo da noite para o dia.

Conforme os nazistas chegavam às suas conclusões fatais sobre Hanussen, o conde Helldorf se afastava cada vez mais dele. Os conservadores que não eram nazistas haviam frustrado os planos de Göring de nomear Helldorf como chefe da polícia de Berlim: era muito arriscado colocar a segurança da cidade nas mãos de um homem que liderara as manifestações antissemitas em Kurfürstendamm dois anos antes. Em vez disso, Göring nomeou Helldorf chefe de polícia de Potsdam, um subúrbio de Berlim onde seu passado seria menos irônico. Com Helldorf em Potsdam — e o controle das tropas de assalto de Berlim transferido para Karl Ernst, um antigo leão de chácara numa boate gay — havia menos espaço entre Hanussen e o crescente número de nazistas que não gostava dele. A sessão no palácio de Hanussen na noite anterior ao incêndio do Reichstag foi provavelmente a última vez que Helldorf viu Hanussen. Em especial, foi nela que o destino do vidente foi selado.[25]

Capítulo 14

Três balas na floresta

Depois do desaparecimento de Hanussen, surgiram boatos por toda Berlim. Ele estava doente. Fugiu para Praga. Estabeleceu-se em Zurique. Foi visto em Berlim com ataduras em volta da cabeça. Alguém o viu sendo levado num carro, de olhos vendados, pela capital. Para onde estava sendo levado, ninguém sabe. Um rumor especialmente melodramático dizia que os problemas de Hanussen haviam começado na inauguração de seu Palácio do Oculto: depois da meia-noite, a festa se transformou numa orgia. Três dias depois, Hitler recebeu fotos de Helldorf e outros nazistas em posições comprometedoras. As fotos "estragaram [...] o apetite [de Hitler] por um dia e seu bom humor por uma semana", escreveu um repórter, especialmente por terem sido acompanhadas de uma nota aleatória: os negativos custariam a Hitler 100 mil marcos. Depois de pagar o chantagista, que por acaso era Hanussen, Hitler deu um ultimato a Helldorf: suma da cidade ou acabe sua amizade com Hanussen. Helldorf escolheu a segunda opção. Num confronto com Hanussen, de acordo com os rumores, Helldorf lhe disse que sua arrogância judia havia colocado os dois em maus lençóis. Passados alguns dias, membros das tropas de assalto retiraram Hanussen de seu apartamento. Pouco depois, ele se internou numa clínica com o nariz quebrado e muitas escoriações pelo corpo, dizendo que se mudaria para Paris assim que estivesse apto a viajar. Helldorf ficou sabendo onde

Hanussen estava escondido, e, naquela noite, representantes das tropas de assalto foram até a clínica e o jogaram em seu carro. Nunca mais ele foi visto.[1]

A verdadeira história não se parece em nada com nenhuma dessas ficções. Enquanto Hanussen estava na prisão de Pape-strasse no dia 24 de março, membros das tropas de assalto exigiram que ele lhes desse todas as promissórias que tinha em seu poder. Hanussen se recusou, sabendo que elas eram sua melhor arma contra os nazistas — talvez a única que tivesse. Nesse momento, os homens da SA deixaram a sala onde estavam interrogando Hanussen. Frustrados, ficaram no corredor gritando ameaças contra ele. Percebendo que estava ficando em desvantagem, Hanussen sugeriu trocar as promissórias pelo dinheiro que lhe era devido. Os nazistas rejeitaram sua proposta. Hanussen e os nazistas chegaram a um impasse.[2]

O clarividente foi solto ao redor da meia-noite. Ao voltar para casa, encontrou seu apartamento todo revirado. Móveis e roupas estavam jogados por todo canto. Enquanto estava na prisão, vários membros das tropas de assalto haviam revistado sua moradia atrás das promissórias. Hanussen ligou para sua ex-mulher, Fritzi. Eles tinham se divorciado um ano antes, mas Hanussen ainda confiava nela, especialmente em momentos de crise. Apesar das traições dele, o casal ainda continuava amigo. Conforme discutiam a possibilidade de ligar para um advogado, três guardas das tropas de assalto invadiram a sala, e a ligação foi interrompida. Já era mais de uma hora da manhã.[3]

Aqueles homens eram liderados por Wilhelm Ohst, o major da SA que orquestrara a compra da editora de Mosse. Ohst conhecia bem Hanussen. Os outros guardas eram Rudolf Steinle e Kurt Egger, que nunca haviam visto Hanussen. Quando Ohst bateu à porta do apartamento de Hanussen, seu secretário lhe disse: "Pode subir. O patrão está lá em cima". Mesmo depois de a SA ter revistado o apartamento naquela mesma noite, e depois de Hanussen voltar de uma das mais famosas prisões das tropas de assalto, o secretário ainda tratava Ohst de forma casual, quase informal, talvez porque ele soubesse que Ohst e Hanussen se conheciam e presumia que o major da SA não estava lá necessariamente a negócios. Será que Ohst teria aparecido para ajudar Hanussen? Hanussen havia ajudado a SA por tanto tempo que é possível que o secretário tenha pensado que Ohst estava lá para retribuir um favor.

Ohst sabia exatamente aonde ir no apartamento, pois já havia estado ali várias vezes. Quando encontrou Hanussen e lhe disse que seria novamente preso, o vidente não acreditou. "Meu caro Ohst", disse Hanussen, pensando naquela noite e na prisão, e supondo que não teria nada com que se preocupar, já que fora libertado de Pape-strasse horas antes, "isso não pode ser verdade. Não venha com piadas como essa depois de eu tê-lo ajudado tantas vezes". Interrompendo-o, Ohst exigiu: "Onde estão os papéis?". Percebendo que aquele não era um bom momento para discussão, Hanussen disse a um de seus assistentes que pegasse as promissórias. A pilha maior incluía duas delas assinadas por Helldorf no valor de 1.500 marcos (aproximadamente 6.300 dólares em 1933), além de outra assinada por um oficial da SA, Achim von Amim, de quatrocentos marcos (perto de 2 mil dólares).

Assim que Ohst conseguiu as promissórias, disse a Steinle e Egger que sentia muito por ter que tratar Hanussen daquela maneira. Ohst e Hanussen já se conheciam havia tempos. Mas Karl Ernst, o novo comandante da SA em Berlim, tinha ordenado a Ohst que não mostrasse a menor simpatia pelo vidente. Naquela tarde, Ohst e Ernst haviam se reunido para decidir o que fazer com Hanussen. Ele já tinha tentado usar as promissórias para ganhar dinheiro com a venda de Mosse. Isso não ajudou em nada, mas tampouco impediu Hanussen de falar em voz alta em vários restaurantes que ele havia subornado alguns dos membros mais poderosos da SA na cidade, chegando a citar seus nomes: Helldorf, Ernst e Ohst. Por meia hora, Ohst tentou convencer Ernst a ter alguma compaixão de Hanussen. O vidente era sorrateiro, manipulador e estava sempre armando alguma, mas ele não merecia, necessariamente, o destino que Ernst tinha em mente. Ernst fuzilou Ohst com o olhar: "Agora você está dando uma de bonzinho comigo?".[4]

Os guardas das tropas de assalto jogaram Hanussen em seu carro na frente do prédio. Um deles disse mais tarde que sua "conduta era a de um credor em relação a um devedor. Ainda no trajeto, ele continuava perguntando a Ohst por que ele o estava prendendo já que sempre o tratou bem".[5]

Eles levaram Hanussen de volta para a prisão de Pape-strasse. Em sua visita anterior — entre as vinte horas e a meia-noite, aproximadamente — ele havia visto a face mais suave da prisão. Dessa vez, as tropas de assalto o levaram para o porão, no andar das celas e das salas de tortura, onde lhe meteram três balas: uma no pescoço, uma no abdômen e outra na nuca. Então subiram com seu corpo pela escada, jogaram-no de volta no carro e dirigiram em direção ao sul. Depois de quase uma hora, pararam numa floresta perto da cidade de Zosse, jogaram seu corpo no mato e voltaram para Berlim. Assim que chegou, Ohst ligou para Ernst para dizer-lhe que havia cumprido sua missão. Agora não haveria mais ninguém para grunhir sobre os planos secretos dos nazistas em sessões noturnas ou para chantageá-los por terem pegado dinheiro emprestado de um judeu. Ohst garantiu a Ernst que tinha todas as promissórias. Hanussen achava que as promissórias garantiriam sua vida. Na verdade, elas foram a causa de sua morte. Ele tinha 43 anos.[6]

Na manhã seguinte, uma das secretárias de Hanussen — não a que estava com ele na noite anterior — entrou no palácio revirado. Não foi capaz de ligar para a polícia porque os fios de telefones haviam sido cortados. Ela e o empresário de Hanussen foram até a delegacia de polícia para prestar queixa do seu desaparecimento.[7]

Dois dias depois da morte de Hanussen, Ohst apareceu para trabalhar em seu novo emprego na editora. Ninguém o tinha visto desde o desaparecimento de Hanussen. Ohst entregou a calça de seu uniforme para um de seus assistentes e lhe pediu que a levasse para a lavanderia Landrock mais próxima. O assistente fez como lhe fora ordenado. Tempos depois, o assistente contou aos poucos amigos que confiava na empresa que a calça estava manchada de sangue.[8]

Ernst, o chefe das tropas de assalto que mandou Ohst matar Hanussen, também havia pedido dinheiro emprestado ao vidente. Ernst manteve-se em silêncio, assim como todos os outros nazistas que tinham sido ajudados por Hanussen. Mas ele tinha outro segredo: era gay. Na verdade, alguns anos antes, ele era chamado de "sra. Röhrbein" porque estava tendo um caso com Paul Röhrbein. Ernst tinha tanto medo de ser descoberto que, em setembro de 1933, decidiu se casar. O casamento durou pouco. Em 30 de junho de 1934, depois de Ernst e sua esposa deixarem o hotel em Bremerhaven, onde tinham passado sua lua de mel atrasada, foram cercados por vários homens da SS.

Ernst foi conduzido até um avião que o esperava para levá-lo para longe de Berlim, onde foi executado. A lua de mel de Ernst foi uma armação. A Gestapo ficou sabendo que ele estava a ponto de fugir da Alemanha. Ernst percebeu que a SA estava perdendo a queda de braço dentro do regime nazista e planejava contar às principais potências estrangeiras a respeito das verdadeiras intenções de Hitler e instá-las a romper suas relações com a Alemanha. Para provar que Hitler era um criminoso, Ernst estava supostamente carregando documentos que comprometeriam os nazistas no incêndio do Reichstag.[9]

Apesar de Ernst ter sido promovido rapidamente na SA — um ou dois anos antes ele ainda trabalhava numa boate gay de Berlim —, não tinha a autoridade de ordenar a morte de Hanussen por conta própria. Para saber quem teria esse poder, precisamos nos voltar para Ernst Röhm, o comandante da SA em todo o país. Röhm tinha uma posição única na hierarquia nazista. Ele era o único membro do círculo íntimo de Hitler que se dirigia ao Führer usando a expressão informal *du*, "você", em vez do mais formal, *Sie*. Eles eram camaradas desde 1919, quando Röhm ajudou Hitler a se tornar o líder do Partido Nazista. Depois de organizar a SA em 1921, Röhm roubou armas para ela de um armazém do exército. Se existia alguém indispensável à rápida ascensão de Hitler, esse alguém era Röhm. E se havia alguém fiel a Hitler, esse alguém era Röhm. Mas em 1928 ele deixou a Alemanha para treinar o exército boliviano, depois de ter discutido com Hitler sobre o melhor caminho para se chegar ao poder. Röhm, um militar, defendia um novo *putsch*. Hitler, o político em evolução, defendia as eleições — uma rota mais lenta, embora com uma fachada de legitimidade. Dois anos mais tarde, Röhm voltou à Alemanha a pedido de Hitler. As tropas de assalto estavam violentas demais, muito indisciplinadas, e Hitler tinha certeza de que só Röhm seria capaz de controlá-las. Chegar até Röhm era arriscado, Hitler sabia. Independente e teimoso, Röhm nunca teve medo de divergir de Hitler, talvez por serem amigos havia tanto tempo. Mas Hitler entendia que Röhm era leal a ele e aos objetivos do Partido Nazista. Hitler já estava cansado da disputa entre os rivais que o cercavam. Honestidade e compromisso significavam muito para o Führer.[10]

Porém havia a questão da sexualidade de Röhm. Assim como Karl Ernst, ele era gay. Isso incomodava Heinrich Himmler, responsável pela SS e pela

Gestapo. Para Himmler, os gays eram uma praga, afligidos por uma infecção que poderia destruir todo o país. No momento em que a Alemanha precisava crescer o número de seus habitantes, os homossexuais não faziam nada para aumentar a taxa de natalidade. Sua doença teria que ser erradicada, não para que eles melhorassem — já não havia esperança para eles —, mas para que a Alemanha pudesse decolar como uma raça pura e viril. De maneira estranha, enquanto Himmler vociferava contra os homossexuais, Hitler era indiferente em relação ao tema. Isso era óbvio em seus planos de salvar a Alemanha, o *Mein Kampf*. Ele guardou 176 páginas para os judeus, mas não fez nenhuma referência aos homossexuais. No final das contas, os nazistas se voltaram contra os homossexuais porque Himmler ganhou o debate, dizendo que tal desvio sexual ameaçava "a luta pela taxa de natalidade". Mas, diferentemente dos judeus, que eram um alvo relativamente fácil — eles colocavam sua religião nos registros civis, nas certidões de nascimento e nos documentos oficiais —, os homossexuais eram um alvo um tanto quanto oculto, quase invisível. Um "holocausto homossexual" de grande escala seria algo difícil de implementar: os nazistas nunca chegaram a um acordo sobre a definição de *homossexual*. Eles não sabiam exatamente onde encontrá-los. E o seu grande número — pouco antes da Segunda Guerra Mundial havia pelo menos 2 milhões de homossexuais na Alemanha, contra 250 mil judeus — tornaria o plano de exterminá-los um projeto difícil até mesmo para os nazistas, que já haviam provado ser capazes de elevar o assassinato em massa a uma ciência cruel. O fato de os homossexuais não terem sofrido em número tão grande quanto os judeus não minimiza sua dor: cerca de 15 mil deles foram levados aos campos de concentração, outros milhares foram castrados e quase 100 mil foram presos, quando então eram violentamente espancados, alguns até a morte.[11]

Hitler sabia que Ernst Röhm não tinha vergonha de sua vida sexual. Desde que Röhm e suas tropas de assalto (muitos de seus membros também eram gays) cumprissem sua função, o Führer estava disposto a fazer vista grossa a suas transgressões. "Não estragarei a diversão de nenhum dos meus homens", disse Hitler a um político. "Se exijo o máximo deles, também devo deixá-los livres para aprontarem o que *quiserem*, não aquilo que as velhas carolas julgam certo. [...] Não tenho nenhum interesse em sua vida particular, assim como não aguentaria que pessoas se metessem na minha." Mas em pouco tempo a homossexualidade estava tão espalhada pela SA que um de seus membros chegou a advertir Hitler de que os michês de Berlim fofocavam a respeito de "uma rede homossexual" que se estendia por todo o aparato nazista. Pior ainda, ouviu Hitler, "existem rumores de que o senhor mesmo, meu mais estimado Führer, também seja homossexual". Hitler não gostou nada disso. Gostou menos ainda das exigências de Röhm no final de 1933 e no começo de 1934 de uma "segunda revolução", que buscaria alcançar agressivamente uma maior igualdade para os trabalhadores, o fortalecimento dos sindicatos e o fim das novas limitações governamentais às liberdades civis. O pecado de Röhm foi ter se apegado demais à parte do *socialismo* em *nacional-socialismo*. Seu outro pecado foi ter se convencido de que sua longa amizade com Hitler — e o genuíno exército das tropas de assalto que Röhm comandava — o protegeria de qualquer consequência adversa. Ele chamava Hitler de um "fracote [...] podre" que estava precisando "desesperadamente de umas férias". "Criaturas estúpidas e perigosas" — os reacionários — manipulavam o Führer, que estava

> traindo a todos nós. [...] Seus velhos camaradas não servem mais para ele. [...] Adolf é e sempre será um civil, um "artista", um sonhador. Me deixem em paz, ele deve estar pensando. Neste exato momento, tudo o que quer é sentar-se nas montanhas e brincar de Deus. E caras como nós temos que ficar debaixo de toalhas frias, mesmo quando estamos loucos por um pouco de ação. [...] A chance de se fazer algo novo e esplêndido — é a chance de uma vida. Mas Hitler continua me desprezando. Quer deixar as coisas fluírem. Fica à espera de um milagre. Esse é Hitler.[12]

Assim como Karl Ernst, Ernst Röhm foi assassinado em 30 de junho de 1934 — a Noite das Facas Longas, quando os nazistas mataram quase mil alemães: tropas de assalto, jornalistas, rivais de Hitler, o ministro dos Transportes, até mesmo um ex-chanceler. Uma vítima foi o padre católico que ajudou Hitler a escrever *Mein Kampf*. Alguns — como o crítico musical e chefe da Juventude de Hitler na Saxônia — foram mortos por engano. Suas viúvas receberam suas cinzas pelo correio, junto com uma mensagem de desculpas.[13]

Röhm e Ernst não foram mortos porque eram gays. Pelo contrário, seu crime foi político — o clímax de uma luta de poder em que o exército, Goebbels, Göring e Hitler estavam de um lado e Röhm e suas incansáveis tropas de assalto, do outro. O assassinato de Röhm, em especial, serviu de advertência para que nenhum nazista se desviasse daquilo que o Führer pensava. Ele também demonstrou o quanto Hitler poderia ser indiferente: Röhm era um dos seus amigos mais antigos. Era melhor não brincar com o Führer.[14]

O assassinato de Hanussen em 1933, bem como o de Röhm, de Ernst, e de todos os outros assassinatos um ano mais tarde foram o alicerce do reino nazista do terror: o começo de um temor que faria com que uma nação se esquecesse de quem era. A temporada de mortes era um aquecimento para todas as que se seguiriam. Röhm deu a ordem para que Karl Ernst matasse Hanussen. Orgulhoso de suas tropas de assalto, Röhm não engolia um vidente que se gabava por toda Berlim de ter o seu exército no bolso do paletó. Orgulhoso de sua amizade com Hitler, não havia como prever que, quinze meses depois, ele também seria morto.[15]

No dia 7 de abril, dois lenhadores encontraram um corpo nas florestas ao sul de Berlim. Ele havia sido desfigurado por animais selvagens. O paletó do terno usado pelo homem tinha duas etiquetas. Uma mostrava o nome do seu alfaiate: Hoffman. A outra tinha o nome do homem para quem o paletó fora feito: Hanussen. Vários dos empregados de Hanussen foram ao necrotério para identificar o corpo. A polícia descartou roubo — o único item que faltava do corpo era seu relógio. Havia trinta marcos no seu bolso, uma sugestão pouco sutil de que Hanussen era um Judas para os novos governantes da Alemanha.[16]

Exceto por um breve relato no jornal de Goebbels, *Der Angriff*, o assassinato passou quase que despercebido na Alemanha: "O corpo de um judeu foi encontrado num arvoredo na estrada de Bayreuth para Neuhof. Morreu baleado. Seu rosto estava irreconhecível. No necrotério foi reconhecido como Hermann Steinschneider, que, usando o nome de Hanussen, era mais ou menos famoso em Berlim como vidente". O "mais ou menos famoso" teria enfurecido Hanussen. Com quatro palavras, toda a sua carreira foi reduzida a algo efêmero.[17]

Fora da Alemanha, o assassinato teve grande repercussão. Em Viena, um jornal de esquerda, o *Arbeiterzeitung*, pôs a culpa nos nazistas. Sob a manchete "Outro linchamento dos nazistas?", o jornal relatou as amizades de Hanussen com nazistas de alto escalão, as mesmas pessoas que "decidiram se livrar do judeu desagradável e inconveniente que vivia em seu meio", uma tarefa "facilmente realizada pelos nazistas cujo lema é 'se uma pessoa cumpriu seu propósito, ela não serve para mais nada'. Sempre que um nazista se lembra desse lema, um corpo aparece na floresta". Fora da Europa, quase todos os jornais reportaram o assassinato. "Famoso clarividente é encontrado morto", anunciou o *Canberra Times*. "Vidente que previu a ascensão de Hitler é encontrado morto; Hanussen era conselheiro da nobreza europeia", proclamou o *New York Times*. Ao norte do estado de Nova York, o *Syracuse Herald* publicou uma matéria de mais de noventa centímetros: "Balas põem fim à maravilhosa carreira de Hanussen, o Rasputin da Alemanha". Até mesmo o *Daily Call* na pequena cidade de Piqua, em Ohio, nos Estados Unidos — com uma população de 16 mil pessoas —, publicou o assassinato na primeira página: "Encontrado o corpo de Erik Hanussen".[18]

A morte de Hanussen previa o futuro com mais precisão que qualquer outra coisa que ele já havia previsto. Era um futuro de gás e fogo, fornos e balas, túmulos e lágrimas. Ninguém viu tal futuro, nem mesmo o "mais conhecido adivinho da Europa". Ainda assim, seu assassinato era um sinal de que as bestas haviam chegado, que o futuro — que sempre foi o pão com manteiga de Hanussen — seria uma praga implacável e sem misericórdia. Hanussen não veria sua plena voracidade. Disso ele foi poupado, e por isso deveria ser grato. Ninguém deveria ter testemunhado o que estava por vir, se bem que, com certeza, Hanussen teria ficado orgulhoso por ter, em sua morte, representado o maior ato de clarividência de toda a sua vida.

Lampejos do verdadeiro estado mental de Hanussen vieram à tona três anos antes em sua autobiografia, *Meine Lebenslinie*. Depois de mais de 270 páginas vangloriando-se de seus feitos ou reclamando das dificuldades que teve de vencer, nas últimas cinco páginas do livro vem à tona o homem por trás do mito. O que vemos é uma pessoa em conflito consigo mesma. Por um lado — o lado de Hanussen —, ele é inseguro e ambivalente. Por outro — o lado de Herman Steinschneider, o lado "verdadeiro", não uma invenção de palco —, é obstinado e ambicioso. Pouco depois de ter completado 41 anos, quando escreveu o livro, Hanussen/Steinschneider não estava em paz consigo mesmo. Tinha dúvidas sobre seu propósito, seus objetivos, sua própria razão de existir.

Nas páginas finais, Steinschneider se encontra com Hanussen em segredo. Até então, ele era "um enorme covarde" em não usar seus poderes em si mesmo, os mesmos poderes que havia empregado para lotar teatros por toda a Europa. Finalmente havia chegado a hora de ele lucrar consigo mesmo.[19]

O quarto de hotel onde Hanussen fazia suas consultas particulares estava todo desarrumado. Cartas e jornais estavam espalhados por todos os lados. "Você não parece estar numa boa", disse Steinschneider para Hanussen. "Na verdade, parece que você não está aproveitando muito bem a sua vida."

Hanussen havia ficado alojado nesse escuro calabouço a maior parte do dia. Trinta ou talvez quarenta pessoas buscaram sua sabedoria e seus *insights*. "As pessoas acham que eu sei tudo", ele reclamou com Steinschneider. "E, por pior que pareça, sei quase tudo mesmo. Quisera eu não ser capaz de enxergar as profundezas da alma de todas as pessoas. Minha vontade é fechar meus olhos antes que as visões cheguem até mim. Luto comigo mesmo."[20]

Ainda assim, Hanussen ficou entusiasmado quando esse novo cliente — a outra metade de si mesmo — apareceu diante dele. "Você está aqui para ganhar alguma clareza sobre si mesmo", ele disse. "Quer saber o que representa neste mundo, o que se passa com você, o porquê de você existir."

Steinschneider sorriu. "Você chutou errado, sr. Clarividente", disse. "Eu sei quem sou. Sou alguém que gosta de comer bem, de beber bem e de dormir bem. Quero ganhar tanto dinheiro quanto puder e trabalhar o mínimo que puder."

"Não é verdade", discordou Hanussen. "Com o seu talento, não seria difícil para você ganhar dinheiro em outro ramo de atividade. Agora você ganha seu dinheiro com grande dificuldade, mas o gasta rapidamente. No fundo, por que você ama tanto o dinheiro?"

"Dinheiro é bom quando você vai envelhecendo, sr. Hanussen", respondeu Steinschneider. E adicionou: "Dá para comprar amigos com ele".

"Dá para comprar parasitas", discordou Hanussen novamente. "Eles não são amigos. Você nunca terá amigos de verdade, meu caro. Você conhece aquela lenda sobre Rübezahl, sr. Steinschneider?"

"Rübezahl? Não foi aquele personagem mítico que transformava nabos em seres humanos?"

"Esse mesmo", disse Hanussen. "Ele levantava sua varinha e, de repente, os nabos nos campos se transformavam em amigos e mulheres, cavalos e carruagens, flores e vestidos elegantes para belas mulheres."

"Bom", disse Steinschneider. "Quisera eu poder fazer isso."

"Você é capaz de fazer isso", disse Hanussen. "Você só fez isso em toda a sua vida. Ergue sua varinha e transforma nabos em seres humanos. Mas nabos não duram para sempre. Eles ficam velhos e enrugados, secos e feios. Com você, sempre tem sido apenas nabos, não seres humanos. São nabos o que sua varinha traz à vida."[21]

O quarto ficou silencioso conforme a escuridão enchia o lugar. Steinschneider ficou com frio. O vazio de sua vida estava diante de si. "Você me amedronta", disse a Hanussen. "Me dá calafrios. Não quero ficar perto de você. Você é horrível."

Com isso, Steinschneider deixou o quarto, feliz por se distanciar de Hanussen, o qual, por sua vez, era mais sensível que o homem que o havia inventado. Hanussen sabia que estava na hora de dar uma pausa em sua busca constante por fama e riqueza. Mas Steinschneider não estava no clima para brincadeiras. Ligados pela cintura, ele e Hanussen seguiriam em frente juntos, ficando cada vez mais feios, como nabos secos contra os quais não funcionaria nenhuma magia.

Sete pessoas foram ao funeral de Hanussen — mal preenchiam um único banco. Os nazistas haviam advertido aos amigos e parceiros de negócios de Hanussen para que não aparecessem. A maioria não foi. Se não fosse pelo pequeno quórum, Hanussen teria gostado de seu funeral. Houve alguma pompa e circunstância, e ele nunca foi avesso a isso. A capela era o principal cômodo de um prédio, com uma fachada de madeira marrom-escura, alta e muito bem envernizada, com esculturas tão detalhadas perto da entrada que poderiam estar em exposição em algum museu. E os sete homens de meia-idade — empregados do Cemitério do Sudoeste — que carregaram o caixão de Hanussen para fora da capela formavam uma comitiva que ele nunca teve em vida. Com seus elegantes uniformes, sapatos pretos e engraxados e bonés com viseiras brilhantes, pareciam mais condutores de bondes que sombrios funcionários de um cemitério.[22]

Hanussen teria ficado contente ao ver que, pelo menos uma vez, foi tratado com a dignidade e o respeito que lhe eram devidos. O cemitério em que foi enterrado não era um cemitério comum. No começo do século XX, quando parecia que Berlim estava ficando sem lugar para seus mortos, a Igreja Protestante comprou quinhentos acres de terras em Stahnsdorf, pequena cidade ao sul da capital. A igreja construiu um cemitério muito moderno, com fontes, espelhos d'água, clareiras, 100 mil árvores e trilhas de várias extensões e larguras que se cruzavam entre si. Tudo garantia a calma e a paz que muitos dos mortos não desfrutaram em vida. Não demorou e se tornou um dos mais famosos cemitérios de Berlim, atraindo os ricos e famosos, para quem foram construídos imensos mausoléus e monumentos imponentes. Mas não para Hanussen. Seu lugar de repouso está marcado com uma lápide marrom, com um metro de largura em sua base e 1,5 metro de altura. Quase na metade, sua ponta começa a ficar arredondada. Tudo o que está escrito nela é "Erik Jan Hanussen". Sem data de nascimento ou de morte. Sem chavões sobre descansar em paz, ou sobre Deus ou os anjos o protegerem por toda a eternidade. Sem descrição de seus feitos. Apenas "Erik Jan Hanussen", o que, quase com certeza, o teria deixado satisfeito: uma verdadeira celebridade deve ser reconhecida apenas pelo nome.

O túmulo de Hanussen é bem cuidado até hoje. No dia em que o visitei, um pequeno vaso com flores de lavanda frescas havia sido posto diante dele. Mas não foi fácil encontrá-lo. Chegar até lá exigiu uma longa viagem pelo metrô de Berlim, seguida de outra igualmente longa viagem de ônibus e culminando numa caminhada por ruas de paralelepípedos com casinhas de campo à direita e pinheiros à esquerda. Depois, gastei mais duas horas andando pelo cemitério até achar o local do túmulo. O cemitério já não é mais tão famoso como era quando Hanussen foi enterrado, seu imponente design está coberto de mato e arbustos. Algumas trilhas sumiram por completo; outras ficaram tão estreitas que não passam de uma vaga lembrança do que outrora foi uma trilha. O cemitério é um labirinto: trilhas encontram outras trilhas que não levam a lugar nenhum, desaparecem depois de centenas de metros, se juntam a trilhas por onde já se passou, levam a túmulos que já foram vistos ou a mausoléus e memoriais que se quer ver — e tudo isso sem cruzar com nenhuma pessoa, porque o cemitério é tão vazio quanto negligenciado. Verdadeiramente, um lugar para os mortos. Depois de ter me perdido por tanto tempo, fiquei tão feliz por encontrar o túmulo de Hanussen que, após ter resmungado a poucos metros do túmulo ("Hanussen, onde diabos você se meteu?"), liguei para um amigo e contei minha façanha.

Durante a hora e meia que passei perto do túmulo de Hanussen, vi duas pessoas: um homem com seus vinte anos querendo mostrar à sua mãe onde Erik Jan Hanussen tinha sido enterrado. Ela ouvira falar de Hanussen por seus pais, que viram alguns de seus shows. E seu filho tinha ouvido falar que, durante a Primeira Guerra Mundial, Hanussen lia a mente dos soldados subornando um amigo que trabalhava com as correspondências dos militares para que as guardasse até que ele as lesse antes dos destinatários. Tanto para mãe quanto para o filho, Hanussen era uma mercadoria de segunda.

Mesmo na morte, Hanussen é tão esquivo quanto em vida. Depois de prestar meus respeitos a ele, fui até um café na rua em frente ao cemitério. Lá presenciei uma festa de casamento que parecia amigável o suficiente para, depois de minha refeição, me dar a liberdade de cumprimentar os noivos e perguntar a vários presentes se já tinham ouvido falar de Hanussen. Ninguém jamais ouvira falar dele. O que lhes contei sobre o homem soou como algo da pré-história — alguém que os seus avós talvez tivessem conhecido, mas não eles. A história é assim: ela pode se esconder bem diante dos seus olhos. Nesse caso, do outro lado do maior cemitério da Alemanha. A não ser que alguém levante a lebre, ela segue enterrada e inerte. E, de qualquer forma, os convidados do casamento queriam mesmo era continuar com sua festa, um desejo que certamente Hanussen teria apreciado: o homem que gostava tanto de festas talvez tivesse agitado um pouco aquela ali, que estava calma e sem graça. Dentre todas as coisas, Hanussen gostava mesmo era da vida: lutou com ela, desfrutou-a, ressentiu-se dela e tentou, de maneira passional e sem descanso, moldá-la ao seu desejo. Não disposto a se satisfazer com a pequenez da vida dos outros, foi alguém cheio de truques, até o seu último minuto. Foi um dos primeiros judeus mortos no Holocausto, mas na noite de seu assassinato ele era oficialmente protestante. Havia se convertido algumas semanas antes — um esforço de última hora para tentar salvar sua vida. Tal conversão foi a última ilusão de Hanussen.

Quatro anos após Hanussen ter sido morto, os nazistas ainda estavam obcecados com ele. No outono de 1937, o jornal semanal da SS, *Das Scwarze Korps*, atacou Hanussen como um judeu que lançou mão de "simulações demoníacas, imprudências colossais e truques descarados" para acumular fama, riqueza e algumas posses decadentes (carros de luxo, um iate ostentoso, um enorme apartamento). Hanussen personificou a trapaça judaica e o capitalismo no que eles têm de pior. Com sua lábia suave e seus truques sorrateiros, cegou as pessoas da realidade, encorajando-as a voltarem a um passado governado pelo maravilhamento e pela superstição, além de um inabalável apego ao poder do irracional.[23]

O ataque contra Hanussen era parte de uma série de matérias no jornal a respeito do oculto. Chamados de "Superstição: zona de perigo", a série defendia que charlatões como Hanussen eram parte de uma conspiração internacional engendrada por judeus e católicos para manipularem os alemães. Padres, videntes e espiritualistas ofereciam os mesmos enganos. Os astrólogos também, pois como seria possível que um ariano e uma criança negra nascidos no mesmo dia compartilhassem o mesmo signo e, logo, o mesmo destino? Isso era um insulto à razão, ao destino. Também era uma violação da lei — em junho de 1937, os nazistas haviam proibido as atividades relacionadas ao ocultismo.[24]

Um dos motivos de os nazistas terem banido o oculto era a tentativa de remover mais uma influência sobre a opinião pública: regimes totalitários preferem controlar suas próprias narrativas. Ainda assim, os nazistas exploraram o oculto quando este lhes era favorável. Em 1943, por exemplo, quando os alemães quiseram resgatar Mussolini depois de ele ter sido deposto num golpe sem derramamento de sangue, Himmler — um inabalável defensor da clarividência — juntou um grupo de videntes numa casa de campo no lago

Wannsee, perto de Berlim. Lá, desfrutaram de boa comida, vinho e charutos enquanto moviam seus pêndulos sobre mapas da Itália tentando determinar onde *Il Duce* estaria sendo mantido. Dois anos depois, conforme os aliados se aproximavam de Berlim e a Alemanha estava em ruínas, Joseph Goebbels, o fiel chefe de propaganda de Hitler, voltou-se ao horóscopo para previsões que contradiziam as péssimas condições militares. E quando Goebbels ficou sabendo que Franklin Roosevelt havia morrido no dia anterior, o ministro de Propaganda do Reich ligou para Hitler em seu *bunker*, quase gritando ao telefone: "Meu Führer, congratulações. Está escrito nas estrelas que a segunda metade de abril será um ponto de mudança para nós. Hoje é sexta-feira, 13 de abril. É a hora da mudança".[25]

Mas nada mudou. Os astros não favoreceram Hitler. E tampouco favoreceram Erik Jan Hanussen.

Um ano depois de os nazistas terem proibido todas as atividades ligadas ao ocultismo, aconteceu a Noite dos Cristais — em 10 de novembro de 1938. Naquela noite, os nazistas destruíram quase 1.400 sinagogas. Estava claro que viver como judeu na Alemanha era algo sem futuro. Essa catástrofe ajuda a entender uma mensagem que Hanussen conseguiu secretamente enviar para fora da Alemanha pouco antes de seu assassinato. Nela, ele admitia seus erros para Ernest Juhn, que havia sido seu empresário por dois anos. "Não tenho tempo para longas explicações", disse a Juhn.

> Sejamos amigos de novo depois de tanto tempo. Eu não era tão astuto quanto pensava, nem tão estúpido quanto você achava. Mas um pouco estúpido, sim. [...] Sempre pensei que a questão contra os judeus era só um truque eleitoral [dos nazistas]. Não era. Li atentamente o que [o profeta] Daniel diz nos capítulos 11 e 12. Conte os dias, mas só quando destruírem cem templos num único dia — aí é hora de começar a contar. A primeira data que conseguir será a queda do homem que quer se tornar o soberano do mundo pela força bruta. E a segunda data marcará o dia em que se dará a entrada triunfante dos vitoriosos. Esse é o meu adeus para você.[26]

E que adeus. O livro de Daniel é cheio de visões a respeito do fim dos tempos e a vinda do Messias, além de histórias encorajadoras sobre os judeus exilados na Babilônia e que andavam, sem se ferir, em covas dos leões e fornalhas de fogo, protegidos por Deus. O livro de Daniel era uma consolação para um povo que duvidava de sua redenção e de sua libertação tão prometidas. A mensagem principal de Daniel era que os impérios surgem e caem, mas tudo, até mesmo o destino dos poderosos, é determinado por Deus, cujo plano divino acaba sempre se cumprindo, embora no tempo do Senhor, não no tempo impaciente de seu povo aqui na Terra. Os capítulos finais de Daniel — os capítulos a que se referia Hanussen em sua mensagem — tentam decifrar a data do fim do mundo, os tempos cataclísmicos quando enormes e terríveis batalhas seriam travadas entre o "rei do norte" e o "rei do sul", nações seriam pervertidas pela mentira e por traições, e as mulheres cometeriam odiosas abominações e blasfêmias. Daniel conseguia enxergar além de tudo isso. Ele prometia esperança — a esperança da salvação. Os fiéis, os fracos e os frágeis seriam salvos. Todos os demais seriam condenados. Esse seria o fim da vida como a conhecemos e o começo da eternidade conforme dela ouvimos falar.

Juhn não era um entendido no assunto, ou religioso em especial, mas, para decifrar a mensagem cifrada de Hanussen, ele focou nos versículos 11 e 12 do capítulo 12 do livro de Daniel: "E desde o tempo em que o holocausto contínuo for tirado, e estabelecida a abominação desoladora, haverá 1.290 dias. Bem-aventurado é o que espera e chega aos 1.335".[27]

Em sua mensagem, Hanussen instruiu Juhn a começar a contar "apenas depois de eles terem destruído cem templos num único dia". Os nazistas destruíam e profanavam sinagogas com certa frequência, mas nunca num número estipulado por Hanussen. Então, chegou a Noite dos Cristais, quando os nazistas destruíram treze vezes mais sinagogas do que Hanussen havia especificado. Mas isso não importava: destruir cem templos é quase tão odioso quanto destruir quase 1.400. Qualquer um dos dois números é uma desprezível amostra da depravação humana.

Assim, Juhn começou a contar. De acordo com a fórmula de Hanussen, 1.290 dias depois da Noite dos Cristais — 23 de maio de 1942 — seria a queda de Hitler. E 1.335 dias depois da Noite dos Cristais — 7 de julho de 1942 — os aliados entrariam de forma triunfal em Berlim. O que aconteceu de verdade foi que os soviéticos entraram em Berlim no final de abril de 1945; Hitler cometeu suicídio em 30 de abril; e a Alemanha se rendeu no dia 7 de maio. A previsão de Hanussen teria encurtado a guerra em três anos, salvando milhões de vidas, e evitado o pior do Holocausto.

Acreditando plenamente na profecia, a revista *Redbook* anunciou, no começo de 1942, que "em maio ou junho deste ano" — quando o maior clarividente desta era previu que a guerra terminaria — "Hanussen [...] encontrará seu lugar definitivo nos anais de nossa era". Com certeza, qualquer um que previsse com precisão o fim da pior guerra da história seria merecedor de honras. Mas a *Redbook*, Juhn e todos os que seguiram a previsão de Hanussen talvez tivessem sido mais espertos se tivessem posto sua fé no próprio Daniel, não num profeta dos últimos dias que se manchou com fraudes, truques e nazistas. Até mesmo Nabucodonosor na antiga Babilônia sabia que a sabedoria de Daniel era "dez vezes melhor que todos os magos e astrólogos" de todo o reino. Mas a fé tem que ser posta em alguma coisa e, em tempos de guerra, quando o espírito humano se apega a qualquer esperança que consegue encontrar, um clarividente desacreditado pode parecer alguém tão digno de fé quanto qualquer outra coisa.[28]

Parte Três

A Filha

Não há remédio para
o amor, a não ser mais amor.
— Henry David Thoreau

Capítulo 15

A vista da Itália

Erika Steinschneider-Fuchs vive numa casa de repouso em Merano, a cidade no norte da Itália que Hanussen visitou no outono de 1932, esperando convencer a filha e a ex-esposa a fugir com ele para a América. Seu quarto é um altar para seu pai, com fotos em branco e preto em quase todas as paredes e fotos coloridas das cabines sofisticadas de seu iate ao lado de uma foto de Hanussen usando uma camisa de flanela branca em companhia do musculoso capitão do barco. Numa mesa, um porta-retrato mostra uma foto de Hanussen a alguns centímetros de distância de um pequeno quadro da Virgem Maria olhando delicadamente à sua direita, como se ela o estivesse abençoando. Na foto, ele está usando um terno de três peças, uma camisa branca e uma gravata escura. Há um lenço branco no bolso de seu paletó. A data da foto é "5*XII*32" — 5 de dezembro de 1932. Nela está escrito: "Para a minha querida companheira de foto, de seu pai, Erik".

Erika é a filha que Hanussen viu por oito dias em 1932. Ele não a via fazia quase uma década. E jamais a veria de novo.

Para uma senhora de noventa anos, Erika é incansável — cheia de charme e vigor, uma certa inocência e conversa animada. Com frequência, a maior parte dessas conversas é sobre seu pai, o qual ela apenas conheceu por oito dias há 79 anos: dias que continuam sendo os melhores momentos de sua longa vida.

A devoção de Erika por Hanussen é desproporcional à devoção dele por ela. Desde 1924, quando se divorciou de Therese, até 1932, ele ignorou a filha. Então, do nada, ele apareceu, pensando que se lisonjeasse a pequena Erika talvez conseguisse convencer Therese a ir com ele para os Estados Unidos. Conhecendo o caráter de Hanussen, ele provavelmente seria capaz de usar a criança para ganhar a mãe. Até mesmo Erika, sentada numa poltrona muito macia sob todas aquelas fotos de seu pai, está aberta a essa possibilidade. "Ele percebeu que os dois estavam envelhecendo", ela reconhece, "que ela era a mãe de sua única filha e que ele provavelmente jamais teria outro filho. Ele sempre quis ter um filho, e ela havia lhe dado um. É por isso que ele a queria de volta."[1]

Além de ser filha de Hanussen, Erika tem outra razão para se ocupar tanto com ele. Por ser católica, ela se importa profundamente com a alma do pai. Quando ainda era pequenina, estudou com um rabino por alguns anos, mas se converteu ao catolicismo quando fez oito anos para agradar a mãe e seu novo padrasto, vindo de uma família rica e poderosa em Merano. Quando Hanussen a visitou, ela já havia feito a crisma e frequentava as missas todos os domingos. Apesar de seu desdém pela religião, Hanussen gostou disso. "Ele me perguntou: você ainda adora Jesus?", lembra-se Erika. "Quando eu disse que sim, ele olhou para mim com certo deslumbramento." Talvez Hanussen estivesse testemunhando uma visão não tão familiar — uma que ele tentava invocar em seu público por décadas — a fé de uma criança, profunda e impenetrável.

Se pudesse, Hanussen teria ficado para sempre em Berlim. "Ele só queria viver lá", diz Erika. "Berlim era o único lugar onde se sentia em casa." Ele sabia que era um homem marcado na Alemanha, mas não havia nenhum outro lugar para onde ir. Therese não se reconciliaria com ele, mudando-se para Nova York, e ele não conseguiria ficar em Merano. Seu pai não se sentiria confortável lá, diz Erika, com o marido de Therese "controlando tudo. Sua família era muito influente, especialmente na política. Meu pai não iria querer ficar aqui. Ele queria ser o rei de tudo. Aqui ele não seria ninguém. Meu padrasto daria o máximo de si para que ele se sentisse assim".

No dia em que Hanussen chegou a Merano, em 1932, Erika estava esperando por ele dentro de casa em Maiastrasse, escondendo-se atrás das cortinas. Sua mãe a havia tirado da escola por alguns dias para que pudesse desfrutar o tempo com seu pai. Quando Erika viu Hanussen no jardim, correu para fora e se jogou em seus braços. Ele gritava enquanto a segurava. Teria sido aquilo a alegria de um pai ao ser reunido com sua filha? Ou um palpite de um vidente de que aquele também seria o seu adeus? Hanussen talvez não tenha ido a Merano para induzir sua filha e ex-mulher a se juntarem a ele. Talvez ele tenha ido para dizer-lhes adeus.

Durante os poucos dias que passaram juntos, Hanussen mostrou a Erika fotos de seu iate e disse que mudaria seu nome de *Ursel IV* para *Erika*. Ele prometeu que a levaria a uma longa viagem de barco. Saíram para passeios e tiraram fotos juntos. Ele comprou uma bicicleta para a filha — a primeira — e a ensinou a andar nela, correndo atrás de Erika e ajudando-a a se equilibrar. E ele chamou a mãe dela num canto para preveni-la de que seu segundo casamento não duraria muito e que ela teria um Natal triste. Ele estava certo. Pouco depois da partida de Hanussen, Therese descobriu que seu marido estava tendo um caso. Eles se divorciaram logo em seguida.

Erika não tem certeza se Hanussen disse a Therese que seu casamento fracassaria por pura petulância depois de ela ter se recusado a ir com ele para a América. Ela tem certeza de que seus poderes eram verdadeiros. De outra forma, diz, "não poderia tê-los herdado", fazendo alusão à cura de uma mulher que tinha artrite. A mulher chegou a ir até Innsbruck para se consultar com um médico, que não pôde ajudá-la. Quando a mulher voltou para a casa de repouso, Erika impôs suas mãos sobre ela. A dor da mulher desapareceu. A mãe de Erika também tinha certeza de que os poderes de Hanussen eram reais. "Ela me contou de quando meu pai solucionou um assalto a banco, e depois de tê-lo visto hipnotizar uma mulher durante um de seus shows fazendo-a crer que era uma gata tentando subir na cortina do palco; ela sabia que Hanussen era autêntico. Ela não era clarividente, mas tinha uma intuição muito boa. Ela temia que ele acabasse se autodestruindo no final."

E assim foi. Hanussen, disse Erika, "sabia demais. Sua fama significava poder, e os nazistas não queriam que ele o usasse contra eles. Qualquer judeu que exercesse tanta influência quanto Hanussen era um problema. Hitler convidou-o para uma visita um dia para que descobrisse o seu futuro. Meu pai disse a verdade: 'Se você não deixar os judeus em paz, não terá sorte'. Ele também disse que viu trevas no final da vida do Führer. O que quer dizer que teve que desapontar Hitler. Com isso, as coisas saíram do controle de meu pai. Talvez ele tenha entendido que isso era inevitável. Ele me disse que ninguém consegue escapar de seu próprio destino".

Hanussen respeitava o destino. E respeitava a morte. Erika lembra que nos anos 1950, Elizabeth Heine, uma das empregadas de Hanussen (e uma das sete pessoas que foram ao seu funeral), lhe contou de uma mulher que havia se consultado com o vidente. "Assim que ela entrou em seu escritório, ele lhe disse que fosse embora porque não poderia ajudá-la. Ela não gostou nada disso e se foi. Quando a mulher atravessou a rua do escritório do meu pai, foi atropelada por um carro e morreu. Meu pai disse que viu a morte atrás dela e que não tinha poder para ajudá-la."

Talvez, quando Hanussen visitou Erika em Merano, ele já soubesse que a morte estava atrás dele. E que não tinha poder suficiente para se ajudar.

Até certo ponto, Erika mistura Hanussen com Jesus. Esses dois homens — o profeta e o Salvador — a guardam desde uma tarde em 1933 quando ela foi à casa de uma amiga para brincar. Ela não tinha nem entrado na casa quando sua amiga esfregou um jornal na sua cara: "Veja", ela disse, "eles mataram o seu pai". Erika correu para casa chorando. Sua mãe já sabia do assassinato de Hanussen — um advogado já havia lhe telefonado para contar a notícia —, mas ela ainda não dissera a Erika. Afinal, como dizer a uma criança que seu pai estava morto? Essa nunca deveria ser a atribuição de uma mãe, e ouvir tal coisa jamais deveria ser o destino de uma criança. Therese, diz Erika, "estava com medo. O apartamento do meu pai havia sido vasculhado. Não deixaram nada, apesar de ele querer dar tudo para mim. Minha mãe não queria dinheiro. Ela queria que a deixassem em paz".

Para Erika, Hanussen não era diferente de Jesus: ambos aceitaram seu destino. Ambos se dedicaram à sua missão e ao seu propósito. "Com meu pai", insistiu Erika, "é como Jesus falou: 'Ou você está comigo ou contra mim'" — uma distinção categórica que culminou com a crucifixão num caso e um assassinato ao estilo de gangues do outro. Em ambos, a morte.

* * *

Erika anseia pelo lugar mais pacífico de todos — o paraíso — e ela faz o que pode para garantir que esse seja o seu destino final. Os outros moradores em sua casa de repouso podem se sentar no pátio exterior, fazendo arte ou artesanato, ou cantando "Der Fröhliche Wanderer" ("Adoro andar sem rumo/ na trilha da montanha./ E enquanto sigo, adoro cantar,/ minha mochila nas minhas costas"). Erika vive sua própria vida, independente, e aceita o paradoxo de que conheceu "tão pouco seu pai em vida, e agora que ele está em outro lugar o conheço tão bem. Ele sempre está presente. Sua alma está fortemente apegada à minha". Ela vai à missa todos os dias na capela na casa de repouso "e toda vez que rezo peço à Virgem Maria para que cuide do meu pai. 'Por favor, cuide do meu pai'", reza Erika. "'Não sei como ele se comporta aí em cima. Sou apenas humana, de quem seu pai foi arrancado cedo demais.'"

Na sala de Erika, dois crucifixos estão pendurados ao lado de uma foto do papa João Paulo II. Debaixo deles há uma mesa e duas estátuas de uns 35 centímetros — uma de Jesus, a outra da Virgem Maria. Rosas recém-colhidas estão arrumadas em frente a elas. Fiel e devota, Erika tem confiança que no céu encontrará Jesus — e Hanussen. Quase todo mundo que conviveu com Hanussen acha isso pouco provável. Eles enxergam um destino menos prazeroso para ele. Erika contrapõe o intenso desprezo que sentem pelo seu pai com um amor e uma dedicação que ele jamais encontrou na Terra, mas os quais, tem certeza, ele já encontrou por toda a eternidade com seu Criador.[2]

Erika é tão dedicada a Hanussen que é possível suspeitar que a senhora de noventa anos sofre de alguma forma de bloqueio de desenvolvimento. Sua vida tem sido tão centrada naqueles oito dias com seu pai que tudo antes e depois daquelas 192 horas é irrelevante em comparação. Aqueles poucos dias a definem, talvez porque veja que a visita de seu pai não tenha sido um ato de desespero — uma fuga desesperada dos nazistas —, mas um presente final para ela. "Ele era um vidente", diz ela. "Sabia que iria morrer. Queria ver sua filha antes de morrer. Queria me conhecer." Hanussen estava lhe dizendo: mesmo durante minha longa ausência, eu não a esqueci. Você é minha filha e eu a amarei para sempre, no céu melhor do que fiz na Terra.

Erika tem certeza de que convenceu Hanussen a se converter ao cristianismo. "No meu internato católico, encontrei meu grande amor — Jesus. Disse ao meu pai que deveria aprender a amá-lo também." Unir-se à Igreja significava unir-se a ela no céu. Com sua alma aliada a Cristo, limpa pelo batismo e purificada através da Comunhão, "depois da morte", diz Erika, "Jesus não se interporia entre nós". E por que o faria? Ela apenas estava conhecendo seu pai — seu verdadeiro pai. E com certeza Jesus entende as complexidades da relação pai-filho.

Durante suas nove décadas, Erika sobreviveu à Depressão e às durezas de uma guerra e suas consequências. Sobreviveu ao divórcio dos pais e se casou com alguém vinte anos mais velho que ela enquanto tinha um caso com um homem a quem chamava de "o verdadeiro amor da minha vida. Minha mãe sempre me disse que eu não merecia o meu marido. Ele era um cavalheiro". Como se esses sofrimentos não fossem suficientes, Erika sabe que quase todo mundo que conheceu seu pai o considera um trapaceiro, um vigarista e amigo de homens maus e terríveis: "Ele teve muitos inimigos e apenas alguns poucos amigos". Ainda assim, ela o adora. Uma menina — qualquer menina — quer pensar o melhor a respeito de seu pai, pois esse é o poder do amor. No caso de Erika, é também o poder de desejar uma vida que nunca teve, uma vida que, até certo ponto, ela transformou em uma fantasia de união familiar. Ela teve que fazê-lo. Durante a maior parte do casamento de sua mãe com Hanussen, seu pai não ficava em casa. Ele não passava de um boato. Sua mãe tampouco estava muito presente, tendo uma vez ido com Hanussen a uma longa viagem pela Ásia e Oriente enquanto Erika ficou em Viena com sua tia. A viagem foi tão longa que Erika não reconheceu a mãe quando Therese voltou. "Um dia", ela diz, "voltei para casa da escola e havia essa mulher de pé, no corredor. Era minha mãe. Não pude identificá-la porque eles tinham ficado longe por muito tempo. Pensei que fosse a nossa costureira." Como família, não havia viagens de fim de semana, nenhum passeio de domingo, nenhuma viagem pelo campo. "Coisas assim", disse Erika, "eu só fazia com minha mãe ou tia. Meu pai nunca esteve presente. Vida familiar assim, só em Merano."

Nessa época, Hanussen já não estava por perto, e qualquer atividade que lembrasse uma vida familiar normal era truncada. Erika frequentava um internato católico e raramente visitava sua casa. E seu padrasto, embora não fosse um homem distante, era, de alguma forma, circunspecto e controlador. Assim, quando o completamente ausente Hanussen apareceu — esbanjando fama e riqueza e um desprezo não convencional por regras e convenções —, Erika pediu: "Quero morar com você. Não quero ficar aqui". "Não", disse Hanussen, "essa não é uma boa ideia. Estou sempre trabalhando. Fique aqui com sua mãe."

Essa não foi a resposta que Erika queria, apesar de, naquela época, fazer todo sentido. A verdadeira razão, ela diz agora, é que "ele não queria me assustar". Pouco depois de sua visita, Hanussen disse a uma plateia em Stuttgart que morreria em breve. Você pode prever a estranhos em Stuttgart sua própria morte. Mas isso não é algo para se dizer a uma filha de doze anos que não viu seu pai por mais de metade de sua vida.

Pouco depois do assassinato de Hanussen, Erika começou a sentir que seu pai estava com ela, guiando-a e aconselhando-a. Ela só contou isso a poucas pessoas, e com certeza não ao padre. A Igreja não aprovava a comunicação com os mortos. Isso, somado ao ceticismo de nossa era moderna, tornou difícil para Erika achar a pessoa certa para quem pudesse contar que ela estava em contato com seu pai. Isso a perturbou e a frustrou, já que ela é, normalmente, aberta e confiante nos outros. Fiquei honrado quando, em minha segunda entrevista com Erika, ela me disse que estava em contato com seu pai e que ele deu sua bênção para que eu escrevesse este livro. Ele também estava cuidando de mim e de meu tradutor, garantindo nossa segurança onde quer que fôssemos. Quando a entrevista acabou, duas horas depois, e eu dirigia nas ruas estreitas de Merano num minúsculo Fiat, depois de passar por vilas de cor pastel e jovens mães empurrando seus carrinhos de bebê, voltei-me ao meu tradutor: "Temos a bênção de Hanussen?", ri. "E ele está nos protegendo? Sim! Claro!" Aquele não foi um bom momento para sarcasmo: foi a única vez, durante nossa viagem de 2.500 quilômetros pela Alemanha e Itália, que o Fiat subiu na calçada.

* * *

Merano pode até estar nos Alpes, mas no verão faz um calorão ali. Em julho, quando fiz minha visita, estava um calor escaldante. As montanhas que cercam o vale onde fica a cidade mantêm o calor e a umidade. Todos, especialmente os turistas, estavam derretendo, amaldiçoando o aquecimento global e se perguntando por que não estavam passando seu tempo livre em alguma praia fresca e com vento. Erika parecia estar bem. Ela havia passado a maior parte de sua vida lá. Está acostumada com os verões e tem mais energia que uma pessoa com a metade de sua idade. Leva seus noventa anos numa boa, e a vista ruim é uma das poucas concessões ao rigor de sua idade. Mas, apesar de seus problemas de vista, ela tem uma clara visão dos morros e picos que circundam a cidade, impedindo que o calor escape e também a mantendo lá dentro, protegendo-a da dor que seu pai — "este grande estranho em minha vida" — passou há muito tempo, mantendo essa dor a uma distância que ela seja capaz de absorver, tecendo-a numa narrativa que a conforta e garante que há uma razão para as aflições, o sofrimento e as lágrimas.[3]

Os picos são tão altos que, em alguns dias — dias adoráveis —, eles se perdem nas nuvens brancas e baixas, confundem-se com céu e tudo além dele, formando uma paisagem infinita: um lugar onde o branco é mais branco e se funde com o azul do céu e o dourado da luz celestial. Essas montanhas chamam Erika para o alto, em direção à salvação que ela tanto anseia. E, por fim, a garotinha que implorou para viver em Berlim com um homem que ela mal conhecia viverá com ele em eterna glória e esplendor — finalmente em paz. E junto de seu pai.

Agradecimentos

Todo livro começa com uma ideia pequena e, às vezes, inerte, geralmente no meio da noite, e com frequência num momento em que nada está acontecendo. É por isso que a primeira pessoa que agradecerei é o sujeito que me fez conhecer Hanussen, Peter Lamont. Se não tivesse lido o livro de Peter, *The Rise of the Indian Rope Trick* [A ascensão do truque da corda indiana], por volta das três horas da manhã alguns anos atrás, eu jamais teria ouvido falar de Erik Jan Hanussen. O livro inteiro é instigante, mas as curtas referências de Peter a um judeu que era um "consultor vidente" de Hitler, em especial, me mantiveram acordado por toda a noite. São paradoxos como esse que tornam a história divertida. E perturbadora. Se eu tivesse dormido antes de chegar àquela parte do livro, tremo em pensar onde teria estado nos últimos dois anos.

A partir da simples descoberta de um homem chamado Hanussen, a rede foi se ampliando. Rapidamente. Em pouco tempo, amigos em outros continentes começaram a me ajudar com a pesquisa — Sarah Glazer em Londres, Aurore Renault em Paris —, bem como alguns novos amigos que vim a conhecer depois: Alexandra Nagel em Amsterdã e Yossi Chajes na Universidade de Haifa em Israel. Mais perto de casa, obrigado aos outros novos amigos — Duane Griffin, geógrafo da Universidade Bucknell; Geoffrey J. Giles, historiador da Universidade da Flórida; o eminente Gerhard Weinberg, professor de história na Universidade da Carolina do Norte em Chapel Hill; dois historiadores especialistas no Museu Memorial do Holocausto nos Estados Unidos, em Washington, Steven Sage e Joseph White; e outro historiador, generoso com seu tempo e conhecimento, Bob Waite, sortudo o suficiente para dividir sua vida entre Berlim e o norte do estado de Nova York.

Já que, infelizmente, só falo uma língua, *merci beaucoup* e *tak så meget* a um trio de tradutores: Jane Delury e Emily Blair na luta contra o francês e Katherine Langballe Sorensen por decifrar o dinamarquês. Carol Vaeth e outros bibliotecários na Universidade de Baltimore encontraram livros, artigos e manuscritos pelo mundo afora. A própria universidade ofereceu uma considerável bolsa de pesquisa e viagem. Sem ela eu teria ficado preso aos Estados Unidos — o que não é recomendado quando se pesquisa um livro que exige longas viagens à Europa. Outros moradores de Baltimore que foram de ajuda inestimável são Dai Andrews, entendido em magia e leitura de mente; Justin Codd e Giordana Segneri, que transcreveram algumas entrevistas-chave que fiz; e Tara Bostock, cujas ideias certeiras a respeito de partes estratégicas do manuscrito e advertências sobre falhas de lógica, buracos na pesquisa e impasses problemáticos na gramática foram de enorme ajuda. Um bom editor de Nova York deveria prestar atenção nela.

Na área metropolitana de Washington, Phillip Steinschneider, parente distante de Hanussen, ofereceu sua extensiva pesquisa sobre a genealogia da família. Dedicação é uma descrição incompleta quando se trata de minha agente, Kathy Anderson. Kathy trabalha duro. Ela sabe como o mercado editorial funciona e para onde ele caminha, e reconhece imediatamente o mérito de uma ideia quando a ouve. Ela negocia um contrato como se fosse um cão de caça, desenterrando cláusulas que não se aplicam ou persuadindo na inclusão de cláusulas que, misteriosamente, não estavam lá. Kathy eleva a definição de "agente". Tenho muito orgulho de conhecê-la. Sinto prazer em ser representado por ela.

Na Palgrave Macmillan, Alessandra Bastagli imediatamente reconheceu do que este livro se tratava; Luba Ostashevsky o editou com diligência e sabedoria, especialmente no que diz respeito à estrutura e ao tom; sua assistente, Laura Lancaster, lidou com todas as instabilidades — para usar sua palavra — que incomodam escritores, mas que são inevitáveis ao se oferecer um livro ao mundo; à publicitária Siobhan Paganelli e à diretora de marketing Christine Catarino, que usaram sua imaginação voltada a todos os ângulos, contatos, shows de televisão, programas de rádio, sites da internet, palestras — perto de onde moro e, com frequência, longe — que garantiriam que *A sessão nazista* não fosse um segredo escondido, a desgraça para qualquer livro. Elogios para a gerente de produção, Donna Cherry, que de forma graciosa pastoreou o livro por todas as levas de pilhas de papel conhecidas como manuscritos até um volume encadernado chamado livro. Uma saudação à preparadora de texto, Debra Manette, cuja visão detalhada daria inveja a uma águia. E uma enorme apreciação a Polly Kummel. A "Polly Revisora", como deve ser conhecida em seu ofício, é incansável e sagaz, com senso de humor e um profundo amor por cavalos (o que não tem absolutamente nada a ver com este livro).

Se algum de vocês já assistiu ao show dos mágicos Penn & Teller, já deve saber que um é escandaloso e o outro, mudo. Fora do palco, Teller, o cara quieto, é um formidável e articulado observador do dilema humano. Ele, de forma desprendida, dividiu o tempo tão ocupado de sua agenda comigo para discutir a história e a dinâmica de seu trabalho — que tipos de pessoa são atraídos por esse ofício, o que as plateias buscam e como os artistas podem satisfazer esses desejos. Há mais na magia que o olho é capaz de ver, especialmente porque o olho não consegue ver. É a arte do invisível. Teller é o mestre não apenas dessa arte, mas também em expressar o inefável.

Na Alemanha, onde nunca havia estado, encontrei-me com mais pessoas agradáveis e simpáticas. Para Daniela Gauding, Uwe Schellinger, Matthias Heisig, Martin Schaaff, Tillman Hellwig, Rolf Scholz: *Vielen herzlichen Dank*. O mesmo se aplica a Satori, cujo cartão de visitas diz: "O homem que sabe quase tudo!". É verdade, mas ele é modesto demais. Satori traz ao mentalismo uma originalidade espantosa, e aos relacionamentos, uma bondade enriquecedora. E, de qualquer forma, ele foi capaz de ler minha mente. Como? Jamais saberei. Na verdade, não quero saber; é mais divertido *não* saber.

Na pequena cidade italiana de Merano, Delia Muller foi uma anfitriã primorosa. Ela mostrou-me todos os cantos e recantos de Merano, incluindo a melhor pizzaria. Também me apresentou a amigos que insistiram que eu fosse voar de asa-delta com eles nos Alpes — uma proposta a que não pude resistir.

Finalmente, as três pessoas indispensáveis para *A sessão nazista*: Erika Steinschneider-Fuchs — a filha única de Hanussen —, que me permitiu entrevistá-la por muitas horas, num intervalo de tempo de três dias, sobre seu pai, sua mãe e sua vida. Erika teve paciência e compreensão. Algo que de bobeira não perguntei foi o segredo de sua longevidade: ela tinha noventa anos quando nos falamos.

Gary Bart, o sobrinho-neto de Sigmund Breitbart, é um homem de caráter e perspectiva. O deslumbramento que Breitbart despertou nele quando ainda era uma criança não se apagou. Trata-se do tipo de deslumbramento que é uma mercadoria rara no mundo atarefado e mercantilizado de hoje e que ele deve valorizar. Gary e eu tivemos muitas conversas sobre Breitbart e a época em que ele se apresentava. A coleção de Gary de raros artigos contemporâneos a respeito de Breitbart, Hanussen e Marta contribuiu significativamente para o conteúdo da primeira parte deste livro.

Erika Otto é única. Esperta como uma raposa e boa como uma santa, Erika esteve envolvida com *A sessão nazista* desde poucas semanas após eu ter assinado o contrato do livro até a última tradução de que eu precisava no dia em que terminei o manuscrito. Suas habilidades como tradutora e pesquisadora são impecáveis. Seu entusiasmo por este projeto e seus *insights* históricos, filosóficos e psicológicos são assombrosos. Erika foi muito além do que seria normalmente o trabalho dela: o que ela esperava de si mesma eu jamais esperaria de ninguém. Seu alto padrão elevou o padrão do livro. Além disso, havia a sua generosidade, hospitalidade e paciência, traços admiráveis em qualquer pessoa, com certeza, e uma segunda natureza para Erika. Se você estiver considerando escrever um livro que envolva qualquer coisa germânica, me desculpe, mas não lhe darei o endereço e o telefone de Erika. Já a reservei para meu próximo projeto.

Assim, a leitura de um livro na madrugada, um livro que peguei por engano numa livraria, culminou numa jornada na qual encontrei pessoas maravilhosas, além de ideias inusitadas e peculiares. Também encontrei figuras históricas que me forçaram a ponderar sobre nossas vaidades potencialmente fatais. Espero que ao ler este livro aconteça o mesmo com você.

Notas

Preâmbulo — "Ele não pode duvidar que sua missão é genuína"

1 Frei, Bruno. *Hanussen: A Report.* Estrasburgo, França: Sebastian Brant, 1934, pp. 142-143.

2 Harrison, Ted. "Count Helldorf and the German Resistance to Hitler." In: *Working Papers in Contemporary History and Politics*, nº 8. Universidade de Salford, Salford, Reino Unido: European Studies Research Institute, jan. 1996, pp. 17, 19, 21, 26, 30.

3 Frei. *Hanussen: A Report,* pp. 144-145; "Nazidom's Rasputin"; *True Mystic Science,* nov. 1938, p. 74; Schaaff, Martin, entrevista pelo autor, 10 fev. 2010.

4 Sklar, Dusty. *The Nazis and the Occult.* Nova York: Dorset, 1977, p.122.

5 Frei. *Hanussen: A Report,* pp. 142, 145-146.

6 Marion, Frederick. *In My Mind's Eye.* Nova York: E. P. Dutton, 1950, p. 94; Koestler, Arthur. *Arrow in the Blue.* Nova York: Macmillan, 1952, p. 298.

7 *Neues Weiner Journal* (Viena) 22 fev.1922. Albert Hellwig Archives, Institut fur Grenzgebiete der Psychologie und Psychohygiene, Freiburg, Alemanha.

8 Ibid.

9 *Erik Jan Hanussen's Berliner Wochenschau,* 24 jul., 8 e 24 ago., 8 e 24 out., 10 e 24 nov. 1932, Hellwig Archives.

10 RICHIE, Alexandra. *Faust's Metropolis.* Nova York: Carroll & Graf, 1999, pp. 387, 398.

11 GRANT, Thomas D. *Stormtroopers and Crisis in the Nazi Movement.* Nova York: Routledge, 2004, p. 35; SHIRER, William L. *The Rise and Fall of the Third Reich.* Nova York: Touchstone, 1990, pp. 42-43.

12 GRANT. *Stormtroopers and Crisis in the Nazi Movement.* pp. 6, 54-55; DELARUE, Jacques. *The Gestap.* Nova York: Skyhorse, 2008, pp. 6-7; FISCHER, Conan. *The German Communists and the Rise of Nazism.* Nova York: St. Martin's, 1991, pp. 82-83, 144-145; BESSEL, Richard. *Political Violence and the Rise of Nazism.* New Haven, CT: Yale University Press, 1984, p. 51.

13 DELARUE. *Gestapo,* p. 7; BESSEL. *Political Violence and the Rise of Nazism,* p. 47.

14 PAASSEN, Pierre van. "The Date of Hitler's Fall." *Redbook,* maio 1942, pp. 85-86; FROMM, Bella. *Blood & Banquets.* Nova York: Birch Lane, 1990, p. 78.

15 POLGAR, Franz. *The Story of a Hypnotist.* Nova York: Hermitage House, 1951, p. 72.

CAPÍTULO I — UM DOS MELHORES MENTIROSOS DA EUROPA

1 Num aparente esforço de conectar Hanussen aos místicos judeus, pesquisadores do início de sua vida especularam que seu nome de família — Steinschneider, ou "escultor de pedra" — está relacionado a Ba'al Shem Tov, o fundador de uma seita do misticismo judaico conhecida como chassidismo. Tais esforços são enganadores ou forçados. Ba'al Shem Tov em hebraico quer dizer "mestre de bom nome", não "escultor de amuletos", como alegam os revisionistas. Na melhor das hipóteses, uma "tradução cultural" pode ser aplicada a Ba'al Shem Tov de modo a se parecer, mais ou menos, com Steinschneider, já que Ba'al Shem Tov curava através de

amuletos contendo o nome de Deus. Mas tal habilidade sagrada é muito diferente de escultor de pedra.

2 Pela maioria das referências, a taxa de conversão de Berlim era grande: 3 mil de seus judeus haviam se convertido nas últimas décadas. Em Viena, três vezes mais judeus haviam se convertido durante o mesmo período. Dos judeus que deixaram o judaísmo, metade se tornou católica e um quarto virou protestante. O resto dizia que não tinha religião. Se, por um lado, o barão Hirsch não gostava muito das ambições judaicas, por outro ele não era um pão-duro — doou mais de 100 milhões de dólares para causas judaicas. A maior parte desse dinheiro, no entanto, foi usada para reassentar os judeus fora da Europa, principalmente na Argentina, uma aspiração que nos faz questionar a verdadeira meta de Hirsch: ele queria melhorar as condições dos judeus ou mandá-los para longe para que não tivesse mais que lidar com eles? Os plutocratas judeus não eram os únicos que tinham certo ódio próprio. O jornal do Partido Socialista, com uma grande quantidade de judeus nos seus quadros, fazia campanha contra os "interesses judeus", atacava a imprensa dominante como sendo uma conspiração pró-judia e simpatizava com o slogan de um partido antissemita: "Abaixo o domínio dos judeus" (BERKLEY, George L. *Vienna and Its Jews*. Lanham, MD: Madison Books, 1998, pp. 54-55).

3 HANUSSEN, Erik Jan. *Meine Lebenslinie*. Berlim: Universitas, 1930, pp. 19-20.

4 Ibid., p. 37.

5 Ibid., p. 46.

6 Ibid., pp. 41-46; SCHAAFF, Martin, entrevista pelo autor, 9 fev. 2010.

7 HANUSSEN. *Meine Lebenslinie,* pp. 46-47.

8 Ibid.

9 Ibid., pp. 49-50.

10 Ibid., p. 54.

11 Ibid., p. 55.

12 Ibid.

13 Ibid. pp. 55-56.

14 Ibid., p. 56.

15 Ibid.

16 Ibid., p. 57.

17 Ibid., p. 58.

18 Ibid., p. 59. Por muito tempo se especula se o circo para o qual Hanussen entrou foi o famoso Circo Carl Hagenbeck. Trata-se de um absurdo. A única evidência apoiando isso é o fato de Hanussen chamar o circo de "Circo H" em sua autobiografia. Mas o "H" não representa necessariamente Hagenbeck, nem Carl Hagenbeck teria tolerado que se chicoteasse um leão na cara. Até hoje, Hagenbeck é considerado um dos melhores treinadores de animais de todos os tempos. Ele foi o primeiro a estabelecer o princípio de se treinar animais através de confiança, amizade e bondade, não através do medo e da intimidação. A única arma que ele permitia aos seus adestradores era uma cadeira de cozinha comum que eles mantinham com os pés voltados para si de modo a aguentar o peso de um ataque repentino. Hagenbeck teria proibido o tipo de chicote que Hanussen disse que usou para bater em Sultão e com certeza não teria permitido que um menino sem nenhuma experiência com leões entrasse numa jaula. Não apenas Hermann era jovem demais para um serviço tão perigoso, como tampouco teria a confiança dos leões que só vem depois de meses de prática. [Detalhes sobre Hagenbeck: SELBY-LOWNDES, Joan. *How the Circus Works*. Londres: Routledge & Kegan-Paul, 1962, pp. 68-71.]

19 HANUSSEN. *Meine Lebenslinie,* p. 59.

20 TELLER. E-mail ao autor, 15 out. 2010.

CAPÍTULO 2 — O VIDENTE COVEIRO

1 HANUSSEN, Erik Jan. *Meine Lebenslinie*. Berlim: Universitas, 1930, pp. 56, 59.

2 Ibid., pp. 59-63.

3 Ibid., p. 64.

4 Ibid., pp. 64-65.

5 Ibid., pp. 69-70.
6 Ibid., p. 70.
7 Ibid., p. 107.
8 Ibid., p. 110.
9 Ibid., p. 111.
10 Ibid., p. 112.
11 Ibid., pp. 114-116.
12 Ibid.
13 Ibid., pp. 117-118.
14 Ibid., pp. 120-121.
15 Ibid., p. 122.
16 Ibid., pp. 82-103.
17 KUGEL, Wilfried. *Hanussen*. Düsseldorf: Grupellc, 1998, pp. 26-27.
18 Ibid., pp. 123-126.
19 HOLLERING, Franz. "I Was an Editor in Germany, Part II: Fire in the Reichstag!" *Nation,* 12 fev. 1936, p. 183.
20 Ibid., pp. 130; GOLD, Dr. Allan. E-mail ao autor, 14 mar. 2010; FOLEY, Robert. *German Strategy and the Path to Verdun.* Nova York: Cambridge University Press, 2004, pp. 138-145.
21 HANUSSEN. *Meine Lebenslinie.* pp. 131, 134; BOROSZ, Adam. "Jewish War Cemeteries in Western Galicia", s.d. *Muzeum Okr gowe w Tarnowie.* Disponível em: http://www.muzeum.tarnow.pl.
22 HANUSSEN. *Meine Lebenslinie.* pp. 136-137.
23 Ibid., p. 156.
24 Ibid., pp. 158, 160-161.
25 Ibid., p. 161
26 Ibid., p. 162.
27 Ibid., p. 164.
28 Ibid., pp. 166-168, 170. Tradução do programa da performance de Hanussen em 11 de novembro de 1918, na Bart Collection, arquivo privado em Los Angeles que pertence a Gary Bart, sobrinho-neto de Siegmund Breitbart, o "brutamonte judeu" de quem Hanussen era rival no começo dos anos 1920.

29 *Neues Weiner Journal*, Viena, 22 fev. 1922. Albert Hellwig Archives, Institut fur Grenzgebiete der Psychologie und Psychohygiene, Freiburg, Alemanha.

30 Ibid.

Capítulo 3 — "Um conjurador é um ator desempenhando o papel de um mágico"

1 Hanussen, Erik Jan. *Mind Reading and Telepathy*. Trad. e ed. Bill Palmer. Viena: Jimmy Bix Versand, 2008, pp. 44-45, 48-49.

2 Ibid., pp. 52-54.

3 Ibid., pp. 58-59.

4 Ibid.

5 Ibid., pp. 48, 64-65.

6 Ibid., pp. 65-66.

7 Hyman, Ray. "Ouija, Dowsing and Other Seductions of Ideomotor Action". In: Sergio Della Shea (ed.). *Tall Tales about the Mind and Brain: Separating Fact from Fiction*. Nova York: Oxford University Press, 2007, pp. 412-414, 418-420.

8 Jay, Ricky. *Learned Pigs & Fireproof Women*. Nova York: Farrar, Straus and Giroux, 1998, p. 194; Stratton, G. M. "The Control of Another Person by Obscure Signs." *Psychological Review* 28, nº 4, jul 1921, pp. 301-314 — Esse estudo de Stratton sobre Rubini é um pouco inocente e o título errado, já que Rubini nunca alegou controlar ninguém. Mas ele oferece uma visão interessante de um estudo muito antigo do que se pretendia ser uma habilidade vidente.

9 Stratton. "Control of Another Person by Obscure Signs", pp. 301-314.

10 Teller. Entrevista pelo autor. 22 maio 2009.

11 "Legerdemain". *Encyclopedia Britannica,* v. 14. Nova York: H. G. Allen, 1888, p. 415.

12 Satori. E-mail ao autor, 15 jan. 2010; Entrevista pelo autor, 21 dez. 2009, Berlim.

13 POLGAR, Franz. *The Story of a Hypnotist*. Nova York: Hermitage House,1951, pp. 68-69.

14 MULLER, Delia. *The Bitter Heritage*. Bozen, Itália: Athesia Spectrum, 2006, p. 21.

CAPÍTULO 4 — A RAINHA DE FERRO E O SANSÃO JUDEU

1 MULLER, Delia. *The Bitter Heritage*. Bozen, Itália: Athesia Spectrum, 2006, p. 37.

2 Ibid.

3 Ibid.

4 STEINSCHNEIDER-FUCHS, Erika. Entrevista pelo autor, 20 jul. 2011.

5 MULLER. *Bitter Heritage*. p. 38. A solução de Hanussen do truque da corda indiana do *Berliner Illustrierte Zeitung*, 31 out. 1930. Tradução na Harry Price Collection, Senate House Library, Universidade de Londres. Disponível em: http://www.shl.lon.ac.uk/specialcollections/hpl.shtml.

6 *Berliner Illustrierte Zeitung*, 31 out. 1930.

7 Ibid.

8 HANUSSEN, Erik Jan. *Meine Lebenslinie*. Berlim: Universitas, 1930, pp. 178-181; MULLER. *Bitter Heritage*, p. 45.

9 BART, Gary. "Zisha Breitbart (1893-1925): The Strongest Man in the World & Jewish Defender." Manuscrito, 2001, 8, no arquivo pessoal de Gary Bart.

10 Ibid., pp. 2, 3, 5; BART, Gary. E-mail ao autor, 23 dez. 2010; GAUDING, Daniela. *Siegmund Sische Breitbart*. Berlim: Hentrich & Hentrich, 2006, p. 51; GILLERMAN, Sharon. "Samson in Vienna: The Theatrics of Jewish Masculinity." *Jewish Social Studies* 9, inverno 2003, pp. 86-88.

11 GILLERMAN. "Samson in Vienna", p. 86.

12 Ibid.; GOEWEY, Edwin A. "How 'Feats of Strength' Are Faked." *Muscle Builder*, dez. 1925, p. 43. Ironicamente, ao lado da coluna de Goewey desmascarando feitos de força estava um classificado de uma empresa de fisiculturismo cujo dono era Breitbart. "Posso quebrar correntes pesadas

com os dentes! Levantar 1.800 quilos com o meu peito! Pregar pregos em tábuas de treze centímetros. Entortar uma ferradura de dois centímetros com minhas próprias mãos! Você também pode conhecer o poder da força e ser o homem que sempre quis ser! [...] Meu método secreto agora é SEU! Nunca se soube nada a esse respeito! Revolucionamos todas as concepções de fisioculturismo! Somos novos-melhores-diferentes-GARANTIDOS". Os leitores eram instados a preencher um cupom, enviar pelo correio com algum dinheiro para a postagem para Seigmund Breitbart, Dept. H-5, 1819, Broadway, Nova York, NY, para receber — "GRÁTIS, sem compromisso" — um "novo livro de 64 páginas, MUSCULAR POWER, e um dos nossos MEDIDORES DE MÚSCULOS". É impossível saber quantos leitores encomendaram o livro com um "medidor de músculos". É possível dizer que não houve uma epidemia subsequente de fortões americanos dobrando ferraduras ou mordendo correntes.

13 "Marta Farra: Queen over Her Kingdom of Willpower." *Der Tag*. Viena, 31 jan. 1923; MCINTYRE, Florence E. "She Broke Heavy Crowbars, Tossed Elephants and Lifted Horses, But When She Had a Tiff with Eric...!", 1924; "The Iron King at Court". *Kleine Volks-Zeitung,* 24 fev. 1923; anúncios para Marta em dois jornais vienenses, *Weiner Sonn-und Montags-Zeitung,* 29 jan. 1923, e *Der Tag,* 30 jan. 1923, todos na Bart Collection, arquivo privado em Los Angeles que pertence a Gary Bart, sobrinho-neto de Siegmund Breitbart.

14 *Illustrierte Kronen-Zeitung,* 3-4 fev. 1923; "The Exposed Telepathist". *Der Tag,* 3 fev. 1923, ambos na Bart Collection.

15 "Exposed Telepathist".

16 *Illustriertes Wiener Extrablatt* and *Neue Frie Presse,* 3 fev. 1923, Bart Collection.

17 Ibid.

18 BART. E-mail ao autor: "The Truth about Breitbart and Farra". *Weiner Sonn-und Montags-Zeitung,* 5 fev. 1923, e *Illustrierte Kronen-Zeitung,* 3 fev. 1923, ambos na Bart Collection.

19 SINGER Leo. Carta ao editor. *Programm,* 3 set. 1929, Bart Collection.

20 Film and theater ads, *New York Times,* 21 abr. 1924, p. 20.

21 Farra, Marta. "I Am the Strongest Woman Alive." *Muscle Builder,* jul. 1924, p. 10; Clarke, Norman.*The Mighty Hippodrome*. South Brunswick, NJ: A. S. Barnes, 1968, pp. 23, 34-36, 114-131; DiMeglio, John E. *Vaudeville U.S.A.* Bowling Green, OH: Bowling Green University Popular Press, 1973, p. 129.

22 Citações de críticos dos shows no Hippodrome de diversos jornais de Nova York, abr. 1924; McIntyre. "She Broke Heavy Crowbars"; Hoffman, Rosetta. "The World's Strongest Woman." *Health & Strength,* jul. 1937, p. 31, todos na Bart Collection.

23 McIntyre. "She Broke Heavy Crowbars."

24 "Marta Farra Admits 'Copying' Breitbart", maio 1924, Bart Collection.

25 "Bring on Tigers! Cries This She-Samson Who Tamed a Man." *New York Star,* s.d., Bart Collection.

26 Hanussen. *Meine Lebenslinie,* p. 250.

27 Ibid., pp. 251, 254.

Capítulo 5 — O rei de tudo

1 Lamont, Peter. *The Rise of the Indian Rope Trick*. Nova York: Abacus, 2004, p. 178; Polgar, Franz.*The Story of a Hypnotist*. Nova York: Hermitage House, 1951, pp. 65-67.

2 Schaaff, Martin. Entrevista pelo autor. 10 fev. 2010. Berlim. A menos que expresso de outra forma, os detalhes vêm dessa entrevista.

3 Polgar. *Story of a Hypnotist,* pp. 13-15

4 Ibid., p. 37.

5 Ibid., p. 65.

6 Ibid., p. 67.

7 Ibid., pp. 66-67.

8 Ibid., p. 67.

9 Ibid., pp. 67-68.

10 Ibid., p. 68.

11 Ibid., p. 19.

Capítulo 6 — Hitler: "Há espaço para um pouco de sutileza"

1 Hanussen, Erik Jan. *Meine Lebenslinie*. Berlim: Universitas, 1930, pp. 257-260; "Hanussen–Failure in Investigation Cases". *Ekstra Bladet*. Copenhague, 1 set. 1932, Albert Hellwig Archives, Institut fur Grenzgebiete der Psychologie und Psychohygiene, Freiburg, Alemanha.

2 Hitler, Adolf. *Mein Kampf*. Nova York: Mariner, 1999, pp. 57, 65, 138--139, 140, 290, 296, 619, 640, 672, 674, 688.

3 Bendersky, Joseph W. *A History of Nazi Germany: 1919-1945*. Chicago: Burnham, 2000, p. 165; Shirer,William L. *Rise and Fall of the Third Reich*. Nova York: Touchstone, 1990, pp. 234, 240.

4 Lewy Guenter. *The Catholic Church and Nazi Germany*. Nova York: McGraw-Hill, 1964, pp. 4, 26; Lewy, Guenter. *The Holy Reich*. Cambridge: Cambridge University Press, 2003, p. 46; Heschel, Susannah. *The Aryan Jesus*. Princeton, nj: Princeton University Press, 2008, pp. 5, 190-191; Tal, Uriel. *"Political Faith" of Nazism Prior to the Holocaust*. Tel Aviv: Tel Aviv University, Chaim Rosenberg School of Jewish Studies, Diaspora Research Institute, 1978, pp. 30-31. Apesar de seu desprezo pelo cristianismo, Hitler continuou um membro da Igreja Católica até sua morte. A Igreja retribuiu o favor ao não excomungá-lo ou proibir os seus textos, apesar de ter tido várias oportunidades de incluir o *Mein Kampf* em seu Index de Livros Proibidos.

5 Hitler, Adolf. *Hitler's Table Talk, 1941-1944: His Private Conversations*. Trad. Norman Cameron e R. H. Stevens. Nova York: Enigma, 2000, p. 143; Speer. *Inside the Third Reich*, p. 143.

6 Richie, Alexandra. *Faust's Metropolis*. Nova York: Basic Books, 1999, pp. 372-373; Toland, John. *Adolf Hitler*. Nova York: Anchor Books, 1992, p. 222. Expulsar os judeus do Stahlhelm não foi o único insulto aos judeus que serviram nas Forças Armadas alemãs. O exército diminuiu o número de judeus mortos na Primeira Guerra Mundial para 10 mil (Richie. *Faust's Metropolis*, 373).

7 Yogananda, Paramahansa. *Autobiography of a Yogi*. Los Angeles: Self-Realization Fellowship, 1975, pp. 419-420. A reputação de Therese de

comer apenas hóstias foi reforçada quando ela não pediu sua parte de comida racionada durante a Segunda Guerra Mundial. Em vez disso, recebeu uma cota adicional de sabão, o qual precisava muito às sextas-feiras, o dia em que, de acordo com um devoto, "seu cabelo ficava embaraçado com o sangue das feridas da coroa de espinhos". Limpá-la, ele disse, era uma "tarefa desgastante e dolorosa". Em 1932, o Vaticano desencorajou peregrinações a Therese. Aumentando o ceticismo de Roma a seu respeito estava a falta de consenso sobre os seus sangramentos. Em 1927, um laboratório de Munique declarou que o sangue cobrindo seu rosto e punhos, às sextas-feiras, eram, de fato, humanos, mas o baixo número de corpúsculos nele o fazia parecido ao sangue da menstruação, não ao nível encontrado em sangue que não seja de menstruação. Vários médicos que examinaram Therese não encontraram nenhum estigma, um ou dois deles tinham certeza que ela fazia pequenos furos em suas mãos e pés de onde fluía o sangue, e alguns poucos especularam que uma úlcera atrás dos olhos de Therese fazia com que jorrasse sangue por eles. Não ajudando sua reputação, ela insistia que ninguém ficasse em seu quarto quando ela começava a sangrar. E, com o tempo, suas "feridas dos pregos" — feridas que supostamente vieram das mesmas unhas que feriram Jesus — mudaram de redondas para retangulares, "supostamente", disse um cético, "depois que [Therese] descobriu o verdadeiro formato dos pregos romanos".

Embora seja fácil duvidar de seus estigmas, sua influência em outra esfera talvez seja mais importante — e mais sagrada. Ela falou diversas vezes contra os nazistas, com frequência estimulando uma oposição a eles. Ela era observada de perto pela Gestapo, apesar de nunca a terem incomodado. Independentemente de seus estigmas serem ou não verdadeiros, sua coragem ao enfrentar os nazistas não pode ser questionada. Ela encorajou, em especial, Fritz Gerlich, um editor liberal cujo jornal, *Der Gerade Weg*, se opunha ao comunismo, nazismo e antissemitismo. Gerlich foi levado para Dachau em março de 1933. Foi morto quinze meses depois. Como jornalista, ele pretendia expor Therese como uma fraude em 1927. Em vez disso, sob sua influência, ele se converteu ao catolicismo em 1931. Sua posterior resistência ao nacional-socialismo foi inspirada pelo ensinamento social da Igreja Católica (SCHIMBERG, Albert Paul. *The Story of Therese Neumann*. Milwaukee, WI: Bruce Publishing, 1947, p. 15; "Fritz Gerlich". *Wikipedia*. Disponível em: http://en.wikipedia.org/wiki/Fritz_Gerlich).

8 YOGANANDA. *Autobiography of a Yogi*, pp. 420-422.

9 "Hanussen's 4th Lecture: From Konnersreuth to Telepathy." *Kassler Tageblatt*. Kassel, Germany, 4 ago. 1929, Hellwig Archives.

10 POLGAR, Frank.*The Story of a Hypnotist*. Nova York: Hermitage House, 1951, pp. 72-73.

11 WAXMAN, David. *Hartland's Medical and Dental Hypnosis*. Londres: Bailliere Tindall, 1989, pp. 156-162.

12 KUGEL, Wilfried. *Hanussen*. Düsseldorf: Grupello, 1998, p. 17.

13 HESCHEL. *Aryan Jesus*, p. 201; BURLEIGH, Michael. *The Third Reich*. Nova York: Macmillan, 2001, p. 100; KOONZ, Claudia. *The Nazi Conscience*. Cambridge, MA: Belknap, 2003, p. 143.

CAPÍTULO 7 — "ESTE HOMEM DEVE TER PARTE COM O DIABO"

1 HANUSSEN, Erik Jan. *Meine Lebenslinie*. Berlim: Universitas, 1930, p. 261.

2 Ibid., pp. 263-294.

3 Ibid., p. 261.

4 "The Trial against Hanussen". *Prager Tagblatt*. Praga, 17 dez. 1929, tradução na Bart Collection, arquivo privado em Los Angeles que pertence a Gary Bart, sobrinho-neto de Siegmund Breitbart.

5 HANUSSEN, Erik Jan. *Mind Reading and Telepathy.* Trad. e ed. por Bill Palmer. Viena, Áustria: Jimmy Bix Versand, 2008, p. 17. Encontrei o testemunho de Ostermann no Albert Hellwig Archives no Institut fur Grenzgebiete der Psychologie und Psychohygiene in Freiburg, Alemanha. Gastei vários dias com a enorme, e não catalogada, coleção em julho de 2009, e, para meu desapontamento, percebi mais tarde que,

por engano, não notei em quais documentos específicos aparecia o testemunho de Ostermann.

6 "Trial against Hanussen."

7 Ibid.

8 Ibid.

9 Ibid.

10 "Experiments at Court?." *Prager Tagblatt*. Praga, 18 dez. 1929, traduzido na Bart Collection.

11 "100 New Witnesses." *Prager Tagblatt*. Praga, 19 dez. 1930, traduzido na Bart Collection. Com certeza, as chances de a visão de Hanussen ter alguma semelhança com a realidade são muito pequenas. No entanto, ele não descreveu o homem em sua visão ou especificou qual a relação dele com o doutor. Igualmente, o doutor não considerou a possibilidade de que *ele* também fosse um vidente. De outra forma, por que ele estaria chorando na hora em que seu irmão teve um enfarte fulminante? Diferentemente de Hanussen, talvez o doutor fosse muito modesto para argumentar tal coisa.

12 "Hanussen Trial Postponed." *Prager Tagblatt*. Praga, 20 dez. 1929, traduzido na Bart Collection.

13 Ibid.

14 Ibid.

15 "The New Hanussen Trial." *Prager Tagblatt*. Praga, 23 maio 1930, traduzido na Bart Collection.

16 Ibid.; "Clairvoyant Does Tricks for Court". *Rock Valley (IA) Bee,* 15 ago. 1930, p. 11.

17 "New Hanussen Trial."

18 "Hanussen Experiments." *Prager Tagblatt*. Praga, 27 maio 1930, traduzido na Bart Collection.

19 Ibid.; "Clairvoyant Proves Power in Czech Court". *New York Times,* 29 maio 1930, p. 8.

20 HANUSSEN. *Meine Lebenslinie,* p. 268.

21 "Hanussen Experiments." Especialistas jurídicos europeus e especialistas na história da magia confirmaram-me que a demonstração dos

poderes de Hanussen no tribunal foi a primeira — e única — vez que um vidente foi autorizado a fazer uma performance num tribunal tcheco.

22 "Hanussen Experiments."

23 Ibid.

24 Ibid.; "Clairvoyant Proves Power in Czech Court".

25 "Hanussen Experiments".

26 Ibid.; POLGAR, Franz. *The Story of a Hypnotist*. Nova York: Hermitage House, 1951, p. 75.

27 "Hanussen Experiments."

28 Algumas dessas histórias começaram a aparecer em jornais e revistas europeus em meados e no final dos anos 1930; várias começaram a aparecer em certas revistas americanas — *Redbook, True Decteti-ve, Mystic* — durante a Segunda Guerra Mundial. Muito provavelmente, faziam parte de um esforço de expandir a mitologia sobre Hanussen ao ilustrar seus poderes fenomenais — assim denegrindo seu caráter ao considerar o porquê de alguém com habilidades quase de outro mundo como Hanussen ajudar nazistas e antissemitas. As qualidades fictícias dessas histórias ficam aparentes depois de uma leitura cuidadosa dos relatos dos jornais contemporâneos ao julgamento de Hanussen. Nenhum desses jornais relata os feitos improváveis atribuídos a Hanussen que apareceriam, aos poucos, em jornais e revistas. Com certeza, se Hanussen tivesse dito a um sargento num tribunal quantos dentes faltavam no seu pente ou instruído a polícia a ir a uma estação de trem para prender um ladrão, os jornais teriam estampado tais notícias em manchetes garrafais no dia seguinte. Em vez disso, os jornais falaram da performance mais calma de Hanussen, mas com certeza impressionante, diante do juiz Schalek.

29 VOIGT, P. "Clairvoyant Hanussen Acquitted in Leitmeritz." Traduzido na Bart Collection; "Clairvoyant Proves Power in Czech Court".

30 Ibid.; HANUSSEN. *Meine Lebenslinie*, pp. 268-269.

31 "Clairvoyant Proves Power in Czech Court".

Capítulo 8 — Triunfo em Berlim

1 Twain, Mark. *A Tramp Abroad*. Nova York: Dover, 2003, p. 56; Baedeker, Karl. *Berlin and Its Environs*. Nova York: Charles Scribner's Sons, 1910, p. 54.

2 Friedrich, Otto. *Before the Deluge*. Nova York: Harper & Row, 1972, pp. 12-13.

3 Toland, John. *Adolf Hitler*. Nova York: Anchor Books, 1992, pp. 148-149. Curiosamente, a taxa de suicídio em Berlim era maior entre os judeus: 68 por 100 mil habitantes, contra 45 por 100 mil para protestantes e 32 por 100 mil para católicos. Em 1925, os judeus cometeram 12% de todos os suicídios de Berlim, apesar de serem apenas 4% da população da cidade. Além da pobreza que afligia todos os berlinenses estava a significativa perda de autoestima pelos judeus, já que tentavam desesperadamente se inserir na sociedade (Niewyk, Donald L. *The Jews in Weimar Germany*. Baton Rouge: Louisiana State University Press, 1980, p. 20).

4 Treitel, Corinna. *A Science for the Soul*. Baltimore: Johns Hopkins University Press, 2000, p. 57.

5 Ibid., pp. 15-16, 59, 64, 70, 175.

6 Sklar, Dusty. *The Nazis and the Occult*. Nova York: Dorset, 1989, pp. 118-119.

7 Koestler, Arthur. *Arrow in the Blue*. Nova York: Macmillan, 1952, pp. 298-300.

8 Ibid.

9 Ibid.

10 Ibid., pp. 2, 98-300.

11 Spender, Stephen. *The Temple*. Nova York: Grove, 1988, pp. 156-162.

12 pem, *Homesick for the Kurfurstendamm*. Berlim: Lothar Blanvalet Verlag, pp. 65-66.

13 Ibid., p. 66.

14 Ibid., pp. 66-67.

15 Ibid., p. 67.

16 Hitler, Adolf. *Hitler's Table Talk*. Nova York: Enigma Books, 2000, pp. 583-584, 694-695.

17 Ryback, Timothy W. *Hitler's Private Library*. Nova York: Alfred A. Knopf, 2008, pp. 238-239; Treitel. *A Science for the Soul,* p. 213.

18 Gracian, Balthasar. *The Art of Worldly Wisdom*. Trad. Joseph Jacobs. Mineola, NY: Dover, 2005, pp. 1, 54, 59, 64, 87.

19 Toland. *Adolf Hitler,* pp. 23-24.

20 Sickinger, Raymond L. "Hitler and The Occult: The Magical Thinking of Adolf Hitler". *Journal of Popular Culture* 34, nº 2, out. 2000, pp. 108, 115; Trevor-Roper, H. R. *The Last Days of Hitler*. Nova York: Macmillan, 1947, pp. 70-71; Langer, Walter C. *The Mind of Adolf Hitler: The Secret Wartime Report*. Nova York: Basic Books, 1972, pp. 56-57.

21 Pringle, Heather. *The Master Plan*. Toronto: Viking Canada, 2006, pp. 179-180; Roland, Paul.*The Nazis and the Occult*. Edison, NJ: Chartell Books, 2008, pp. 148-149, 153-154; Griffin, Duane. "What Curiosity in the Structure: The Hollow Earth in Science". Manuscrito, pp. 25-26, 29-30, nos arquivos pessoais de Duane Griffin. Göring não foi o único a acreditar na teoria da terra oca. Em 1933, o conselho da cidade de Magdeburg financiou um teste para provar a teoria de Bender. A teoria era que um foguete lançado verticalmente de Magdeburg voaria através da terra oca e pousaria no sul da Nova Zelândia. O foguete, lançado horizontalmente da torre de lançamento, voou por aproximadamente trezentos metros paralelo ao chão, depois caiu e se arrastou por mais nove metros. A única coisa oca era a cabeça das pessoas que o desenvolveram ("Magdeburg". *Encyclopedia Astronautica,* http://www.astronautix.com / lvs/mageburg.htm).

22 Gradenwitz, Dr. Alfred. "The Clairvoyant Transcends Time and Space." *Reclams Universum*. Leipzig, nº 47, 1 ago. 1930; Jacobsohn, Dr. Leo. "Medical Encounter." *Die Medizinische,* nº 35, s.d., ambos na Bart Collection, arquivo privado em Los Angeles que pertence a Gary Bart, sobrinho-neto de Siegmund Breitbart.

Capítulo 9 — Uma aliança de canalhas

1 "Hanussen Sues Berliner Herold." *Berliner Herold,* 1 abr. 1930, Albert Hellwig Archives, Institut fur Grenzgebiete der Psychologie und Psychohygiene, Freiburg, Alemanha.

2 Albert Hellwig para Ernst Juhn, 1930, Hellwig Archives.

3 Hellwig, Tillman. Entrevista pelo autor, 29 out. 2010; Gerhard Hellwig para Tillman Hellwig, 13 jun. 2002, nos arquivos pessoais de Tillman Hellwig.

4 Treitel, Corinna. *A Science for the Soul.* Baltimore: Johns Hopkins University Press, 2000, p. 145.

5 Manuscritos e resultados de experiências de Hellwig na Akademic MAP Psychological Institute, Hellwig Archives.

6 Wachsmann, Nikolaus. *Hitler's Prisons.* New Haven, CT: Yale University Press, 2004, p. 19; Wolfram, Heather. "Crime, Clairvoyance and the Weimar Police". *Journal of Contemporary History* 44, nº 4, 2009, pp. 512, 584-585, 589. As condições miseráveis que levaram os alemães que normalmente obedeciam à lei a quebrá-la ficaram evidentes quando chegavam à prisão. Dos cem homens que foram enviados à prisão de Poltzensee em Berlim, cinquenta chegaram sem camisa, sessenta sem sapatos e oitenta sem meias.

7 Wolfram. "Crime, Clairvoyance and the Weimar Police", pp. 581-583; Hellwig, Albert. "Criminal Telepathy in the Kurten Case." *Nove Freie Presse.* Viena, 26 abr. 1931, Hellwig Archives.

8 Wagner, Margaret Seaton. *The Monster of Düsseldorf.* Londres: Faber & Faber, 1932, pp. 111, 145-152, 234; Looz-Corswarem, Dr. C. V. E-mail para o autor, 17 jul. 2010.

9 Wagner. *Monster of Düsseldorf,* pp. 69-72; Godwin, George. *Peter Kurten: A Study in Sadism.* Londres: Acorn, 1938, pp. 17-18; Herzog, Todd. *Crime Stories.* Nova York: Berghahn Books, 2009, p. 112.

10 Hellwig. "Criminal Telepathy in the Kurten Case"; chefe de polícia de Düsseldorf a Hellwig, 15 set. 1930, 26 abr. 1930 e 29 nov. 1930, Hellwig Archives; artigos de jornais no Hellwig Archives.

11 Manuscritos de Hellwig, s.d., Hellwig Archives.

12 Dr. Basten para Hellwig, 31 out. 1931, e Hellwig para prefeito de Godesberg, 2, 13 e 19 fev. 1932, todos no Hellwig Archives; "A Tour through German Spas & Watering Places." German Tourist Information Office, Berlim, 1931, pp. 1-4.

13 Dr. Basten para Hellwig, 16 fev. 1932; Hellwig para o prefeito de Godesberg, 21 jan. 1933; e Sociedade Alemã Contra a Fraude Médica para Hellwig, s.d., todos no Hellwig Archives; Treitel, *A Science for the Soul*, pp. 156-157.

14 HANUSSEN, Erik Jan. "Forecast for the Year 1932." *Der Querschnitt*. Berlim, dez .1931, pp. 829-832.

15 Ibid., p. 832. Hanussen também previu que o comunismo acabaria na Rússia "não por força militar, mas por uma enorme falta de dinheiro"; Gandhi ficaria doente; o chefe de Estado da Inglaterra estaria "em perigo mortal"; e haveria protestos na América do Sul e fome na Índia. De forma geral, suas previsões para a Alemanha em 1932 eram esperançosas, mas vagas. Artur Schumacher, um astrólogo cuja coluna era impressa ao lado da de Hanussen naquele número do *Der Querschnitt*, era muito mais ousado. Schumacher deu nome aos bois, especialmente um deles. "É impressionante", escreveu, "que as constelações astrológicas para Hitler, que as pessoas dizem que fará grande sucesso em 1932, são tão ruins quanto as do [presidente] Hindenburg e do [chanceler] Bruning." Schumacher talvez estivesse prevendo "grandes conflitos e reveses" para Hitler porque o astrólogo tinha menos a perder que Hanussen, que já havia, a essa hora, tomado o bonde dos nazistas. O futuro deles seria o seu. Schumacher, no entanto, era quase um desconhecido (HANUSSEN, "Forecast for the Year 1932", p. 830; SCHUMACHER, Artur. "Forecast for the Year 1932." *Der Querschnitt* 11, nº 2. dez 1931, p. 832).

16 TOLAND, John. *Adolf Hitler*. Nova York: Anchor Books, 1992, p. 260; FEST, Joachim C. *Hitler*. Nova York: Harcourt Brace, 1974, pp. 316-317; RICHIE, Alexandra. *Faust's Berlin*. Nova York: Carroll & Graf, 1998, p. 391.

17 FEST. *Hitler,* p. 319.

18 Harrison, Ted. "Count Helldorf and the German Resistance to Hitler." Working Papers in Contemporary History and Politics, nº 8, European Studies Research Institute, Universidade de Salford, Salford, Reino Unido, jan. 1996, pp. 1, 2, 67; Heiden, Konrad. *The Führer*. Londres: Robinson, 1999, p. 294.

19 Harrison. "Count Helldorf and the German Resistance to Hitler", p. 3.

20 Ibid., pp. 4-5.

21 Ibid., pp. 5-10.

22 Ibid., pp. 10-12.

23 Ibid., pp. 12-14; "Anti-Semitic Leaders Are Fined in Berlin". *New York Times*, 10 fev. 1932, p. 8. A princípio o promotor havia pedido três anos de prisão para Helldorf. Helldorf alegou que, quando ficou sabendo do que estava acontecendo em Kurfürstendamm, se dirigiu até lá para "evitar possíveis 'atos não planejados'" pelas tropas de assalto. Ao invés de incitar a violência, explicou, sua presença "teve uma influência pacificadora". Em novembro de 1931, Helldorf foi sentenciado a seis meses de prisão. Quando recorreu, a sentença foi reduzida a cem marcos e nenhum tempo na cadeia. "Anti-Semitic Leaders Are Fined in Berlin"; "Nazi Storm Troopers Sentenced for Riots." *New York Times*, 8 nov. 1931, p. 14.

24 "Nazi Storm Troopers Sentenced for Riots", pp. 15-16; Toland. *Adolf Hitler*, p.186.

25 Harrison. "Count Helldorf and the German Resistance to Hitler", pp. 18, 29-30.

26 Ibid., pp. 17, 19, 21, 26, 30; Grant, Thomas D. *Stormtroopers and Crisis in the Nazi Movement*. Nova York: Routledge, 2004, pp. 100-102; Shirer, William L. *The Rise and Fall of the Third Reich*. Nova York: Touchstone, 1990, pp. 166, 171-172; Bessel, Richard. *Political Violence and the Rise of Nazism*. New Haven, CT: Yale University Press, 1984, p. 56.

27 Kugel, Wilfried. *Hanussen*. Düsseldorf: Grupello, 1998, p. 196; Hein, Hans. "Die Magier von Berlin". *Die Welt am Abend*. Berlim, 13, 17 e 20 nov. 6 e 8 dez. 1930; Frei, Bruno. *Hanussen: A Report*. Estrasburgo, França: Sebastian Brant, 1934, pp. 160-161.

28 Frei. *Hanussen: A Report*, p. 161; Kugel. *Hanussen*, pp. 200-201.

29 Frei. *Hanussen: A Report,* p. 161.
30 Ibid., pp. 144-145; "Nazidom's Rasputin". *True Mystic Science,* nov. 1938, p. 74.
31 Propaganda do *golomboy*. In: *Hanussen-Almanac 1933*. Berlim: Erik Jan Hanussen Publishing, 1933.
32 *Erik Jan Hanussen Berliner Wochenschau,* 24 jul., 8 e 24 ago., 8 e 24 out. e 10 e 24 nov. 1932, Hellwig Archives.
33 Frei. *Hanussen: A Report,* p. 165; Treitel. *A Science for the Soul,* pp. 232-233.
34 Frei. *Hanussen: A Report*, pp. 164-165.
35 Ibid.; Neubauer, Alfred. *Speed Was My Life*. Nova York: Clarkson N. Potter, 1960, pp. 37-38. No Grande Prêmio, pouco antes da primeira curva, o Bugatti do príncipe saiu da pista, colidiu na grama entre as duas longas retas, voou dezoito metros, esmagou três árvores e pousou na linha do bonde. O crânio do piloto ficou esmagado. Era o príncipe Lobkowicz. Depois de mais algumas voltas, a corrida virou um duelo entre dois corredores, Rudi Caracciola num Alfa vermelho e Manfred von Brauchitsch em sua Mercedes. Na nona volta, Brauchitsch conseguiu se aproximar até ficar lado a lado com Caracciola a 225 km/h. Pisando fundo no acelerador, Brauchitsch ultrapassou Caracciola. Venceu a corrida por 3,6 segundos (Neubauer. *Speed Was My Life,* pp. 37-38).
36 Kugel. *Hanussen,* pp. 199-200.
37 Melissen, Wouter. "Bugatti Type 54 Grand Prix", 23 out. 2006. *Ultimatecarpage.com*. Disponível em: http://www.ultimatecarpage.com/car/2927/Bugatti-Type-54-Grand-Prix.html; "Type 54". Disponível em: http://www.bugatti.com/en/tradition/bugatti-models/t54.html.
38 Frei. *Hanussen: A Report*, p. 163; Kugel. *Hanussen*, pp. 199-200
39 Kugel. *Hanussen*, pp. 199-200.

Capítulo 10 — O nó se aperta

1 Borup, George. *Copenhagen and Environs*. Copenhague: Borup's Rejseforer, 1925, p. 46.

2 "Hanussen – A Failure in Investigation Cases." Ekstra Bladet. Copenhague, 1 set. 1932, p. 1; "The Police Initiate Investigation of Erik Jan Hanussen." *Dagens Nyheder*. Copenhague, 2 set. 1932, p. 5; "Imprisonment and Deportation Face Mr. Hanussen". *Exstra Bladet.*Copenhague, 2 set. 1932, p. 5; Embaixada alemã em Copenhague para Sociedade de Medicina Alemã, 28 set. 1932; Investigador de Polícia de Copenhague Stamm para juiz Albert Hellwig, 9 set. 1932, todos no Albert Hellwig Archives, Institut fur Grenzgebiete der Psychologie und Psychohygiene, Freiburg, Alemanha; "Weird Finale of the 'Miracle Man' Who X-Rayed Park Avenue Women's Souls". *Salt Lake City (UT) Tribune*. 21 maio 1933, p. 38.

3 "Hanussen – A Failure in Investigation Cases", p. 1.

4 "Police Initiate Investigationmais."

5 Ibid.; Stamm para Hellwig.

6 "Police Initiate Investigationmais."

7 Chefe da polícia de Berlim para a Sociedade Médica de Berlim, 24 dez. 1932, Hellwig Archives. A carta foi enviada no final de dezembro, mas o chefe da polícia se referia à tentativa de Hanussen, em 2 de setembro de 1932, de entrar na Noruega.

8 Burleigh, Michael.*The Third Reich*. Nova York: Hill and Wang, 2000, p. 117; Fest, Joachim C. *Hitler*. Nova York: Harcourt Brace, 1974, pp. 339, 341; Richie, Alexandra. *Faust's Metropolis*. Nova York: Carroll & Graf, 1999, pp. 386-387; Fischer, Conan. *The German Communists and the Rise of Nazism*. Nova York: St. Martin's, 1991, pp. 148, 151.

9 Burleigh. *Third Reich,* pp. 117, 131. Rosenhaft, Eve. *Beating the Fascists?*. Nova York: Cambridge University Press, 1983, p. 141; Aycoberry, Pierre. *The Social History of the Third Reich: 1933-1945*. Nova York: New Press, 1999, p. 18.

10 *Le Journal de la Prestidigitation*. Paris, nº 67, jan.-fev. 1933; Clark, Keith.*Silks Supreme*. Cincinnati, OH: Silk King Studios, 1942, pp. 1-18; crítica do *Celebrated Cigarettes,* um e-book sobre mágica na Trickshop.com. Disponível em:http://www.trickshop.com/celebrated_cigarettes.com; "Speaking of Pictures... A Crack Magician Explains Some Tricks". *Life Magazine*. 7 abr. 1941, pp. 8-10.

11 Lassagne, Francois. "Le Prophete Assassine". *Vu Magazine*, 12 jul. 1933, p. 1064; "Séances Yield Nothing". *New York Times,* 7 jul. 1922; *Le Journal de la Prestidigitation.* Para garantir alguma credibilidade a Hanussen diante de uma audiência francesa, Paul Heuze o apresentou todas as noites. Heuze havia lido vários livros sobre fenômenos psíquicos, participado em experimentos sobre os efeitos de longo prazo da hipnose e organizado sessões na Sorbonne. Ao final, os cientistas que monitoraram as sessões concluíram que elas não provavam nada a respeito da vida em outras dimensões. (Uma certa madame Bisson, que ajudou a organizar as sessões, disse que o médium "não estava em uso de todas as suas faculdades". Sua declaração pode ser interpretada de diversas maneiras.) (Lassagne. "Le Prophete Assassine"; "Séances Yield Nothing".)

12 Lassagne. "Le Prophete Assassine", p. 1064; Lemercier, Claire. "The Club of Faubourg: Open Forum of Paris, 1918-1939". Trabalho apresentado no Institute of Political Studies of Paris, 30 nov. 1995, pp. 1, 10-11, 17.

13 Steinschneider-Fuchs, Erika. Entrevista pelo autor, 21 jul. 2009.

14 Hanussen, cartão-postal para Erika Steinschneider-Fuchs, dez. 1932, cortesia de Erika Steinschneider-Fuchs.

15 Fest. *Hitler,* pp. 338-389; Kugel, Wilfried. *Hanussen.* Düsseldorf: Grupello, 1996, p. 192.

16 "Weird Finale of the 'Miracle Man'", p. 38.

17 Schroeder, Christoph. "Hanussen and Metaphysics", s.d.; J. R. "In Berlin, They Talk About...". *Die Wahrheit.* Berlim, 4 mar. 1933, ambos no Hellwig Archives.

18 J. R. "In Berlin, They Talk About."

19 Ibid.

Capítulo 11 — O judeu da corte do Führer

1 *Erik Jan Hanussen Berliner Wochenschau,* 8 e 24 jan. e 16 fev. 1933, Albert Hellwig Archives, Institut fur Grenzgebiete der Psychologie und Psychohygiene, Freiburg, Alemanha.

2 Toland, John. *Adolf Hitler*. Nova York: Anchor Books, 1992, pp. 290-291; Richie, Alexandra. *Faust's Metropolis*. Nova York: Carroll & Graf, 1999, pp. 405, 408.

3 Ladd, Brian. *The Ghosts of Berlin*. Chicago: University of Chicago Press, 1997, pp. 134-137; "Germany: Jewish Population in 1933". *Holocaust Encyclopedia*. U.S. Holocaust Memorial Museum, Washington, D.C. Disponível em: http://www.ushmm.org/wlc/en/article.php?ModuleId=10005276.

4 Lassagne, Francois. "The Murdered Prophet". *Vu*, 12 jul. 1933, p. 1064.

5 Ibid. Se essas histórias são verdadeiras, por que essas fotos não foram publicadas após o assassinato de Hanussen?

6 Trocas de nomes podem ser sutis. Um dos amigos de Hanussen, por exemplo, o ator Siegfried Aron, estudou numa *yeshiva* ortodoxa em Hamburgo. Seu nome original era Siegfried Aaron — uma "grafia judaica" mais forte que o seu nome artístico.

7 Gessner, Robert. *Some of My Best Friends Are Jews*. Nova York: Farrar & Rinehart, 1936, pp. 79-80; Koonz, Claudia. *The Nazi Conscience*. Cambridge, MA: Belknap, 2003, p. 40.

8 Gessner, Robert. *Some of My Best Friends Are Jews*, p. 81; Brenner, Michael. *The Renaissance of Jewish Culture in Weimar Germany*. New Haven, CT: Yale University Press, 1996, p. 51; Niewyk, Donald L. *The Jews in Weimar Germany*. Baton Rouge: Louisiana State University Press, 1980, pp. 165, 166, 169, 170, 175. Numa parte de seu livro que involuntariamente evoca Hanussen, Niewyk diz que, a despeito dos esforços de alguns judeus para se integrarem com os nazistas, "nada além da *clarividência* poderia tê-los poupado de um destino que poderia ser determinado, em primeiro lugar, pela sociedade como um todo [...] e, em última instância, por um único homem — Adolf Hitler" (p. 199, o itálico é meu).

9 Paassen, Pierre van. "Hitler's Private Seer, 'On Top of World', Predicts Marxist Doom in 6 Years". *Syracuse (NY) Herald*, 2 mar. 1933, p. 1; Hanussen, Erik Jan. "Payoff". *Hanussen-Zeitung*, 8 mar. 1933, p. 2, Hellwig Archives.

10 Hanussen, Erik Jan. "An Open Letter from Hanussen to Hitler". *Hanussen-Zeitung,* 8 fev. 1933, p. 1, Hellwig Archives.

11 Ibid.

12 Ibid.

13 Hitler, Adolf, *Mein Kampf.* Trad. Ralph Manheim. Nova York: Mariner, 1999, p. 355; Shirer, William L.*The Rise and Fall of the Third Reich.* Nova York: Touchstone, 1990, p. 30; Toland. *Adolf Hitle,* pp. 9-12, 61; Reldles, David. *Hitler's Millennial Reich.* Nova York: New York University Press, 2005, pp. 95, 149-151.

14 Toland. *Adolf Hitler,* p.139; Hitler, Adolf. *Hitler's Table Talk: 1941--1944.* Trad. Norman Cameron e R. H. Stevens. Nova York: Enigma Books, 2000, p. 414.

15 Toland. *Adolf Hitler,* pp. 218, 222. Uma história parecida a respeito de Hanussen ser o instrutor de discursos de Hitler e da sua ajuda a ele na condução de suas manifestações de massa aparecem em *The Mind of Adolf Hitler* (Nova York: Basic Books, 1972), um estudo de guerra secreto encomendado por William Donova, responsável, na Segunda Guerra Mundial, pela agência de espionagem, o Escritório de Serviços Estratégicos. Para tal, o autor do estudo, Walter Langer, um psicanalista, baseou-se em relatos de Otto Strasser, um dissidente nazista que havia fugido de Hitler e vivia no Canadá.

16 Lassagne. "The Murdered Prophet", p. 1926.

17 Hoffman, Heinrich. *Hitler Was My Friend.* Londres: Burke, 1945, p. 46.

18 Ibid., pp. 41, 49, 105, 160.

19 "Nazidom's Rasputin." *Mystic Magazine*, nov. 1938, p. 74; Paassen, Pierre van. "Prelude to a Tyrant." *Redbook*, jul. 1940, p. 58.

20 Fromm, Bella. *Blood & Banquets.* Nova York: Birch Lane, 1990, p. 98.

21 Toland. *Adolf Hitler,* p. 282.

22 Ibid., p. 283.

23 Paassen. "Prelude to a Tyrant", pp. 59-60.

24 *Screen Files: Hanussen.* Programa de TV francês, jan. 1971.

Capítulo 12 — O fogo que consumiu um país

1 Hanussen para Therese Fuchs, 4 fev. 1933. In: Muller, Delia. *The Bitter Heritage*. Bozen, Itália: Athesia Spectrum, 2006, p. 57.
2 Ibid.
3 Marion, Frederick. *In My Mind's Eye*. Nova York: E. P. Dutton, 1960, p. 96.
4 Ibid., p. 97.
5 Ibid., p. 95.
6 Ibid.
7 "Private Séance at Erik Hanussen's House." *12 Uhr Blatt*. Berlim, 27 fev. 1933, Albert Hellwig Archives, Institut fur Grenzgebiete der Psychologie und Psychohygiene, Freiburg, Alemanha; Polgar, Franz. *The Story of a Hypnotist*. Nova York: Hermitage House, 1951, p. 76.
8 "Private Séance at Erik Hanussen's House"; World Committee for the Victims of German Fascism. *The Brown Book of the Hitler Terror and the Burning of the Reichstag*. Nova York: Alfred A. Knopf, 1933, p. 171. As credenciais fascistas de Hans Ewers, o escritor fracassado que participou da inauguração do Palácio do Oculto, eram, na melhor das hipóteses, dúbias. Em 1922, ele expressou sua simpatia pelos judeus no prefácio do *The Voice of Jerusalem,* uma polêmica pró-sionista do autor judeu-britânico Israel Zangwell. Assim que os nazistas assumiram o poder, eles incluíram dois romances pornográficos de Ewers à sua lista de "literatura suja e degradante". Mas os escritores — até mesmo os piores — são adeptos de abafar sua consciência para satisfazer a última moda. Ewers era um amador, mas bom o suficiente quanto a seus escrúpulos por Goebbels, o guru da propaganda de Hitler, a ponto de esse escolhê-lo como chefe da Associação Alemã de Autores no final de 1933.
9 Paudler, Maria. *Laughing Also Has to Be Learned*. Berlim: Universitas, 1978, pp. 121-122; "Nazidom's Rasputin". *Mystic Magazine,* nov. 1938, p. 74; Paassen, Pierre van. "Prelude to a Tyrant". *Redbook,* jul. 1940, pp. 92--93; Fromm, Bella. "Under the Nazi Terror." *True Detective,* maio 1942, p. 82.
10 Paudler. *Laughing Also Has to Be Learned,* p. 122.

11 Ibid., p. 123.

12 Ibid.

13 Ibid.; "Nazidom's Rasputin", p. 74; Paassen. "Prelude to a Tyrant", pp. 92-93; Fromm. "Under the Nazi Terror".

14 Fromm. "Under the Nazi Terror"; Fromm, Bella. *Blood & Banquets*. Nova York: Birch Lane, 1990, p. 78; Weitz, John. Carta ao editor. *New York Times,* 1 fev. 1994, p. A16.

15 Hollering, Franz. "I Was an Editor in Germany". *Nation,* 12 fev. 1932, p. 183.

16 Ibid.; Tobias, Fritz. *The Reichstag Fire*. Nova York: G. P. Putnam's Sons, 1964, pp. 23-24, 29; World Committee for the Victims of German Fascism. *Brown Book,* p. 111.

17 Hollering. "I Was an Editor in Germany", p. 183.

18 Shirer, William L. *The Rise and Fall of the Third Reich*. Nova York: Touchstone, 1990, p. 191; Hoffman, Heinrich. *Hitler Was My Friend*. Londres: Burke, 1955, p. 302.

19 Richie, Alexandra. *Faust's Metropolis*. Nova York: Carroll & Graf, 1999, pp. 409-410; Shirer. *Rise and Fall of the Third Reich,* p.191; Delmar, Sefton. *Trail Sinister*. Londres: Martin Secker & Warburg, 1961, p. 186.

20 Shirer. *Rise and Fall of the Third Reich,* pp.191-192; Hoffman. *Hitler Was My Friend,* p.72.

21 Delmar. *Trail Sinister,* p. 188.

22 Ibid., p. 189.

23 Shirer. *Rise and Fall of the Third Reich*, p. 194.

24 Rabinbach, Anson. "Staging Fascism: The Brown Book of the Reichstag Fire and Hitler Terror". *New German Critique* 35, nº 1, primavera 2008, pp. 100-101; World Committee for the Victims of German Fascism. *Brown Book*, p. 52.

25 Tobias. *Reichstag Fire*, pp. 117-118.

26 Delmer. *Trail Sinister*, p. 194; Tobias. *Reichstag Fire,* p. 14. Por quase três décadas, a maioria dos historiadores engoliu a armação do *Livro marrom* a respeito da manipulação, pelos nazistas, de um lunático, ex-comunista gay que se transformou num dedicado nazista. Então, em

1960, um jornalista da Alemanha Ocidental, Franz Tobias, também concluiu que o *Livro marrom* era uma tolice e atribuiu o incêndio aos comunistas. Tal visão é dominante até hoje, apesar de ser preciso lembrar que, quando Tobias estava escrevendo, a vida acadêmica na Alemanha Ocidental geralmente não era dissociada da política. Pondo a culpa nos comunistas — ou em pelo menos um comunista —, desacreditava o regime oriental. Naquela época, ambos os governos alemães buscavam legitimidade. Manipular a história era só uma simples ferramenta nessa luta.

27 HARRISON, Ted. "Count Helldorf and the German Resistance to Hitler." Working Papers in Contemporary History and Politics, nº 8, European Studies Research Institute, Universidade of Salford, Salford, Reino Unido, jan. 1996, p. 22; "Surprising Evidence at the Reichstag Trial". Manchester (Reino Unido), *Guardian,* 31 out. 1933, p. 18.

28 PAASSEN. "Prelude to a Tyrant", p. 92.

29 VAN DER LUBBE *apud* "Nazi Case Shaken in Reich Fire Trial". *New York Times,* 29 set. 1933, p. 10. Se, por um lado, o incêndio nunca pôde ser ligado diretamente a Hitler, não há dúvida de que o Führer era obcecado com chamas. Escrevendo da prisão em Spandau em 1947, Albert Speer, o grande arquiteto de Hitler, "sem hesitar" disse que "o fogo era o elemento próprio de Hitler. [...] [O fogo] sempre o deixava em êxtase". Enquanto era chanceler durante a guerra, Hitler ordenou a projeção de filmes com a explosão de comboios, os incêndios em Londres e "o mar de chamas em Varsóvia". Ele assistia "com entusiasmo" e "certo delírio", loucamente descrevendo seus planos de destruir Nova York "num furacão de fogo" — com os "arranha-céus se tornando gigantescas tochas acesas, caindo uns sobre os outros e o brilho da cidade ao explodir iluminando o céu escuro". Tal fixação com fogo talvez tenha sido contagiosa, já que Göring, Goebbels, Helldorf e outros usavam o fogo para agradar seu chefe. E, assim como notado pelo historiador Steven Cage, Hitler já havia participado de um incêndio. Em 1931, logo após o Palácio de Cristal em Munique ter sido totalmente consumido pelo fogo, Hitler designou um arquiteto para desenhar a nova estrutura, explicando que o seu primeiro projeto arquitetônico de um edifício quando

assumisse o poder seria uma galeria para a arte alemã. A coleção de arte moderna do Palácio de Cristal atormentava Hitler, que morava a poucos minutos a pé do palácio antes de ele pegar fogo, e tinha que aguentar suas abominações estéticas quase que diariamente (Sage, Steven F. *Ibsen and Hitler*. Nova York: Carroll & Graf, 2006, pp. 230-233).

30 "Nazidom's Rasputin", p. 74; Paassen. "Prelude to a Tyrant", pp. 92-93; Fromm. "Under the Nazi Terror", p. 82.

31 Paassen. "Prelude to a Tyrant", pp. 92-93.

32 Ibid.

33 Em algumas versões pós-guerra daquilo que aconteceu na sessão no Palácio do Oculto, foi Maria Paudler, como a transmissora de Hanussen, quem falou a respeito do fogo iminente no Reichstag. Quando Paudler leu pela primeira vez essa versão daquela famosa noite na *Munich Illustrated* em 1951, ficou furiosa. O autor havia escrito o artigo sem se basear sequer em uma única testemunha que tivesse estado lá naquela noite. Paudler detestou, em particular, ser chamada de profetisa do Terceiro Reich. Quando abriu um processo, houve retratação (Paudler. *Laughing Also Has to Be Learned*. pp. 123-124).

Capítulo 13 — Uma carona para uma terrível prisão

1 Labero, Joe. *Men of Wonder, I Reveal Your Secrets!*. Leipzig, Alemanha: Wahrheit Ferdinand Spohr, 1933, p. 51.

2 Teller. Entrevista pelo autor, 22 maio 2009.

3 Labero. *Men of Wonder*, p. 51.

4 Pem. *Homesick for the Kurfurstendamm*. Berlim: Lothar Blanvalet, 1952, p. 66.

5 Mosse, George L. *Confronting History*. Madison: University of Wisconsin Press, 2000, pp. 8-9, 11, 13-17, 23, 27.

6 Ibid., pp. 23, 25, 33-36, 42.

7 Ibid., p. 43.

8 Ibid., pp. 71-72.

9 Lassagne, Francois. "The Murdered Prophet." *Vu*, 12 jul. 1933, p. 1064.

10 Ibid.

11 Mosse. *Confronting History*, pp. 44-46, 72; Read, Anthony. *The Devil's Disciples*. Nova York: W. W. Norton, 2004, p. 333. De acordo com Read, quando os nazistas terminaram suas aquisições, eles controlavam mais de 83% da imprensa alemã (p. 334).

12 Mosse. *Confronting History,* p. 73; "Milestone". *Time Magazine,* 1 maio 1944. Disponível em: http://www.time.com/time/magazine/article/0,9171,774912,00.html; Fromm, Bella. *Blood & Banquets*. Nova York: Birch Lane, 1990, p. 78.

13 Ibid., pp. 70-72; Paassen, Pierre van. "Bullets End Amazing Career of Hanussen, Germany's Rasputin." *Syracuse (NY) Herald,* 14 maio 1933, p. 27.

14 Pem. *Homesick for the Kurfurstendamm,* p. 73.

15 Ibid., p. 74.

16 Richie, Alexandra. *Faust's Metropolis*. Nova York: Carroll & Graf, 1999, p. 416.

17 Read. *Devil's Disciples,* p. 302.

18 Ibid., pp. 302-303; Beck, Herman. *The Fateful Alliance*. Nova York: Berghahn Books, 2008, p. 115.

19 Megargee, Geoffrey (ed.). *United States Holocaust Museum Encyclopedia of Camps and Ghettoes: 1933-1945*, v. 1. Bloomington: United States Holocaust Memorial Museum and Indiana University Press, 2009, pp. 29, 31-32, 34; Heisig,Matthias. Entrevista pelo autor, 3 jul. 2009; White, Joe. Entrevista pelo autor, 20 set. 2010.

20 Megargee. *United States Holocaust Museum Encyclopedia,* v. 1, p. 29, 31-32, 34; Heisig. entrevista; Koonz, Claudia. *The Nazi Conscience*. Cambridge, MA: Belknap, 2003, p. 37.

21 Megargee. *United States Holocaust Museum,* p. 29; Heisig. Entrevista.

22 Shirer, William L. *The Rise and Fall of the Third Reich*. Nova York: Touchstone, 1990, pp. 196-200.

23 Ibid.; Polícia de campo da SA para IV-c-Administration, s.d., assinatura parcialmente ilegível, mas deve ter sido de Wilhelm Ohst, Bundesar-

chiv, Berlim; HANCOCK, Eleanor. *Ernst Rohm*. Nova York: Palgrave Macmillan, 2008, p. 124.

24 KUGEL, Wilfried. *Hanussen*. Düsseldorf: Grupello, 1998, p. 223.

25 HARRISON, Ted. "Count Helldorf and the German Resistance to Hitler." Working Papers in Contemporary History and Politics, nº 8, European Studies Research Institute, Universidade de Salford, Salford, Reino Unido, jan. 1996, pp. 19, 21; KUGEL. *Hanussen,* p. 223.

CAPÍTULO 14 — TRÊS BALAS NA FLORESTA

1 PAASSEN, Pierre van. "Bullets End Amazing Career of Hanussen, Germany's Rasputin", *Syracuse (NY) Herald,* p. 32; "The Third Reich's Prophet". *Arbeiterzeitung*. Viena, 11 abr. 1933.

2 KUGEL, Wilfried. *Hanussen*. Düsseldorf: Grupello, 1998, p. 348.

3 PEM. *Homesick for the Kurfurstendamm*. Berlim: Lothar Blanvalet, 1952, p. 75; FREI, Bruno. *Hanussen: A Report*. Estrasburgo, França: Sebastian Brant, 1934, p. 140.

4 Rudolf STEINLE em entrevista da SA, 18 set. 1934, e Karl ERNST para a Delegacia de Polícia "K", Berlim, 29 mar. 1933, ambas no Bundesarchiv, Berlim; KUGEL. *Hanussen,* pp. 252-253.

5 STEINLE. Entrevista.

6 Promotor sênior do Tribunal do Condado II, Berlim, para o ministro prussiano do Departamento de Justiça. "Investigation into the Murder of Steinschneider-Hanussen", 10 abr. 1933, Bundesarchiv, Berlim.

7 KUGEL. *Hanussen,* p. 253.

8 PEM. *Homesick for the Kurfurstendamm,* p. 74.

9 MACHTAN, Lothar. *The Hidden Hitler*. Nova York: Basic Books, 2001, p. 185; HANCOCK, Eleanor. *Ernst Rohm*. Nova York: Palgrave Macmillan, 2011, p. 148.

10 SHIRER, William L. *The Rise and Fall of the Third Reich*. Nova York: Touchstone, 1990, pp. 39, 143; FEST, Joachim C. *Hitler*. Nova York: Harcourt Brace, 1974, p. 231; DELARUE, Jacques. *The Gestapo*. Nova York: Skyhorse, 2008, p. 27.

11 Hitler, Adolf. *Mein Kampf*. Nova York: Mariner, 1999, pp. 58, 253, 304; Giles, Geoffrey J. "The Denial of Sexuality: Same-Sex Incidents in Himmler's ss and Police." In: Herzog, Dagmar (ed.). *Sexuality and German Fascism*. Nova York: Berghahn Books, 2005, pp. 202-203, 289; Wachsmann, Nikolaus. *Hitler's Prisons*. New Haven, ct: Yale University Press, 2004, p. 144; Giles, Geoffrey J. "Why Bother about Homosexuals?". J. B. and Maurice Shapiro Memorial Annual Lecture, 20 maio 2001, United States Holocaust Memorial Museum, Washington, dc, pp. 1, 2, 4.

12 Shirer. *Rise and Fall of the Third Reich*, pp. 221-222; Toland, John. *Adolf Hitler*. Nova York: Anchor Books, 1992, pp. 250, 263; Machtan. *Hidden Hitler*, pp.185-191, 194, 207; Hohne, Heinz. *The Order of the Death's Head*. Nova York: Penguin Books, 1971, p. 71; Fest. *Hitler*, pp. 451-453, 455. Röhm não era apenas aberto a respeito de sua sexualidade, como também era quase neutro quanto aos judeus. Quando perguntado, em 1934, se tinha algo contra os judeus, Röhm disse: "A questão é idiota. Não tenho nada contra os judeus, bem como nada a seu favor. Sou completamente indiferente a esse assunto". Embora Röhm tenha dito que poderia imaginar uma revolução sem antissemitismo, ele advertiu seu amigo que havia feito a pergunta que Hitler era incisivo quanto a esse assunto (Hancock. *Ernst Rohm*, p. 91).

13 Delarue. *Gestapo*, pp. 119-121; Calic, Edouard. *Reinhard Heydrich*. Nova York: William Morrow, 1982, pp. 114-115.

14 Calic. *Reinhard Heydrich*; Wachsmann/ *Hitler's Prisons*, p. 145.

15 Kugel. *Hanussen*, p. 230.

16 Pem. *Homesick for the Kurfurstendamm*, p. 75; Promotor sênior do Tribunal do Condado ii, Berlim, "Investigation into the Murder of Steinschneider-Hanussen"; "Hanussen Murdered". *Prager Tagblatt*. Viena, 9 abr. 1933, p. 1, Bart Collection, arquivo privado em Los Angeles que pertence a Gary Bart, sobrinho-neto de Siegmund Breitbart.

17 "Hanussen Murdered."

18 Ibid.; "Clairvoyant Hanussen Found Murdered: Another Lynch Killing by the Nazis?". *Arbeiterzeitung*. Viena, 9 abr 1933, Bart Collection; Promotor sênior do Tribunal do Condado ii, Berlim, "Investigation

into the Murder of Steinschneider-Hanussen"; PAASSEN, Pierre van. "Prelude to a Tyrant". *Redbook,* ago. 1940, p. 94; "Noted Clairvoyant Found Murdered". *Canberra Times,* 11 abr. 1933, p. 1; "Seer Who Foretold Hitler's Rise Found Slain; Hanussen Was Adviser to European Royalty". *New York Times,* 9 abr. 1933, p. 12; "Bullets End Amazing Career of Hanussen, Germany's Rasputin". *Syracuse (NY) Herald,* 14 maio 1933, p. 27; "Remains of Erik Hanussen Located". *Piqua (OH) Daily Call,* 8 abr. 1933, p. 1. Na revista *Time*, "o corpo cravejado de balas de um dos mais conhecidos videntes da Europa" ajudou a ilustrar como os nazistas estavam rapidamente transformando a Alemanha. O assassinato de Hanussen era parte de um padrão de terror e repressão: na época, só 35 entre os 2 mil advogados judeus podiam exercer sua profissão; um pastor protestante louvou as tropas de assalto por realizarem a obra de Deus mais que a Igreja, que não estava "celebrando conjuntamente" o Terceiro Reich, e o governo dava "fortes dicas" que qualquer autoridade deveria se divorciar de sua esposa judia se quisesse manter seu emprego ("Germany: Co-ordination". *Time Magazine,*17 abr. 1932. Disponível em: http://www.time.com/time/magazine/article/0,9171,847291,00.html).

19 HANUSSEN, Erik Jan. *Meine Lebenslinie*. Berlim: Universitas, 1930, p. 269.

20 Ibid., pp. 270-271.

21 Ibid., pp. 271-272.

22 MULLER, Delia. *The Bitter Heritage*. Bozen, Itália: Athesia Spectrum, 2006, p. 144.

23 "Dangerzone Superstition". *Das Schwarze Korps,* 7 out. 1937, p. 12, biblioteca, United States Holocaust Memorial Museum.

24 Ibid.

25 FEST. *Hitler,* p. 734.

26 PAASSEN, Pierre van. "The Date of Hitler's Fall". *Redbook,* maio 1942, pp. 85, 86.

27 Daniel 12:11-12, *The Holy Bible* (Standard King James). Nashville, TN: Royal, 1971, p. 977. Versão em português de João Ferreira de Almeida, revista e atualizada.

28 Daniel 1:20; Paassen. "Date of Hitler's Fall", p. 86. Já que a mensagem de Hanussen a Juhn não foi publicada até maio de 1942, ela tem que ser tratada com um ceticismo saudável. Com alguma certeza, Hanussen nunca a escreveu, sendo um inteligente exemplo de propaganda de guerra, escrito pelo autor do artigo na *Redbook*, por um propagandista no governo dos Estados Unidos ou pelo próprio Juhn.

Capítulo 15 — A vista da Itália

1 A menos que expresso de outra forma, os detalhes vêm de Erika Steinschneider-Fuchs, entrevista feita pelo autor, 20-22 jul. 2009.
2 Muller, Delia. *The Bitter Heritage*. Bozen, Itália: Athesia Spectrum, 2006, p. 142.
3 Ibid.

ÍNDICE REMISSIVO

ESTE LIVRO, COMPOSTO NA FONTE FAIRFIELD LH,
FOI IMPRESSO EM PÓLEN SOFT 70G NA YANGRAF.
SÃO PAULO, BRASIL, ABRIL DE 2014.